Duden — Grundwissen Grammatik

Duden

Grundwissen Grammatik

Fit fürs Studium

4., überarbeitete und aktualisierte Auflage

von
Mechthild Habermann
Gabriele Diewald
Maria Thurmair

Dudenverlag
Berlin

Redaktion Dr. Kathrin Kunkel-Razum
Autorinnen Prof. Dr. Mechthild Habermann, Prof. Dr. Gabriele Diewald, Prof. Dr. Maria Thurmair
Umschlaggestaltung 2issue, München
Umschlagabbildung one line man / shutterstock.com
Layout Horst Bachmann
Satz Ludger Stallmeister, Wuppertal

www.duden.de
www.cornelsen.de

4. Auflage, 1. Druck 2023

Druck und Bindung H. Heenemann, Berlin

ISBN 978-3-411-73274-6
Auch als E-Book erhältlich unter 978-3-411-91438-8

PEFC
PEFC/04-31-1156

PEFC zertifiziert
Dieses Produkt stammt aus nachhaltig bewirtschafteten Wäldern und kontrollierten Quellen.

www.pefc.de

Vorwort

Dieser Band mit dem Titel **Grundwissen Grammatik. Fit fürs Studium** ist speziell auf die Bedürfnisse zu Beginn des Studiums in den gestuften Studiengängen nach dem Bachelor-/Master-Modell zugeschnitten.

Die gestuften Studiengangsstrukturen, insbesondere der auf eine Dauer von nur drei Studienjahren konzipierte Bachelor, erfordern nicht nur ein gut geplantes und straff organisiertes Studium, sondern auch umfangreiches und strukturiertes Vorwissen, vor allem in den Gebieten, die entscheidend für die allgemeine Studierfähigkeit sind. Deshalb wird in diesem Band das Vorwissen auf dem Gebiet der deutschen Grammatik in konzentrierter Form angeboten.

Grammatisches Wissen und die damit verbundenen Analyse- und Ausdrucksmöglichkeiten sind Voraussetzungen für die erfolgreiche Teilnahme am akademischen kommunikativen Austausch – sei es bei der Rezeption von Fachliteratur oder bei der schriftlichen und mündlichen Produktion eigener wissenschaftlicher Texte. Grammatisches Wissen ist somit der Prototyp des nötigen Vorwissens für ein erfolgreiches Studium.

Das hier vorliegende Buch bietet in komprimierter und übersichtlicher Form das Basiswissen zur deutschen Grammatik, das im Laufe der Schulzeit meist verstreut über mehrere sprachliche Unterrichtsfächer und zahlreiche Lernziele den Schülerinnen und Schülern dargeboten wird. Es bündelt und strukturiert dieses Wissen, sodass es schnell aufzufinden ist. Ferner treten die Systematik und der innere Zusammenhang grammatischer Inhalte durch die konzentrierte und einheitliche Darstellung deutlicher hervor, als es durch den Aufbau schulischer Lehrpläne geschehen kann.

Darüber hinaus hat das Buch den Anspruch, durch praktische Anwendung, das heißt durch ausführliche und vielschichtig kommentierte Analysen, nachzuweisen, dass grammatisches Wissen und der bewusste und gekonnte Umgang mit diesem Wissen für Textrezeption und -produktion unverzichtbar sind und damit in der Tat eine der zentralen Schlüsselqualifikationen für ein erfolgreiches Studium – nicht nur in den Geisteswissenschaften – darstellen.

Das Grundwissen Grammatik wird zwar anhand der deutschen Sprache dargelegt, bietet aber gleichzeitig das grammatische Fundament für ein Studium weiterer moderner Sprachen, ohne das ein sinnvoller Fremdsprachenerwerb und gewinnbringender kontrastiver Vergleich zwischen Mutter- und Fremdsprache nicht möglich ist. Auch für die Literaturwissenschaften sind grammatische Grundkenntnisse unentbehrlich, da sie die Grundlage literaturwissenschaftlicher Textinterpretationen bilden. Letztlich ist für jede Wissenschaft, die wesentlich auf dem Umgang mit Texten basiert, grammatisches Wissen erkenntnisfördernd.

Das Buch ist in zwei deutlich unterschiedliche Teile gegliedert: einen wissensvermittelnden ersten Teil (Kapitel 1 bis 4) und einen anwendungsbezogenen, textanalytischen zweiten Teil (Kapitel 5). Die Kapitel 1 bis 4 bieten leicht verständlich und schrittweise Grundlagenwissen zu Wortarten, Satzgliedern, Topologie und Satz. Der linguistische Ansatz ist deskriptiv und – soweit dies möglich ist – theorieneutral. Gleiches gilt für die verwendete Terminologie. Der Text ist gegliedert durch Beispiele, Tabellen und hervorgehobene Passagen, die besonders wichtige Fakten herausstellen oder wichtige weiterführende Informationen enthalten. Jedes Kapitel wird abgerundet durch Musteranalysen und Übungsaufgaben zu seinen spezifischen Inhalten. Die Lösungen finden Sie am Ende des Buches.

Das Kapitel 5 präsentiert die integrierte Anwendung grammatischen Wissens bei der kreativen Arbeit mit Texten, die ja für jede akademische Beschäftigung prägend ist. An vier verschiedenen Textsorten – einem journalistischen, einem poetischen, einem fachlichen und einem verwaltungssprachlichen Text – wird exemplarisch und selektiv vorgeführt, wie grammatisches Wissen konkret zur Textanalyse und zum Textverstehen genutzt werden kann. Diese Analysen gehen teilweise über die Basisgrammatik hinaus und sollen zur weiteren und intensiveren Beschäftigung mit Grammatik anregen.

Die drei Autorinnen haben als Sprachwissenschaftlerinnen umfassend zur deutschen Grammatik geforscht und veröffentlicht. Sie können als Professorinnen für Germanistische Linguistik und für Deutsch als Fremdsprache auf eine langjährige Erfahrung in der akademischen Lehre in verschiedenen Studiengangstrukturen zurückgreifen. Sie haben Lehrbücher zur deutschen Grammatik und zur germanistischen Linguistik verfasst und Lernmaterialien für den universitären Unterricht entwickelt.

Rückmeldungen und Verbesserungsvorschläge sind willkommen.

Mechthild Habermann
Gabriele Diewald
Maria Thurmair

Berlin, im August 2023

Inhalt

1 Das Wort

Im Anfang war das Wort.

Wörter sind die kleinsten selbstständigen Bausteine der Sprache. Mit Wörtern bilden wir Wortgruppen, aus diesen Sätze und daraus wiederum Texte.

Es gibt verschiedene Arten von Wörtern: Man kann sie von ihrer Bedeutung her danach unterscheiden, was wir mit ihnen ausdrücken können, ob wir etwa Objekte *(Haus, Kind)* oder Handlungen *(essen, spielen)* oder Eigenschaften *(groß, lustig)* oder bestimmte Relationen *(auf, in)* mit ihnen bezeichnen; wir können sie von ihren grammatischen Eigenschaften her danach unterscheiden, wie wir sie im Satz verwenden und welche Funktionen sie übernehmen können und ob wir sie in ihrer Form verändern, also flektieren können *(Haus – Häuser, essen – gegessen)*. Wir unterscheiden also verschiedene **Wortarten.**

> **!** Wortarten sind Klassen von Wörtern, die nach bestimmten Kennzeichen klassifiziert wurden.

In einer ersten Unterscheidung im Bereich der Wortarten fragen wir danach, ob ein Wort verändert (flektiert, gebeugt) werden kann oder nicht. Betrachten Sie die beiden Sätze in Beispiel **1**:

1 Veränderung von Wörtern

1-1	Abends	kommen	die Kinder	aus den Häusern	immer	auf die	freien	Felder.
1-2	Abends	kam	das Kind	aus dem Haus	immer	auf das	freie	Feld.

Sie sehen im Vergleich von **1-1** und **1-2**, dass manche Wörter sich nicht verändern *(abends, immer, auf)*, andere dagegen, wie *kommen, die, Kinder, frei*, sich verändern können: Sie drücken dann z. B. einen anderen Numerus (wie *Kind – Kinder*) oder ein anderes Tempus (wie *kommen – kam*) oder andere grammatische Beziehungen (wie *freien – freie*) aus. Sie bilden verschiedene **Wortformen.**
Wortformen können entstehen durch:

- Hinzufügen: *Kind – Kind**er**, frei – frei**en**, frei**e**, laufen – **ge**lauf**en***
- Verändern: *kommen – k**a**men, waren – w**ä**ren, Apfel – **Ä**pfel, d**en**ken – d**ach**t**e***
- Ersetzen (ganz selten): *sein – **bin** – **ist**, gut – **besser**.*

Alle diese Formen sind verschiedene Wortformen einer sogenannten Grundform (Nennform). Diese Grundform findet man auch im Wörterbuch. Alle möglichen Wortformen eines Wortes (z.B. *Kind, Kinder, Kindern* oder *frei, freie, freier, freies, freiem, freien*) nennt man sein Paradigma.

> **!** Wortformen sind grammatisch veränderte, also flektierte Formen eines Wortes. Man kann sie auch Flexionsformen nennen.
> Im Wörterbuch finden wir die Grundform (Nennform) eines Wortes.

Flexion ist die Veränderung von Wörtern nach bestimmten grammatischen Kategorien; sie umfasst (im Deutschen) Konjugation, Deklination und Komparation. **Konjugation** tritt nur beim **Verb** auf und ist die Veränderung nach Person, Numerus, Tempus, Modus, Genus Verbi. **Deklination** ist die Veränderung nach Genus, Numerus und Kasus und tritt bei **Substantiv** (hier jedoch keine Genusveränderung), **Adjektiv, Artikel** und **Pronomen** auf. **Komparation** ist Steigerung und tritt bei (manchen) Adjektiven und einigen wenigen Adverbien auf.

Wortarten sind also bestimmte Kategorisierungen im Wortschatz *(Suppe, heiß, kochen),* Wortformen sind grammatisch veränderte Formen eines Wortes *(kochen – gekocht).*

Wir wollen im Folgenden die einzelnen Wortarten und ihre Besonderheiten besprechen. Zunächst wenden wir uns den Wortarten zu, die flektiert werden können, nämlich Verb, Substantiv, Artikel, Pronomen und Adjektiv, und dann den anderen.

> ***i*** Die Zahl der Wortarten im Deutschen ist nicht fest, da die Einteilung in Wortarten auch davon abhängt, welche Kriterien man verwendet und wie man sie gewichtet. Üblicherweise nimmt man aber als Wortarten folgende an:
> Verb, Substantiv, Artikel, Pronomen, Adjektiv als flektierbare und Adverb, Konjunktion, Präposition, Partikel als unflektierbare Wortarten.

1.1 Verb

Verben sind die Zentren jeden Satzes. Sie bezeichnen sehr oft eine Handlung bzw. eine Tätigkeit *(essen, lesen, spielen),* manchmal auch einen Vorgang *(wachsen, regnen)* oder einen Zustand *(sitzen, wissen).* Verben können flektiert werden, ihre Flexion nennt man Konjugation.

1.1.1 Konjugation des Verbs

Verben werden konjugiert, d.h., sie werden nach fünf verschiedenen grammatischen Kategorienklassen verändert (z.T. mit Hilfsverb):

- nach der Person: *ich rufe – du rufst – sie ruft* (1., 2., 3. Person)
- nach dem Numerus: *er redet – sie reden* (Singular und Plural)
- nach dem Tempus: *du schreibst – du schriebst – du hattest geschrieben*
- nach dem Modus: *komm! – wir kommen – wir kämen – wir würden kommen*
- nach dem Genus Verbi: *sie sehen – sie werden gesehen* (Aktiv – Passiv)

i Die Kategorienklassen Person und Numerus sind besonders relevant bei der Kongruenz (d.h. zur grammatischen Übereinstimmung mit dem Subjekt eines Satzes); echte Verbkategorienklassen sind vor allem das Tempus und der Modus – sie sind semantisch (d.h. für die Satzbedeutung) grundlegend.
Person, Numerus, Tempus und Modus sind morphologische Kategorienklassen, sie werden synthetisch durch Veränderung am Wortstamm selbst angezeigt (allerdings werden die letzten beiden auch häufig mit Hilfsverben gebildet). Genus Verbi dagegen wird ausschließlich analytisch, d.h. mit Hilfsverben, gebildet und deshalb von manchen nicht zu den Kategorienklassen des Verbs gezählt.

! Verben werden konjugiert, also verändert nach Person, Numerus, Tempus, Modus, Genus Verbi. In einigen Fällen (Passiv, Tempus, Modus) werden dafür auch Hilfsverben verwendet.

Verbformen, die Personalendungen haben und damit nach Person und Numerus bestimmt sind, nennt man finit. (Oft wird zur Finitheit auch die Bestimmung nach Tempus und Modus gerechnet.)

Infinite Verbformen dagegen sind nicht nach den grammatischen Kategorien bestimmt; infinite Verbformen sind der Infinitiv und das Partizip.

Die Konjugation der Verben kann regelmäßig sein oder unregelmäßig. Entscheidend dafür sind die sogenannten Stammformen, das sind die Formen im Infinitiv Präsens und im Präteritum und das Partizip II (auch Partizip Perfekt). Die regelmäßigen Verben sind der Normalfall und deshalb ungleich häufiger. Sie werden gebildet durch die Endung *-te-* im Präteritum und durch *ge-…-t* im Partizip II.

2 Regelmäßige und unregelmäßige Verben

	Infinitiv Präsens	Präteritum	Partizip II
regelmäßige Verben (schwache Verben)	lachen	lachte	gelacht
unregelmäßige Verben (starke Verben)	rufen sprechen	rief sprach	gerufen gesprochen
unregelmäßige Verben (»gemischte« Verben)	nennen	nannte	genannt

i Die regelmäßigen Verben heißen auch schwache Verben; die unregelmäßigen Verben umfassen die sogenannten starken Verben *(sprechen, sprach, gesprochen)* und die sogenannten gemischten Verben *(nennen, nannte, genannt),* die in ihrer Konjugation Kennzeichen der schwachen und der starken Verben kombinieren.

1.1.2 Tempus des Verbs

Verben können durch ihre Tempusformen verschiedene Zeitstufen ausdrücken. Dies ist ein ganz wesentliches Kriterium von Verben. Manchmal nennt man sie deshalb auch Zeitwörter.

Üblicherweise werden im Deutschen sechs grammatische Tempusformen unterschieden:

3 Tempusformen

Präsens	lach-e, -st, -t, -en, -t, -en	Stammform + Personalendung
Präteritum	lach-te-–, -st, -–, -n, -t, -n rief-–, -st, -–, -en, -t, -en	Stammform + *-te-* + Personalendung Präteritumform + Personalendung
Perfekt	habe gelacht, hast gelacht … bin gekommen, bist gekommen	Hilfsverb *haben* + Partizip II oder Hilfsverb *sein* + Partizip II
Plusquamperfekt	hatte gelacht, hattest … war gekommen, warst …	Hilfsverb *haben* im Präteritum + Partizip II Hilfsverb *sein* im Präteritum + Partizip II
Futur I	werde lachen	Hilfsverb *werden* + Infinitiv
Futur II	werde gelacht haben werde gekommen sein	Hilfsverb *werden* + Partizip II + *haben* Hilfsverb *werden* + Partizip II + *sein*

Nur die Formen im Präsens und Präteritum sind einfache Tempusformen (auch: synthetische Formen), alle anderen Tempusformen sind zusammengesetzte Tempusformen (auch: analytische Formen), d. h., sie werden mit Hilfsverben gebildet. Die Formen des Futurs I und des Futurs II werden selten verwendet.

Das Hilfsverb *haben* wird bei der überwiegenden Zahl der Verben zur Bildung von Perfekt und Plusquamperfekt verwendet (z. B. bei allen transitiven Verben, d. h. Verben mit einem Akkusativobjekt). Das Hilfsverb *sein* tritt bei einigen speziellen Gruppen auf, etwa bei Verben der Bewegung *(ist gelaufen, ist verschwunden)* oder Verben, die eine Veränderung bezeichnen *(ist eingeschlafen, ist aufgeblüht, ist gestorben),* und beim Verb *sein* selbst *(ist gewesen).*

Die grammatischen Tempusformen drücken das Verhältnis dessen, worüber wir sprechen, zum Zeitpunkt des Sprechens aus, ob wir also über etwas Vergangenes sprechen *(ich lachte, ich habe gelacht),* etwas Gegenwärtiges *(ich schreibe)* oder etwas Zukünftiges *(ich werde kommen).*

i Was ist eigentlich der Unterschied zwischen Tempus und Zeit?
Der Begriff »Tempus« bezeichnet die grammatischen Formen des Verbs, die Begriffe »Zeit« und »Zeitstufen« meinen die Konzepte Gegenwart, Zukunft und Vergangenheit. Meist deckt sich die Tempusform mit der Zeitstufe; Tempusform Präsens bezeichnet also Gegenwart, Tempusform Perfekt Vergangenheit usw. Aber dies muss nicht so sein. Die Tempusformen des Verbs sind nämlich nicht alleine ausschlaggebend für die ausgedrückte Zeitstufe. Es gibt auch andere Möglichkeiten:

4 Tempusformen und Zeitstufen

	Tempusform	Zeitstufe
Morgen **kommt** meine Mutter mit ihrem neuen Freund.	Präsens	Zukunft
Wie **war** doch gleich sein Name?	Präteritum	Gegenwart
Bis dahin **habe** ich meine Wohnung **aufgeräumt.**	Perfekt	Zukunft
Beim letzten Besuch **geht** meine Mutter doch sofort in mein Schlafzimmer und **regt** sich furchtbar über das Chaos dort auf.	Präsens	Vergangenheit

1.1.3 Modus des Verbs

Mit dem Modus eines Verbs können wir verschiedene Einstellungen ausdrücken und das Verhältnis dessen, was wir sagen, zur Wirklichkeit gestalten.

Man unterscheidet im Deutschen drei Modi:

- **Indikativ** *(du kommst)* ist der neutrale Modus des Verbs, der am häufigsten anzutreffen ist.
- **Imperativ** ist die Modusform, die für Aufforderungen benutzt wird; deshalb gibt es nur Formen für die zweite Person: *komm – kommt.*
- **Konjunktiv** *(du kommest, du kämest)* ist der Modus, mit dem eine relativierende Haltung des Sprechers zum Gesagten ausgedrückt wird. Diesen Modus wollen wir nun genauer betrachten.

Formen des Konjunktivs

Es gibt zwei Arten des Konjunktivs: Konjunktiv I und Konjunktiv II.

Konjunktiv I wird im Allgemeinen gebildet durch Einfügen eines ›e‹ vor der Personalendung der Verbform. Da viele Personalendungen bereits ein ›e‹ aufweisen, unterscheidet sich der Konjunktiv I nur in wenigen Formen von der Indikativform: *gehe, **gehest, gehe,** gehen, **gehet,** gehen* (Indikativ: *gehe, gehst, geht, gehen, geht, gehen*). Besonders deutlich ist der Konjunktiv I immer in der 3. Person Singular *(er gehe).* Nur beim Verb *sein* ist der Konjunktiv I in allen Formen erkennbar, da hier eine andere Form auftritt: *sei, sei(e)st, sei, seien, seiet, seien* (Indikativ: *bin, bist, ist, sind, seid, sind*).

Konjunktiv II wird gebildet durch Einfügen eines ›e‹ vor der Personalendung des Verbs im Präteritum (wenn die Personalendung nicht bereits ein ›e‹ enthält), bei unregelmäßigen Verben – wenn möglich – auch durch Umlaut *(ä, ö, ü, äu).*

5 Bildung des Konjunktivs II

regelmäßige Verben		**unregelmäßige Verben**			
Konjunktiv II	Indikativ Präteritum	Konjunktiv II	Indikativ Präteritum	Konjunktiv II	Indikativ Präteritum
lachte	lachte	ging-e	ging	käm-e	kam
lachtest	lachtest	ging-e-st	gingst	käm-e-st	kamst
lachte	lachte	ging-e	ging	käm-e	kam
lachten	lachten	ging-en	gingen	käm-en	kamen
lachtet	lachtet	ging-e-t	gingt	käm-e-t	kamt
lachten	lachten	ging-en	gingen	käm-en	kamen

Sie sehen, dass bei regelmäßigen Verben der Konjunktiv II immer die gleichen Formen hat wie der Indikativ. Bei unregelmäßigen Verben sind entweder (wie bei *ging*) nur die 1.–3. Person Singular und die 2. Person Plural unterschiedlich von den Formen des Indikativs oder alle Formen (wie bei *kam*), wenn auch Umlaut möglich ist.

Weil also der Konjunktiv II oft nicht vom Indikativ Präteritum zu unterscheiden ist, gibt es eine Ersatzform: die Form ***würde*** + **Infinitiv**; also: *ich würde lachen, wir würden gehen* usw. Diese *würde*-Form kann man immer statt der Konjunktiv-II-Form verwenden, besonders dann, wenn die Form des Konjunktivs II nicht deutlich oder nicht mehr üblich ist (also: *er würde lachen, er würde fliegen* statt *er lachte, er flöge*). Seltener verwendet man die *würde*-Form bei den Hilfsverben *sein* und *haben* und bei den Modalverben (also: *er wäre/hätte/könnte* statt *er würde sein/haben/können*).

i Vielleicht haben Sie auch die Begriffe »Konjunktiv Präsens« und »Konjunktiv Präteritum« gelernt. Diese Begriffe beziehen sich nur auf die Bildung: Der Konjunktiv Präsens wird von der Präsensform eines Verbs gebildet, der Konjunktiv Präteritum von der Präteritumform eines Verbs. Sie beziehen sich jedoch nicht auf unterschiedliche Zeitstufen. Deshalb verwendet man heute meist die neutralen Begriffe Konjunktiv I (entspricht Konjunktiv Präsens) und Konjunktiv II (entspricht Konjunktiv Präteritum).

Konjunktiv I und II haben je eine Form, die die Gegenwart (bzw. Gleichzeitigkeit) bezeichnet, und eine Form für die Vergangenheit: Konjunktiv I Vergangenheit (oft auch: Konjunktiv Perfekt) und Konjunktiv II Vergangenheit (oft auch: Konjunktiv Plusquamperfekt). Zum Beispiel:

6 Konjunktiv I und II: Vergangenheitsformen

	Gegenwart/Gleichzeitigkeit	Vergangenheit
Konjunktiv I	er komme er sehe	er **sei** gekommen er **habe** gesehen
Konjunktiv II	er käme er sähe	er **wäre** gekommen er **hätte** gesehen

Verwendung des Konjunktivs

Konjunktiv I und Konjunktiv II werden in unterschiedlichen Bereichen verwendet.

- Konjunktiv II wird z. B. verwendet bei:
  - Wünschen: ***Käme*** *das Geld doch rechtzeitig!* ***Hätte*** *ich doch mehr Zeit!*
  - Konditionalsätzen: *Wenn wir fliegen* ***könnten, wären*** *wir auch nicht freier.*
  - irrealen Vergleichen: *Sie sieht aus, als ob sie keine Lust* ***hätte.***
  - höflichen Kontexten: ***Dürfte*** *ich Sie etwas fragen?*
  - Zweifeln: ***Würde*** *er wirklich die Wahrheit sagen?*

■ Konjunktiv I wird z. B. in verschiedenen fachsprachlichen Bereichen verwendet:
- religiöse Kontexte: *Der Friede* ***sei*** *mit dir.*
- mathematische Kontexte: *Gegeben* ***sei*** *eine Menge x.*
- andere: *Man* ***beachte*** *die unterschiedlichen Formen.*

■ Konjunktiv I und Konjunktiv II werden verwendet in der **indirekten Rede:** Die üblichen Formen in der indirekten Rede sind die Formen des Konjunktivs I; diese zeigen eindeutig an, dass etwas als Redewiedergabe markiert wird. Hier liegt der Hauptverwendungsbereich des Konjunktivs I. Wenn Konjunktiv-I-Formen nicht erkennbar sind, treten Ersatzformen auf. In informeller Sprache wird auf den Konjunktiv oft verzichtet.

7 Beispiel für Konjunktivformen in der indirekten Rede

Das Kanzleramt teilte am Abend mit, der Kanzler **verurteile** diese Tat aufs Schärfste, die Ministerinnen und Minister im Kabinett **sprächen** sich wie der Kanzler für höhere Strafen aus und **würden** an einem gemeinsamen Gesetzentwurf **arbeiten.**

Das Beispiel 7 zeigt die verschiedenen Möglichkeiten der Verwendung des Konjunktivs in der indirekten Rede. Die grundlegende Regel ist, in der indirekten Rede den Konjunktiv I zu verwenden (wie hier im Beispiel: *verurteile*). Wenn der Konjunktiv I nun aber nicht erkennbar ist (wie bei *sprechen, arbeiten*), dann werden Ersatzformen verwendet, nämlich der Konjunktiv II (wie hier im Beispiel: *sprächen*); wenn dieser nicht erkennbar ist (wie hier bei *arbeiteten* als einem regelmäßigen Verb), dann verwendet man die *würde*-Form (wie hier im Beispiel: *würden arbeiten*). Oft wird heute aber in anderen Fällen auch die *würde*-Form eingesetzt.

> **!** Nur in der indirekten Rede, nicht aber in anderen Verwendungsbereichen, sind Konjunktiv I und Konjunktiv II austauschbar!

1.1.4 Genus Verbi: Aktiv – Passiv

Mit dem Ausdruck Genus Verbi bezeichnet man Aktiv- und Passivformen des Verbs. Das Passiv wird im Deutschen allerdings streng genommen nicht durch Flexion, sondern durch Hilfsverben gebildet.

Das Passiv unterscheidet sich vom Aktiv ganz generell durch eine andere Blickrichtung: Beim Aktiv richtet man den Blick auf die handelnde Instanz, das Agens, das Aktiv ist »agensorientiert«; beim Passiv dagegen richtet man den Blick auf den Vorgang selbst und nicht auf die handelnde Instanz (die oft gar nicht genannt wird).

Zum Vergleich:

8 Aktiv und Passiv

Aktiv	Passiv
Der Koch schält die Kartoffeln.	Die Kartoffeln werden geschält.
Dort baut die Firma Moll eine Villa.	Dort wird eine Villa gebaut.
Die Regierung erlässt ein Gesetz.	Ein Gesetz wird erlassen.
Jugendliche zerstörten ein Auto.	Ein Auto wurde zerstört.

Die handelnde Instanz, das Agens, wird in Passivsätzen aus folgenden Gründen nicht genannt: weil es unbekannt ist, weil es aus dem Kontext erschließbar und deshalb überflüssig, unwesentlich oder selbstverständlich ist oder weil es gar nicht genannt werden soll.

Bildung des Passivs

Die Passivformen werden im Deutschen mit einem Hilfsverb in Verbindung mit dem Partizip II gebildet. Bei transitiven Verben, also Verben mit Akkusativobjekt, wird dieses im Passivsatz zum Subjekt. Bei intransitiven Verben erscheint im Passivsatz kein Subjekt. Das Passiv von intransitiven Verben wird manchmal auch »unpersönliches Passiv« genannt.

9 Passivformen verschiedener Verben

transitive Verben	die Zeitung lesen das Geld ausgeben	Die Zeitung **wird gelesen.** Das Geld **wird ausgegeben.**
intransitive Verben	dem Kind helfen tanzen	Dem Kind **wird geholfen.** Am Abend **wird getanzt.**

werden-Passiv und *sein*-Passiv

Im Deutschen werden mehrere Arten von Passivformen unterschieden. Der Unterschied zwischen *werden*-Passiv (auch: Vorgangspassiv) und *sein*-Passiv (auch: Zustandspassiv) liegt einmal in der Bildung (Hilfsverb *werden* + Partizip II bzw. Hilfsverb *sein* + Partizip II) und zum anderen in der Betrachtungsweise: Im *werden*-Passiv wird der Vorgang als solcher fokussiert, im *sein*-Passiv das Ergebnis, das Resultat.

10 *werden*-Passiv und *sein*-Passiv

werden + Partizip II: Vorgang	*sein* + Partizip II: Resultat, Zustand
Die Kartoffeln werden geschält. Die Koffer werden gepackt. Das Geld wird ausgegeben.	Die Kartoffeln sind geschält. Die Koffer sind gepackt. Das Geld ist ausgegeben.

i Es gibt noch andere Typen des Passivs, etwa das sogenannte *bekommen*-Passiv (auch: Dativpassiv oder Rezipientenpassiv). Es wird gebildet mit dem Hilfsverb *bekommen* (auch: *erhalten, kriegen*) + Partizip II (*Sie bekommt die Urkunde überreicht;* siehe dazu Kap. 2.6.3).

1.1.5 Verschiedene Klassen von Verben

Bisher hatten wir es vor allem mit der großen Klasse der sogenannten Vollverben zu tun. Das ist die überwiegende Zahl der Verben, die eigenständige Bedeutung haben und deshalb alleine das Prädikat (vergleiche Kap. 2. 4) bilden können (wie *schwimmen, essen, liegen*). Es gibt aber auch einige andere, kleinere Klassen von Verben, die spezifische Formen und Funktionen haben. Die wichtigsten sind hier die Hilfsverben, die Modalverben und die Kopulaverben.

Hilfsverben

Hilfsverben haben die Funktion, bei der Bildung von Verbformen zu ›helfen‹. Die wichtigsten Hilfsverben sind *haben, sein* und *werden.* Sie verbinden sich mit Partizipien oder Infinitiven und dienen dazu, Passivformen, Tempusformen und Konjunktivformen zu bilden. Zum Beispiel:

11 Hilfsverben

Beispiel	Funktion des Hilfsverbs
habe – gegessen	Hilfsverb *haben* zur Bildung des Perfekts
bin – gelaufen	Hilfsverb *sein* zur Bildung des Perfekts
bin – gewählt	Hilfsverb *sein* zur Bildung des *(sein-)*Passivs
werde – kommen	Hilfsverb *werden* zur Bildung des Futurs
werde – gefilmt	Hilfsverb *werden* zur Bildung des *(werden-)*Passivs

Modalverben

Zu den wichtigsten Modalverben gehören *können, müssen, dürfen, wollen* und *sollen.*

Modalverben dienen dazu, die Modalität einer Aussage zu verändern und eine subjektive Stellungnahme zum Ausdruck zu bringen; vergleichen Sie die Veränderungen in folgendem Beispiel **12**:

12 Modalverben
sie singt – sie **will** singen – sie **kann** singen – sie **muss** singen – sie **darf** singen – sie **soll** singen

Durch die Modalverben wird hier ein Wille, eine Möglichkeit, ein Zwang, eine Erlaubnis oder eine Aufforderung ausgedrückt.

i Ein weiteres Modalverb ist *mögen.* Die Form *möchte* ist eigentlich die Konjunktiv-II-Form dieses Modalverbs: *ich mag – ich mochte – ich möchte.* Allerdings wird diese Form heute fast wie ein eigenständiges Modalverb verwendet. Manche sprechen deshalb von einem eigenen Modalverb »*möchte(n)*«.

Kopulaverben

Kopulaverben verbinden sich mit einem Prädikativ (z. B. einer Substantivgruppe, d. h. einer Nominalphrase, oder einem Adjektiv; siehe Kap. 2.9) zu einem Prädikatsverband, z. B.: *Die Kleinen sind müde. Frau Fischer bleibt Chefin.* Sie haben vor allem grammatische Funktion, denn sie zeigen Person, Numerus, Tempus u. a. an. Kopulaverben sind im Deutschen *sein, werden* und *bleiben.*

Manche Verben können in verschiedenen Funktionen auftreten und gehören damit zu verschiedenen Verbklassen. Das Verb *werden* z. B. kann ein Hilfsverb zur Passiv- und zur Futurbildung sein *(ich werde gefragt, ich werde sehen)* und in anderer Umgebung ein Kopulaverb *(ich werde Lehrerin).* Das Verb *sein* z. B. kann ein Hilfsverb sein zur Perfektbildung *(wir sind gekommen)* und zur Passivbildung *(wir sind gewählt)* und ein Kopulaverb *(wir sind Teil der Gesellschaft);* in einer besonderen Konstruktion (*sein* + Infinitiv mit *zu*) dagegen fungiert *sein* wie ein Modalverb und heißt dann oft Modalitätsverb *(Kinder sind zu schützen);* und z. B. im philosophischen Kontext kann *sein* als Vollverb auftreten: *Ich bin.* Einige Verben befinden sich im Übergang: Das Verb *bekommen* etwa übernimmt auch die Funktion als Hilfsverb zur Passivbildung (z. B. *Sie bekommt eine Urkunde verliehen*).

i Manche Verben können – je nach syntaktischer Umgebung – verschiedenen Verbklassen angehören.

Funktionsverben und Funktionsverbgefüge

Funktionsverbgefüge sind feste Verbindungen; sie bestehen meist aus einem relativ bedeutungsarmen Verb (*kommen, bringen* und andere) und einer Präpositionalphrase oder Nominalphrase, bei der das Substantiv oft von einem Verb abgeleitet ist. Mit Funktionsverbgefügen kann man verschiedene Phasen eines Vorgangs bezeichnen oder verschiedene Blickwinkel einnehmen.

13 Funktionsverbgefüge

Vollverb	Funktionsverbgefüge
entscheiden	zur Entscheidung bringen, zur Entscheidung kommen, zur Entscheidung stellen
sprechen über	zur Sprache bringen, zur Sprache kommen
abschließen	zum Abschluss bringen, zum Abschluss kommen

1.1.6 Infinite Verbformen

Infinite Verbformen sind das Partizip (Partizip I *lachend*, Partizip II *gelacht*) und der Infinitiv *(lachen)*. Das Partizip steht bezüglich seiner Aufgaben zwischen Verb und Adjektiv (siehe Kap. 1.5.5). Im Bereich des Verbs spielt das Partizip II eine wichtige Rolle bei der Bildung von (analytischen) Verbformen.

14 Verbformen mit Hilfsverb + Partizip II

Hilfsverb + Partizip II	Beispiel	Verbform
haben + Partizip II	Sie hat **gelacht.**	Perfekt Aktiv
werden + Partizip II	Es wird **getanzt.**	*werden*-Passiv
sein + Partizip II	Die Rechnung ist **bezahlt.**	*sein*-Passiv
bekommen + Partizip II	Er bekommt den Zahn **gezogen.**	*bekommen*-Passiv

Der Infinitiv kann zusammen mit Hilfsverben bestimmte Verbformen bilden; er kann aber auch abhängig von bestimmten Verben auftreten. Einige Beispiele:

15 Verbindungen mit dem Infinitiv

Hilfs-/Modalverb + Infinitiv	Beispiel	Verbform
werden + Infinitiv	Sie werden **lachen.**	Futur Aktiv
würden + Infinitiv	Ich würde das nicht **behaupten.**	Konjunktiv II Aktiv
Modalverb + Infinitiv	Sie kann/will/muss ... jetzt **gehen.**	

Vollverb + Infinitiv		
Wahrnehmungsverben,	Sie sieht ihn **kommen.**	
lassen, lehren,	Ich lasse die Haare **schneiden.**	
helfen etc.,	Er hilft uns **aufräumen.**	
Bewegungsverben	Wir gehen **schwimmen.**	

Neben dem Infinitiv Präsens Aktiv (auch: Infinitiv I) gibt es den Infinitiv Perfekt (oft: Infinitiv II) und den Infinitiv Passiv. Einige Beispiele:

lachen, kommen, sagen (Infinitiv Präsens);
gelacht haben, gekommen sein, gesagt haben (Infinitiv Perfekt);
gesagt werden, gelernt werden bzw. *gesagt sein, gelernt sein* (Infinitiv Passiv).

1.2 Substantiv

Substantive wie *Haus, Rose, Freiheit* gehören zu den deklinierbaren Wortarten; relevant sind die grammatischen Kategorienklassen Genus, Numerus und Kasus. Im Unterschied zu den anderen deklinierbaren Wortarten (wie Adjektiv, Artikel) ist bei Substantiven aber das Genus fest, verändert werden nur Numerus und Kasus.

1.2.1 Genus des Substantivs

Das Genus eines Substantivs ist fest: Ein bestimmtes Substantiv ist also entweder Maskulinum oder Femininum oder Neutrum. Am Substantiv selbst kann man das Genus im Allgemeinen nicht erkennen, es ist »inhärent« – sichtbar wird es aber z. B. am Artikel, dem Begleiter des Substantivs. Im Plural gibt es keine Unterscheidung nach dem Genus, der entsprechende Artikel lautet für alle Genera »die«.

! Die grammatische Kategorie Genus ist nicht zwangsläufig deckungsgleich mit dem biologischen Geschlecht (= Sexus). Feminine Substantive bezeichnen also nicht etwas »Weibliches«, maskuline nicht etwas »Männliches«.

Um das Genus am Substantiv selbst zu erkennen, gibt es nur wenige Regeln: Einfache Substantive wie *Haus, Maus, Strauß* oder *Messer, Gabel, Löffel* lassen das Genus nicht erkennen, es gibt nur Tendenzen: So sind z. B. Substantive mit der Endung -*e* häufig feminin *(die Rose, die Straße, die Sonne* usw., aber: *das Auge).* Substantive, die mit einem Wortbildungssuffix aus einem anderen Wort gebildet werden, haben allerdings ein festes Genus: So sind z. B. Substantive, die mit den Wortbildungssuffixen *-ung* oder *-heit* gebildet sind, immer feminin *(die Heizung, Wohnung, Freiheit),* Substantive mit *-chen* und *-lein* immer Neutrum *(das Jäckchen, Tellerchen, Tischlein* und auch: *das Mädchen).*

1.2.2 Numerus des Substantivs

Substantive können durch die Deklination auch Numerus, also Singular und Plural, ausdrücken. Gekennzeichnet wird dabei im Deutschen nur der Plural, der Singular wird nicht eigens markiert. Um Plural zu markieren, gibt es im Deutschen vielfältige Möglichkeiten: einmal verschiedene Endungen und zum anderen die Möglichkeit, einen Umlaut zu verwenden. Einige Beispiele sollen das zeigen:

16 Pluralendungen beim Substantiv

Endung	-en bzw. -n	-er	-e	-s	keine Endung
ohne Umlaut	Frauen Rosen Fluten Küsten	Felder Kinder	Hunde Tage	Autos Kinos	Segel Lehrer
mit Umlaut	---	Wälder Häuser	Nüsse Bälle	---	Gärten Mütter

1.2.3 Kasus des Substantivs

Substantive treten im Satz je nach syntaktischer Funktion in verschiedenen Kasus auf. Im Deutschen gibt es vier Kasus: Nominativ, Akkusativ, Dativ und Genitiv.

17 Beispiele zur Kasusdeklination

17-1 Der junge König kümmert sich um seine Untertanen. (Nominativ)
17-2 Deshalb verehren sie den jungen König. (Akkusativ)
17-3 Sie schenken dem jungen König ihr Vertrauen. (Dativ)
17-4 Auch die Frau des jungen Königs wird vom Volk geliebt. (Genitiv)

Die Deklination des Substantivs markiert allerdings den Kasus nur in wenigen Fällen direkt – auch das übernimmt eher der Artikel und gegebenenfalls ein Adjektiv (siehe Beispiele 17).

Die möglichen Kasusendungen an den Substantiven selbst zeigt die folgende Übersicht:

18 Kasusdeklination am Substantiv

	Singular Maskulinum		Neutrum	Femininum	Plural -en/-n	-er	-e	-s	keine
Nom.	Mann	Herr	Kind	Frau	Frauen	Männer	Hunde	Autos	Lehrer
Akk.	Mann	Herrn	Kind	Frau	Frauen	Männer	Hunde	Autos	Lehrer
Dativ	Mann(e)	Herrn	Kind	Frau	Frauen	Männern	Hunden	Autos	Lehrern
Gen.	Mannes	Herrn	Kindes	Frau	Frauen	Männer	Hunde	Autos	Lehrer

Sie sehen in **18**, dass die Anzeige des Kasus am Substantiv nur in wenigen Fällen auftritt: Im Singular wird der Genitiv markiert, aber nur bei Substantiven, die Neutrum oder Maskulinum sind (nicht bei Feminina); bei Neutra und Maskulina erscheint die Endung *-es (Mannes, Kindes)* oder *-s (Königs)*. Einige wenige Substantive (wie hier *Herr*) markieren mit der Endung *-n* Genitiv und auch Akkusativ und Dativ. Im Plural wird nur der Dativ mit der Kasusendung *-n* gekennzeichnet, die aber überhaupt nur bei den Pluralendungen *-e* und *-er* und bei Pluralen ohne Endung auftreten kann.

i Vielleicht haben Sie eine andere Reihenfolge der Kasus gelernt: Nominativ (1. Fall), Genitiv (2. Fall), Dativ (3. Fall) und Akkusativ (4. Fall). Das ist einfach eine andere Anordnung. Vielfach wird heute aber die Reihenfolge wie oben verwendet, weil sie der Bedeutung und der Frequenz der einzelnen Kasus besser entspricht.

! Durch die Deklination wird am Substantiv vor allem die grammatische Kategorienklasse Numerus, also Singular und Plural, markiert. Genus ist fest mit dem Substantiv verbunden, und Kasus wird nur an einigen wenigen Stellen durch eine Endung markiert. Die Anzeige von Genus und Kasus wird vor allem am Artikel (und am Adjektiv) deutlich. Deshalb sollte man immer die gesamte Substantivgruppe (bzw. Nominalphrase) betrachten.

1.3 Artikel

Artikel treten immer zusammen mit einem Substantiv auf, sie sind »Begleiter« des Substantivs und bilden mit diesem zusammen eine Substantivgruppe bzw. eine Nominalphrase (siehe Kap. 2). Artikel kongruieren mit ihrem Substantiv, d.h., sie zeigen das Genus des Substantivs, den Kasus und den Numerus des

Substantivs. Die Artikel übernehmen aber auch wichtige inhaltliche, das Substantiv determinierende Funktionen; ihr Gebrauch soll hier nur exemplarisch besprochen werden.

1.3.1 Formen der Artikel

Die häufigsten Artikel sind der bestimmte (definite) Artikel *(der, die, das)* und der unbestimmte (indefinite) Artikel *(ein, eine).* Ihre Formen zeigt die folgende Übersicht (der als Kasussignal dienende Teil der Endung ist fett markiert).

19 **Bestimmter und unbestimmter Artikel**

	bestimmter Artikel					**unbestimmter Artikel**			
	Mask.	Neutr.	Fem.	Plural		Mask.	Neutr.	Fem.	Plural
Nom.	der	das	die	die	**Nom.**	ein	ein	eine	-
Akk.	den	das	die	die	**Akk.**	einen	ein	eine	-
Dat.	dem	dem	der	den	**Dat.**	einem	einem	einer	-
Gen.	des	des	der	der	**Gen.**	eines	eines	einer	-

Der Plural des unbestimmten Artikels ist eine »Nullform«; z. B. Sg.: *ein Mann,* Plural: – *Männer;* Sg.: *eine Frau,* Plural: – *Frauen;* Sg.: *ein Kind,* Plural: – *Kinder.*

1.3.2 Gebrauch der Artikel

Ein Substantiv kann mit dem bestimmten Artikel, dem unbestimmten Artikel oder ohne Artikel stehen. Für den Gebrauch der Artikel lassen sich einige generelle Tendenzen angeben.

■ Der bestimmte Artikel *(der/die/das)*

Der bestimmte Artikel *der/die/das* zeigt Definitheit an und steht, wenn ein Substantiv etwas schon Bekanntes und Identifiziertes bezeichnet. Das kann im Einzelnen sein:

- etwas, was im Text bereits eingeführt ist oder von dem schon die Rede war: *Am Horizont tauchte ein Reiter auf.* ***Der*** *Reiter schien sehr in Eile zu sein.*
- etwas, was aus der Situation heraus bekannt ist oder identifiziert werden kann: *Gib mir mal* ***die*** *Kamera. Wo ist* ***die*** *Zeitung?*
- ein »Unikat«, d. h. etwas Einzigartiges, was allgemein bekannt ist: ***Die*** *Sonne dreht sich um* ***die*** *Erde.* ***Die*** *Mauer fiel 1989.*

■ Der unbestimmte Artikel *(ein/ein/eine)*

Der unbestimmte Artikel *ein/ein/eine* zeigt Indefinitheit an und steht insbesondere dann, wenn das Substantiv etwas Neues oder Unbekanntes bezeichnet, das noch nicht erwähnt wurde oder nicht näher bestimmt ist, z. B. wenn etwas in einem Text neu eingeführt wird:

Am Horizont tauchte **ein** Reiter auf. Der Reiter schien sehr in Eile zu sein.
Es lebte einmal **ein** König. Er hatte drei wunderschöne Töchter.

Die verneinte Form des unbestimmten Artikels lautet *kein/kein/keine*. Im Plural hat *kein* die Formen *keine, keine, keinen, keiner;* z. B.: *Er hatte **keine** Probleme mehr.*

■ Kein Artikel

In bestimmten Fällen werden Substantive auch ohne Artikel verwendet; z. B. bei:

- Stoffnamen und Abstrakta: *Er trinkt gerne **Wein.** Sie hat **Geld.** Sie kämpfen für **Gerechtigkeit.***
- Eigennamen (Personen- und Ortsnamen): *Sie kennt **Konrad Adenauer** nicht. Er fährt nach **Hamburg.***
- bei Bezeichnungen des Berufs, der Nationalität, der Religion oder der sozialen Rolle in Prädikationen: *Er ist **Schweizer.** Sie ist **Ärztin.** Sie ist **Jüdin.***

i Präpositionen können mit dem Artikel zu einer Form »verschmelzen«, z. B.: *am (= an dem), zum (= zu dem), ins (in das), zur (zu der)* oder – vor allem in der gesprochenen Sprache – *aufs (auf das), fürs (für das), hinterm (hinter dem), überm (über dem)* etc.

1.3.3 Andere Artikel

Es lassen sich weitere Gruppen von Artikeln unterscheiden, die zusätzliche Bedeutung tragen. Was Stellung und Flexion betrifft, verhalten sich diese Artikel wie der bestimmte und der unbestimmte Artikel. Die wichtigsten zusätzlichen Artikel sind (sie können auch als Pronomen auftreten):

Possessivartikel

Possessivartikel wie *mein-, dein-, sein-, unser-, euer-, ihr-* bezeichnen eine Zugehörigkeit oder eine Relation. Sie sind ebenfalls Begleiter eines Substantivs, mit dem ihre **Endung** kongruiert, die Endungen entsprechen denen des unbestimmten Artikels *(ein/ein/eine).* Die jeweils gewählte Form des Possessivartikels hängt vom entsprechenden Bezugspunkt ab. Zur Illustration:

20 Beispiele zum Possessivartikel

	sein **Stamm**		ihr **Stamm**		unser **Garten**
der Baum <	seine **Krone**	die Buche <	ihre **Krone**	wir <	unsere **Wiese**
	seine **Blätter**		ihre **Blätter**		unsere **Bäume**

Demonstrativartikel

Demonstrativartikel weisen die gleichen Endungen auf wie der bestimmte Artikel. Mit Demonstrativartikeln wie *dieser* (oder seltener *jener*) wird auf das begleitende Substantiv hingewiesen, es wird besonders fokussiert. Zum Beispiel:

21 **Beispiele zum Demonstrativartikel**

21-1 Auf dem Dachboden meiner Großeltern befand sich eine alte Holzkiste mit eisernen Beschlägen, die Jahr und Tag nicht geöffnet worden war. Mit **dieser** Kiste hatte es eine besondere Bewandtnis.

21-2 Schau mal, **diese** Lampe da drüben! Das wäre genau das Richtige für unser Esszimmer!

1.4 Pronomina

Pronomina (im Singular: das Pronomen; manche sagen auch im Plural ›Pronomen‹) sind Stellvertreter einer Nominalphrase (»Pro«-Nomen). Sie verweisen im Text auf die entsprechende Nominalphrase und kongruieren mit dieser in Genus und Numerus. Es lassen sich verschiedene Gruppen von Pronomina unterscheiden.

Personalpronomina

Personalpronomina sind die häufigsten und wichtigsten Pronomina, da sie wenig spezifisch sind und deshalb einen sehr großen Anwendungsbereich haben. Man kann die Pronomina der 1. und 2. Person grundsätzlich von denen der 3. Person unterscheiden: Mit ersteren Pronomina *(ich, du, wir, ihr)* wird auf situativ präsente Dialogrollen, Sprecher/Sprecherin und Hörer/Hörerin, verwiesen; das Pronomen der 3. Person hat dagegen einen wesentlich weiteren Anwendungsspielraum und verweist im Grunde auf alles, was nicht Dialogrolle ist. In der 3. Person wird im Singular nach Genus unterschieden *(er, sie, es).*

Die Funktion der Pronomina im Text zeigt das folgende Beispiel:

22 **Pronomina im Text**

Als Martin die Ladentüre öffnete, kam von hinten eine junge, etwas müde blickende Frau. Er hatte sie dort noch nie gesehen und war deshalb etwas verwirrt, stellte aber dann doch seine übliche Frage nach den Neuerscheinungen. »Die sind diese Woche leider noch nicht gekommen«, antwortete sie bedauernd.

Das Beispiel 22 zeigt, dass die Pronomina *er* bzw. *sie* die Nominalphrasen *Martin* bzw. *eine junge, etwas müde blickende Frau* aufgreifen und weiterführen. Pronomina dienen so der Verknüpfung im Text und sind deswegen auch eine sehr ökonomische Form der Textverdichtung.

Im Deutschen gibt es in der 3. Person Singular auch die Pronomina *der/die/das.* Sie verhalten sich wie die Personalpronomina, insofern sie Nominalphrasen aufgreifen; sie fokussieren aber stärker als die Formen *er/sie/*es. Manche bezeichnen die Pronomina *der/die/das* deshalb als Demonstrativpronomina, man könnte auch von fokussierenden Personalpronomina sprechen. Die Formen werden besonders häufig in der gesprochenen Sprache verwendet; z.B.: *Da kommt Nina.* ***Die*** *sieht ja heute toll aus! Mit* ***der*** *hätte ich nicht mehr gerechnet.* ***Das*** *ist ja interessant.*

Possessivpronomina

Possessivpronomina verbinden die beschriebene Funktion der Pronomina mit der zusätzlichen Angabe einer Zugehörigkeit.

23 Beispiel zu Possessivpronomina

»Ich habe zwei Regenschirme in meinem Auto gefunden, welcher ist **deiner**?« – »**Meiner** ist der rote. Den habe ich wohl neulich vergessen.«

Demonstrativpronomina

Demonstrativpronomina haben – wie auch Demonstrativartikel – fokussierende und hervorhebende Funktion neben ihrer verweisenden Funktion als Pronomen: *Welchen Kuchen hätten Sie gerne? –* ***Diesen*** *(hätte ich gerne).*

Artikel und Pronomen werden nicht immer klar unterschieden. Viele sprechen etwa von Possessivpronomina und meinen damit auch die Possessivartikel. Für uns besteht ein grundlegender Unterschied syntaktischer Art: Artikel treten mit einem Substantiv auf (→ Begleiter!), Pronomina treten in der Regel statt einer Nominalphrase auf (→ Stellvertreter!). Wir unterscheiden also aus syntaktischen Gründen konsequent. Die einzelnen Elemente und ihre spezifische Bedeutung ähneln sich aber natürlich, die Formen können sich jedoch unterscheiden. Vgl.: 24

24 **Artikel und Pronomen im Vergleich**

Artikel	Pronomen
Der Mann gefällt mir.	Der hat vielleicht eine gute Figur!
Mein Hund gehorcht mir aufs Wort.	Meiner ist nicht sehr folgsam.
Dieses Wort solltest du nicht verwenden.	Dies(es) möchte ich nicht mehr hören.

Relativpronomina

Relativpronomina sind vor allem *der/die/das,* daneben auch *welcher/welche/welches;* sie leiten untergeordnete Sätze ein, die Relativsätze. Relativsätze beziehen sich (attributiv) auf ein Substantiv bzw. die ganze Nominalphrase. Die Relativpronomina stellen dabei eine wichtige Verbindung her zwischen dem Substantiv (sie kongruieren mit diesem in Genus und Numerus – nicht aber im Kasus) und dem Relativsatz selbst, in den sie eingebettet sind und in dem sie eine bestimmte syntaktische Funktion übernehmen (siehe Kap. 4).

25 **Beispiel zu Relativpronomina**

Wie heißt der Lehrer,
- **der** sich zur Wahl stellt?
- **den** alle respektieren?
- **dem** die Klasse vertraut?

Die Relativpronomina in Beispiel **25** sind Maskulina und stehen im Singular, weil sie mit dem Bezugsausdruck *(der) Lehrer* kongruieren; ihre syntaktische Funktion und ihren Kasus bestimmt das Verb im Relativsatz *(sich zur Wahl stellen, respektieren, vertrauen).*

Die Formen des häufigsten Relativpronomens *der/die/das* zeigt die folgende Übersicht:

26 **Relativpronomina**

	Relativpronomen			
	Maskulinum	Neutrum	Femininum	Plural
Nominativ	der	das	die	die
Akkusativ	den	das	die	die
Dativ	dem	dem	der	denen
Genitiv	dessen	dessen	deren	deren

i Auch Interrogativpronomina wie *wer, was* und Adverbien können bestimmte Relativsätze einleiten, nämlich die freien Relativsätze oder die weiterführenden Relativsätze. Zum Beispiel: *Wer zu spät kommt, verliert seinen Platz. Er hat einen Platz bekommen, was niemand erwartet hatte* (siehe dazu ausführlich Kap. 4).

Interrogativpronomina

Interrogativpronomina (auch: Fragepronomina) treten als Stellvertreter für Nominalphrasen auf, die durch diese Pronomina erfragt werden. Mit den Interrogativpronomina kann im Deutschen nach Personen oder Sachen gefragt werden. Alle Pronomina können singularische oder pluralische Nominalphrasen erfragen. Eine Unterscheidung nach Genus ist nicht möglich. Die Formen zeigt folgende Übersicht:

27 Interrogativpronomina

	Bezug auf Personen	Bezug auf Sachen
Nominativ	wer (für Männer und Frauen, Singular oder Plural)	was
Akkusativ	wen	was
Dativ	wem	
Genitiv	wessen	wessen

28 Beispiel zu Interrogativpronomina

Wer steht dort an der Tür? <
- **Der Postbote.**
- **Eine ältere Frau.**
- **Eva, Martin und ihre Kinder.**

! Fragewörter können unterschiedlichen Wortarten angehören. Es gibt Interrogativ- bzw. Frage-**Pronomina** wie *wer, was, wem,* und es gibt auch Interrogativ- bzw. Frage-**Adverbien** wie *wo, wann, warum.*

Reflexivpronomen

Das Reflexivpronomen hat nur die Formen des Akkusativs und des Dativs: In der 1. und 2. Person entspricht es dem Personalpronomen, nur in der 3. Person gibt es eine eigene Form *(sich):*

29 Reflexivpronomen

	Singular 1. Ps.	2. Ps.	Plural 1. Ps.	2. Ps.	Beispiele
	3. Ps.		3. Ps.		
Akkusativ	mich sich	dich	uns sich	euch	ich freue **mich** er/sie freut **sich**
Dativ	mir sich	dir	uns sich	euch	ich denke **mir** er/sie denkt **sich**

Das Reflexivpronomen kann obligatorisch sein, also fester Bestandteil des Verbs, wie z.B. bei *sich freuen, sich schämen, sich verschlucken, sich bewerben, sich erholen.*

Das Reflexivpronomen kann fakultativ sein, eine Ergänzung zum Verb und kann dann auch durch ein Objekt ersetzt werden; z.B.: *sich waschen* (auch: *das Kind waschen*), *sich rasieren, sich schminken, sich verstecken, sich umdrehen, sich hinsetzen.*

Das Reflexivpronomen *sich* kann auch als reziprokes Pronomen verwendet werden, z.B.: *Sie nickten sich zu* (d.h. der eine der anderen). Zur Verdeutlichung verwendet man aber das reziproke Pronomen *einander: Sie nickten einander zu.*

Indefinitpronomina

Mit den Indefinitpronomina können Personen oder Sachen auf ganz allgemeine, unbestimmte Art bezeichnet werden. Die Indefinitpronomina bilden eine umfangreiche und sehr heterogene Gruppe von Pronomina, die sich recht unterschiedlich verhalten: Alle Indefinitpronomina können alleine stehen, sie sind dann echte Pronomina; manche können aber auch zusammen mit einem Substantiv, also wie Artikel, vorkommen.

Die Pronomina *irgendwer, man, (irgend)jemand, niemand* und das veraltete *jedermann* bezeichnen nur Personen; *etwas, irgendetwas, viel, wenig, alles* und *nichts* bezeichnen nur Sachen. *Keiner, niemand* und *nichts* sind negierende Pronomina.

30 Die Formen der wichtigsten Indefinitpronomina

	einer **(genauso:** ***irgendeiner*****)** Mask.	Neutr.	Fem.	Plural	***man***	***jemand***	***niemand***
Nom.	einer	ein(e)s	eine	(welche)	man	jemand	niemand
Akk.	einen	ein(e)s	eine		(einen)	jemand(en)	niemand(en)
Dat.	einem	einem	einer		(einem)	jemand(em)	niemand(em)
Gen.							

Genitivformen dieser Indefinitpronomina gibt es nicht, oder sie sind nicht üblich.

Das Pronomen *(irgend-)einer* hat keine Pluralformen, stattdessen tritt ersatzweise *(irgend-)welche* auf.

Das Pronomen *man* existiert nur im Nominativ Singular; Genus wird nicht unterschieden, für Akkusativ und Dativ tritt ersatzweise die Form des Pronomens *einer* ein.

Die Pronomina *jemand* und *niemand* werden heute auch im Akkusativ und Dativ meist nicht flektiert, z. B.: *Ich habe niemand gesehen.*

Das »Pronomen« *es*

Das Wörtchen »es« kann in sehr verschiedenen Kontexten auftreten und unterschiedliche Funktionen übernehmen; nicht immer ist es dabei ein Pronomen im klassischen Sinne; oft hat das Wörtchen *es* auch keine eigene Bedeutung. Folgende Verwendungen kann man unterscheiden:

■ ***es* als Pronomen für eine Nominalphrase oder für einen Satz**

es kann als Pronomen für eine Nominalphrase im Neutrum stehen, dabei kann es Personen und Sachen im Nominativ und im Akkusativ bezeichnen:

> Wo ist das Kind? – ***Es*** spielt. (Person – Nominativ)
> Ich habe dieses Buch gekauft, weil man ***es*** mir empfohlen hat. (Sache – Akk.)

es kann als Pronomen auch für umfangreichere Ausdrucke, z. B. Sätze, stehen:

> Oft arbeitet sie am Sonntag, aber sie tut ***es*** nicht gerne. (es = ›am Sonntag arbeiten‹)

■ ***es* in unpersönlichen Konstruktionen**

In unpersönlichen Konstruktionen hat *es* keine eigene Bedeutung, sondern ist fest mit dem Verb verbunden; *es* kann hier auftreten als Subjekt (»Scheinsubjekt«), insbesondere bei Verben,

- die ein Naturgeschehen, z. B. die Witterung, bezeichnen: ***es*** *regnet,* ***es*** *schneit,* ***es*** *blitzt;*
- die eine Zeitangabe machen: ***es*** *ist noch früh,* ***es*** *ist sieben Uhr,* ***es*** *ist Mittag;*
- die Sinneseindrücke bezeichnen: ***es*** *glänzt,* ***es*** *wird hell,* ***es*** *klopft,* ***es*** *knallt,* ***es*** *raschelt,* ***es*** *läutet,* ***es*** *schmeckt (gut …),* ***es*** *riecht (gut, schlecht, nach …).*

■ ***es* im Vorfeld (»Vorfeld-*es*«, »thematisches *es*«)**

es kann im Vorfeld eines Satzes auftreten (das sogenannte »Vorfeld-*es*«); dann dient es satzeinleitend als Platzhalter, damit das Subjekt (das dann im Mittelfeld steht) oder die gesamte Aussage hervorgehoben werden kann. *es* kann hier nie durch *das* ersetzt werden und kann in dieser Funktion nur im Vorfeld stehen (siehe Kap. 3.4).

Es kam ein Mann zu mir und sagte ... (→ Ein Mann kam zu mir und sagte ...)
Es hat jemand angerufen. (→ Jemand hat angerufen.)
Es wurde bis in den Morgen getanzt. (→ Bis in den Morgen wurde getanzt.)

■ ***es* als Korrelat**
es kann schließlich auch als Korrelat für einen Nebensatz oder Infinitiv auftreten, der im Hauptsatz Subjekt oder Objekt ist (siehe Kap. 4.3.4); das Korrelat *es,* das hier auch durch *das* ersetzt werden kann, fällt weg, wenn der Nebensatz oder Infinitiv im Vorfeld steht:

Es ist sonderbar, dass sie nicht kommt. (→ Dass sie nicht kommt, ist sonderbar.)
Es freut mich besonders, dass Sie den Preis gewonnen haben. (→ Dass Sie den Preis gewonnen haben, freut mich besonders.)

1.5 Adjektiv

Adjektive sind Wörter, die häufig bestimmte Eigenschaften angeben, z. B. die Farbe *(rot, blau),* die Form *(rund, lang, hoch),* den Geschmack *(süß, bitter),* die Temperatur *(warm, heiß),* Akustisches *(laut, schrill),* Intellektuelles *(dumm, klug),* Moralisches *(gut, böse),* Ästhetisches *(schön, hässlich)* usw. Andere Adjektive können bestimmte Beziehungen benennen (wie *väterliches [Erbe], staatliche [Unterstützung], englische [Woche]*) oder bestimmte Quantitäten (wie *unzählige, andere*).

1.5.1 Komparierbarkeit/Steigerbarkeit

Viele Adjektive können gesteigert werden; sie bilden dann neben ihrer Grundform den Komparativ und den Superlativ. Ob ein Adjektiv gesteigert werden kann oder nicht, hängt nur von seiner Bedeutung ab.

31 Komparierung von Adjektiven

Grundform	laut	lang	gut	das gute Essen Das Essen ist gut.
Komparativ	lauter	länger	**besser**	das bessere Essen Das Essen ist besser.
Superlativ	lautest- am lautesten	längst- am längsten	**best- am besten**	das beste Essen Das Essen ist am besten.

1.5.2 Verwendungen des Adjektivs

Adjektive können in drei verschiedenen syntaktischen/grammatischen Funktionen auftreten:

- attributiv: *die **blaue** Blume, eine **schmerzliche** Erinnerung;* das Adjektiv steht zwischen Artikel und Substantiv und wird dekliniert (siehe unten).
- prädikativ: *die Kinder sind **müde**, es wird **dunkel**;* das Adjektiv steht in Verbindung mit einem Kopulaverb *(sein, werden, bleiben)* und bildet mit diesem das Prädikat; das Adjektiv bleibt – mit Ausnahme der Steigerung – unverändert und wird nicht dekliniert.
- adverbial: *die Kinder schreien **laut**; der Vater kocht **gut**;* das Adjektiv tritt in Verbindung mit einem Vollverb auf und bestimmt dieses näher; das Adjektiv bleibt unverändert und wird nicht dekliniert.

! Ein Adjektiv, das ein (Voll-)Verb näher bestimmt *(laut schreien, schön singen, gut kochen),* bleibt ein Adjektiv. Es übernimmt nur eine bestimmte syntaktische Funktion, nämlich die adverbiale Funktion.
Es ist kein Adverb!

i Vielleicht haben Sie den Unterschied zwischen Adjektiv und Adverb anders gelernt. Das liegt daran, dass oft nicht genau zwischen der Wortart eines Wortes und seiner Funktion im Satz unterschieden wird. Das Adjektiv *gut* in den Sätzen *Ich lese ein gutes Buch. Das Buch ist gut. Der Autor schreibt gut* ändert seine Wortart (!) nicht – wohl aber die Funktion im Satz (attributiv – prädikativ – adverbial).

1.5.3 Deklination des Adjektivs

Wenn ein Adjektiv attributiv auftritt, dann wird es dekliniert, also nach Genus, Kasus und Numerus verändert.

Die Endungen des Adjektivs hängen ab:

a) vom Substantiv nach dem Adjektiv und

b) vom Artikel vor ihm:

- hat der Artikel selbst eine Endung, dann bekommt das Adjektiv sogenannte schwache Endungen wie *-e* oder *-en;*
- hat der Artikel keine Endung oder steht kein Artikel, dann trägt das Adjektiv sogenannte starke Endungen, nämlich *-e, -en, -er, -es* oder *-em.*

Die Verteilung der Endungen zeigt exemplarisch die folgende Übersicht:

32 Adjektivdeklination exemplarisch (Maskulinum und Neutrum Nominativ)

	Maskulinum			Neutrum		
Nominativ	der	junge	Mann	das	leere	Zimmer
	ein	junger	Mann	ein	leeres	Zimmer
	-	junger	Mann	-	leeres	Zimmer

1.5.4 Das substantivierte Adjektiv

Adjektive können (wie jede andere Wortart auch) die Wortart wechseln und zu Substantiven werden. Dann zeigen sie Merkmale von Substantiven (sie haben einen Artikel bei sich, sie werden großgeschrieben); sie behalten aber Kennzeichen der adjektivischen Deklination bei und werden wie attributive Adjektive (siehe Kap. 1.5.3) dekliniert, z.B.:

33 Das substantivierte Adjektiv

attributives Adjektiv		substantiviertes Adjektiv
der kleine/ein kleiner Mann (Wagen/Baum ...)	→	der Kleine/ein Kleiner
der deutsche/ein deutscher Mann (Sportler ...)	→	der Deutsche/ein Deutscher
das leere/ein leeres Zimmer (Haus/Glas ...)	→	das Leere/ein Leeres

1.5.5 Adjektive und Partizipien

Partizipien stehen bezüglich ihrer Aufgaben zwischen Verb und Adjektiv, da sie Aufgaben beider Wortarten übernehmen können. Das Partizip weist zwei Formen auf:

- Partizip I (auch: Partizip Präsens): *singend, lachend;*
- Partizip II (auch: Partizip Perfekt): *gesungen, geschrieben, angekommen.*

Das Partizip I wird wie ein Adjektiv verwendet:

attributiv: *die singenden Vögel, das lachende Kind*
adverbial: *sie saß singend am Fenster, er geht lachend davon*

Das Partizip II kann zusammen mit einem Hilfsverb das Prädikat bilden, wie im Perfekt oder Passiv (siehe Kap. 1.1); es kann aber auch wie ein Adjektiv verwendet werden:

attributiv: *das **gesungene** Lied, der **geschriebene** Text, die **angekommenen** Gäste*

> *i* Das attributive Partizip I hat aktivische Bedeutung:
> *das lachende Kind = ein Kind, das lacht.*
> Das attributive Partizip II hat im Allgemeinen passivische Bedeutung: *das geliebte Kind = ein Kind, das geliebt wird;*
> bei intransitiven Verben aber auch aktivische Bedeutung:
> *die angekommenen Gäste = die Gäste, die angekommen sind.*
> Aktivische Partizipien II tragen Vergangenheitsbedeutung.

1.5.6 Zahladjektive

Eine kleine Gruppe von Wörtern, die dazu dienen, Quantitäten anzugeben, kann man ebenfalls zu den Adjektiven rechnen. Hier finden sich u.a. Kardinalzahlen *(elf)*, Ordinalzahlen *(erste)* und indefinite Zahladjektive *(zahlreiche, viele)*. Sie stehen attributiv vor Substantiven; ihnen kann ein Artikel vorausgehen, muss es aber nicht. In der Flexion verhalten sie sich meist wie Adjektive.

34 Beispiele zu den Zahladjektiven

die **elf** Freunde	die **ersten** Minuten	die **zahlreichen** Fans	die **vielen** Chancen
elf Freunde	**erste** Minuten	**zahlreiche** Fans	**viele** Chancen

1.6 Präpositionen

Präpositionen sind Funktionswörter; ihre grammatische Funktion besteht vor allem darin, Beziehungen zwischen Wörtern und Wortgruppen herzustellen. Präpositionen stehen im Allgemeinen vor einer Nominalphrase und bilden mit dieser zusammen eine Präpositionalphrase (siehe Kap. 2). Die Präpositionen sind der **Kopf** der Phrase, d.h. deren funktional-grammatischer Kern, und bestimmen (»regieren«) dabei den Kasus des Substantivs. Einige wenige Präpositionen sind zweiteilig oder nachgestellt.

35 Präpositionen in Präpositionalphrasen

	Präpositionalphrase	=	Präposition +	Nominalphrase
das Glas	auf dem Tisch		auf	dem Tisch
die Flucht	in den Wald		in	den Wald
Sie arbeitet	für die Gesellschaft		für	die Gesellschaft

36 **Die wichtigsten Präpositionen und ihr Kasus**

Akkusativ	Akkusativ oder Dativ	Dativ	Genitiv
durch, für, gegen, ohne, um, bis	in, an, auf, über, unter, vor, hinter, neben, zwischen	mit, von, aus, bei, zu, nach, seit	während, wegen, trotz

! Präpositionen, die mit dem Akkusativ oder dem Dativ verbunden werden, sind sogenannte »Wechselpräpositionen«. Akkusativ wird gewählt, wenn eine Bewegung oder Richtung auf ein Ziel hin ausgedrückt wird; Dativ wird gewählt, wenn eine Position oder Ruhelage ausgedrückt wird.

37 **Präpositionen mit dem Akkusativ oder dem Dativ**

Bewegung/Richtung auf ein Ziel hin	Position/Ruhelage
Er stellt die Gläser **auf den Tisch.**	Die Gläser stehen **auf dem Tisch.**
Die Gäste kommen **in das Haus.**	Die Gäste sind **im Haus.**
Die Kinder kriechen **unter das Bett.**	Die Kinder spielen **unter dem Tisch.**

Bedeutung und Gebrauch von Präpositionen

Präpositionen können frei gebraucht werden, d. h., sie werden nicht von einem anderen Element im Satz (etwa dem Verb) bestimmt; sie benennen dann z. B. lokale, temporale, modale, kausale oder andere Beziehungen.

38 **Bedeutung von Präpositionen**

lokal: *das Glas **auf** dem Tisch; die Brücke **über** den Fluss*
temporal: ***nach** drei Stunden, **in** vier Tagen, **über** Nacht*
modal: *der Ring **aus** Gold, eine Party **ohne** Alkohol*
kausal: *ein Ausflug **trotz** Regens, die Sorge **wegen** einer Krankheit*

Präpositionen können auch ihrerseits abhängig und von anderen Elementen im Satz gefordert sein; sie sind dann fest, können nicht verändert werden und ihre Bedeutung lässt sich nicht bestimmen.

39 **Abhängige Präpositionen**

von Verben:
*warten **auf**, glauben **an**, nachdenken **über**, sich freuen **auf**, sich drücken **vor**, sich streiten **um***
von Substantiven: *Angst **vor**, Liebe **zu**, Glaube **an**, Hoffnung **auf***
von Adjektiven: *froh **über**, stolz **auf**, ärgerlich **über***

i Präpositionalphrasen mit freien Präpositionen wie in Beispiel **38** bilden adverbiale Präpositionalphrasen, abhängige wie in Beispiel **39** bilden Präpositionalobjekte (siehe dazu Kap. 2.8). Zum Unterschied:
Sie wartet ***auf*** *dem Marktplatz.* (adverbiale Präpositionalphrase, lokal, *wo?*)
Sie wartet ***auf*** *ihre Kinder.* (Präpositionalobjekt, fest mit Verb verbunden)

1.7 Konjunktionen

Konjunktionen sind Funktionswörter; ihre grammatische Funktion besteht vor allem darin, Beziehungen zwischen Sätzen herzustellen, Sätze einzuleiten und Sätze zu verbinden. Je nachdem, welche Arten von Sätzen verbunden werden, lassen sich zwei Typen von Konjunktionen unterscheiden:

- **koordinierende Konjunktionen:** Koordinierende (auch: nebenordnende) Konjunktionen verbinden Hauptsätze oder gleichartige Nebensätze; die meisten koordinierenden **Konjunktionen** können auch Wortgruppen oder Wörter verbinden.
- **subordinierende Konjunktionen:** Subordinierende (auch: unterordnende) Konjunktionen leiten Nebensätze ein und verbinden diese mit übergeordneten Sätzen. Sie werden heute meist **Subjunktionen** genannt.

i Die Begriffe »Konjunktion« und »Subjunktion« werden nicht einheitlich verwendet: Entweder man unterscheidet koordinierende und subordinierende Konjunktionen – dann verwendet man einen weiten Begriff von Konjunktion.
Oder man unterscheidet Konjunktionen und Subjunktionen – dann verwendet man einen engen Begriff von Konjunktion und meint damit nur die koordinierenden Konjunktionen.
Wir verwenden im Folgenden die Begriffe »Konjunktion im engeren Sinne« und »Subjunktion«. Entscheidender Unterschied ist die Stellung des finiten Verbs und anderer Satzglieder in dem Satz, der von einer Konjunktion bzw. Subjunktion eingeleitet wird (siehe dazu Kap. 4).

40 **Konjunktionen und Subjunktionen**

Konjunktion	Die Straßen sind schlecht, **denn** es hat die ganze Nacht geschneit.	Hauptsatz und Hauptsatz
	Sie wollte gerade ins Bett gehen(,) **und** plötzlich klingelte das Telefon.	Hauptsatz und Hauptsatz
Subjunktion	Die Straßen sind schlecht, **weil** es die ganze Nacht geschneit hat.	Hauptsatz und Nebensatz
	Sie wollte gerade ins Bett gehen, **als** plötzlich das Telefon klingelte.	Hauptsatz und Nebensatz

i Es gibt eine weitere Gruppe von Wörtern, die ebenfalls Beziehungen zwischen Sätzen ausdrücken können, aber andere syntaktische Eigenschaften haben: die **Konjunktionaladverbien** (auch Konnektoradverbien). Sie sind – wie alle Adverbien (siehe Kap. 1.8) – selbstständige Satzglieder und besetzen meist die erste Stelle im Satz, das finite Verb folgt unmittelbar danach. Zum Vergleich:

Konjunktion:	Er fährt mit dem Bus, **aber** sie nimmt das Fahrrad. Sie kam nach Hause(,) **und** das Telefon klingelte laut.
Subjunktion:	Er fährt mit dem Bus, **während** sie das Fahrrad nimmt. Sie kam nach Hause, **als** das Telefon laut klingelte.
Konjunktionaladverb:	Er fährt mit dem Bus, **dagegen** nimmt sie das Fahrrad. Sie kam nach Hause, **da** klingelte das Telefon laut.

Bedeutung und Gebrauch von (koordinierenden) Konjunktionen und Subjunktionen

Die **(koordinierenden) Konjunktionen** bilden eine relativ kleine Gruppe. Sie lassen sich – von ihrer Bedeutung her – verschiedenen Gruppen zuordnen, die wichtigsten Konjunktionen zeigt **41**:

41 **Bedeutung von Konjunktionen**

koordinativ	und	Sie will im Urlaub etwas erleben(,) **und** er möchte nur faulenzen.
disjunktiv	oder	Wir gehen zu ihr(,) **oder** sie kommt.
kausal	denn	Er sollte sich bemühen, **denn** dies ist seine letzte Chance.
adversativ	aber	Wir haben ihn eingeladen, **aber** er hat leider keine Zeit.

Konjunktionen können Hauptsätze verbinden (wie in den Beispielen **41** oben); sie können aber auch Nebensätze, Wortgruppen oder Wörter verbinden.

Subjunktionen leiten Nebensätze ein und verbinden diese subordinierend mit anderen (Haupt- oder Neben-)Sätzen. Die Subjunktion gilt als klammeröffnendes Element und bewirkt, dass das finite Verb die Endstellung einnimmt (siehe Kap. 4.3.4). Das Bedeutungsspektrum der Subjunktionen ist relativ vielfältig.

42 Beispiele für Subjunktionen

Wir müssen uns beeilen,	**weil** ich heute pünktlich gehen <u>will</u>.
Es ist gut, **dass** du schon da <u>bist</u>,	**weil** ich heute pünktlich gehen <u>will</u>.

1.8 Adverbien

Adverbien sind unflektierbar, einige ganz wenige Adverbien können aber kompariert werden *(oft – öfter; gern – lieber – am liebsten).* Grammatisch zeichnen sich Adverbien dadurch aus, dass sie Satzglieder bilden können und z.B. alleine vor dem finiten Verb im Vorfeld stehen können (siehe zum Vorfeld Kap. 3). Von ihrer Bedeutung her kann man Adverbien unterscheiden, die etwas über die situativen Bedingungen, also Raum (lokal) und Zeit (temporal), oder die Modalität aussagen, wie *hier, da, gestern, danach, gern.* Auf Raum und Zeit wird häufig vom Standpunkt des Sprechers oder der Sprecherin aus verwiesen (»deiktische Funktion«). Zu den Adverbien gehören auch entsprechende Frageadverbien (wie *wo? wohin? wann?*) und Negationsadverbien (wie *nirgends, nie*).

Modalwörter

Eine weitere große Gruppe bilden Modalwörter (manche nennen sie auch Satz- oder Kommentaradverbien), die dazu dienen, eine subjektive Einschätzung der Sprecherin oder des Sprechers auszudrücken, entweder bezogen auf den Realitätsgrad (wie in *wahrscheinlich, vermutlich, sicher*) oder bezogen auf die Einstellung (wie *hoffentlich, leider, glücklicherweise*).

43 Beispiele für Adverbien und Modalwörter

Adverb (lokal):	Ihr Platz ist **da. Hinten** steht die Tafel. Der Beamer ist **links. Wo** soll denn das Mikro angebracht werden?
Adverb (temporal):	**Heute** findet die Wahl statt. Die Urnen müssen **morgens** aufgestellt werden. **Tagsüber** komme ich **dann** auch ins Wahllokal. Die Stimmen zählt **abends** das Wahlteam. **Wann** können wir mit dem Ergebnis rechnen?
Adverb (modal):	Sie wollte **gern** pünktlich sein und verließ **eilends** das Haus. **Blindlings** rannte sie dabei einen Passanten um.
Modalwort:	**Vermutlich** kommen wir etwas später, aber bis 10 Uhr sind wir **sicher** da. **Hoffentlich** reicht das noch.

Pronominaladverbien
Eine besondere Gruppe von Adverbien stellen schließlich die Pronominaladverbien (oft auch: Präpositionaladverbien) dar. Sie sind gebildet aus den Adverbien *da, hier* und *wo* und einer Präposition; z. B.: *Er glaubt* ***daran****.* ***Worauf*** *vertrauen Sie?* ***Darunter*** *kann ich mir nichts vorstellen* (siehe genauer Kap. 2).

1.9 Partikeln

Die Wortart »Partikel« umfasst Wörter, die unflektierbar sind. Von den Adverbien unterscheiden sich die Partikeln dadurch, dass sie keine Satzglieder sein können und deshalb z. B. nicht alleine vor dem finiten Verb stehen können. Sie können auch nicht erfragt werden. Mit dem Begriff »Partikel« werden oft unterschiedliche und heterogene Gruppen von Wörtern bezeichnet; die einzelnen Gruppen, also spezielle Klassen von Partikeln, lassen sich syntaktisch, semantisch und pragmatisch genauer bestimmen. Es gibt aber keine festgelegte und überall einheitliche Bestimmung der einzelnen Partikelklassen und auch keine allgemeingültigen Benennungen. Wir besprechen im Folgenden kurz die wichtigsten Partikelklassen mit den am weitesten verbreiteten Bezeichnungen.

i Die meisten der hier als Partikeln genannten Wörter können auch eine andere Funktion haben und gehören dann dementsprechend in eine andere Partikelklasse oder in eine andere Wortart. Vergleichen Sie:
Reg dich ***ruhig*** auf – das nützt sowieso nichts. (Modalpartikel)
Die Nachbarn sind heute ausnahmsweise ***ruhig***. (Adjektiv)

1.9.1 Modalpartikeln
Modalpartikeln (oft auch: Abtönungspartikeln) sind Partikeln wie *denn, ja, doch, eben* usw., die vor allem in gesprochener Sprache ganz wesentlich dazu dienen, eine Äußerung in den Kontext oder in die Situation einzubinden. Mit ihnen kann man z. B. das Gesagte verstärken oder abschwächen, man kann seine Erwartungen oder Annahmen andeuten oder auf gemeinsames Vorwissen verweisen. Die einzelnen Modalpartikeln sind typisch für bestimmte Satzarten.

Dazu einige Beispiele:

44 **Modalpartikeln in verschiedenen Satzarten**

Fragen	Rauchen Sie **eigentlich?** Rauchen Sie **denn?** Rauchen Sie **etwa?**
Aufforderungen	Machen Sie **ruhig** die Tür zu! Machen Sie **mal** die Tür zu! Machen Sie **doch** die Tür zu! Machen Sie **bloß** die Tür zu!
Aussagen	Kinder können **ja** nicht still sitzen. Kinder können **doch** nicht still sitzen. Kinder können **eben** nicht still sitzen.
Ausrufe	Das ist **aber** toll! Du bist **vielleicht** schlau!
Wünsche	Wäre ich **bloß** größer! Hätte ich **doch** weniger Sorgen! Könnte ich **nur** besser singen!

1.9.2 Gradpartikeln

Gradpartikeln (oft auch: Fokuspartikeln) sind Partikeln wie *nur, auch* und *sogar*. Gradpartikeln stehen immer in Verbindung mit bestimmten Ausdrücken im Satz, meistens mit Nominalphrasen. Sie fokussieren diese dann und können – je nach ihrer Bedeutung – z.B. etwas einschließen *(**Auch** Nina hat bestanden)* oder ausschließen *(**Nur** Nina hat bestanden)* und besonders hervorheben *(**Gerade / Ausgerechnet** Nina hat bestanden)* oder einen bestimmten Grad angeben *(**Nicht einmal** Nina / **Sogar** Nina hat bestanden).*

Vergleichen Sie die unterschiedlichen Bedeutungen, die durch die einzelnen Gradpartikeln entstehen, auch im folgenden Beispiel 45:

45 **Gradpartikeln**

Er hat erzählt, dass gestern auch/nur/gerade/nicht einmal/sogar Nina Fleisch gegessen hat.

Wichtig für die Bedeutung der jeweiligen Gradpartikel ist auch ihre Stellung – dadurch wird nämlich deutlich, auf welches Element eine Gradpartikel sich bezieht. Vergleichen Sie:

46 **Stellung und Bezug von Gradpartikeln**

(Nur) bei uns können (nur) Stammkunden (nur) mittwochs (nur) Biofleisch kaufen.

1.9.3 Steigerungspartikeln

Steigerungspartikeln (oft auch: Intensivierungspartikeln) beziehen sich meistens auf ein Adjektiv (vor dem sie auch stehen) und intensivieren oder steigern dessen Bedeutung. Die Gruppe der Steigerungspartikeln ist nicht fest abgegrenzt; hier entstehen auch aktuell viele neue Formen, z. B.:

47 Steigerungspartikeln

Das war sehr/außerordentlich/ungewöhnlich/wahnsinnig/irre/unheimlich/furchtbar/tierisch/voll ... nett von dir, dass du mir geholfen hast.

1.9.4 Interjektionen

Interjektionen stehen etwas am Rand der Wortart der Partikeln; zum einen, weil sie oft eine ungewöhnliche Gestalt oder Lautkombination aufweisen und/oder die Intonation eine wichtige Rolle spielt, und zum anderen, weil sie auf spezielle Art verwendet werden: Sie werden nicht in Sätze integriert, sondern sind eher eigenständige Äußerungen. Mit Interjektionen kann man eigene Emotionen ausdrücken (etwa: *au, ah, iih, ha, oh, wow, pf, pscht* usw.); man kann damit aber auch das Gegenüber im Gespräch steuern und lenken.
Darüber hinaus gibt es neben den Interjektionen weitere gesprächsstrukturierende Einheiten (wie etwa *na ja, hör mal, oder so, verstehst du?*), oft auch als Diskurspartikeln bezeichnet, die außerhalb der klassischen Wortarteneinteilung stehen.

1.10 Musteranalysen

Im Folgenden wollen wir an einem umfangreicheren Textbeispiel einige wortbezogene Aspekte noch einmal darstellen.

48 Analysebeispiel

KNIRPS PERDU

Vor Jahren habe(1) ich in Avignon auf dem Platz vor dem Papstpalast einen Edel-Mini-Klappschirm liegen sehen(1) und aufgehoben(1). Der Platz war(2) praktisch leer, nur in der Ferne standen(3) zwei Leute. Ich lief(4) ihnen hinterher(4) und fragte(5), ob das ihr Schirm sei(6). Nein. Dann habe(7) ich überlegt(7): Keiner von uns kann(8) genug Französisch, um nach dem Fundbüro zu fragen. Ist(9) es Samstagnachmittag geöffnet(9) (wir waren(10) auf der Durchreise)? Würde(11) der Schirmverlierer dort am Montag nachfragen(11)? Der Schirm ist(12) von einem englischen Hersteller. All die Jahre geht(13) mir der Gedanke im Kopf herum(13) – habe(14) ich richtig gehandelt(14), sollte(15), durfte(16) ich den

Schirm an mich nehmen$_{(15/16)}$? Juristisch, moralisch: nein. Aber praktisch: doch wohl ja.

(aus: Rainer Erlinger: Gewissensfragen. Streitfälle der Alltagsmoral, aufgeklärt vom Süddeutsche Zeitung Magazin. München 2005, S. 41, leicht verändert)

Analyse der Verbmorphologie

Wir wollen an dem Beispiel 48 zunächst die Verben morphologisch genauer bestimmen:

(1) *habe:* Hilfsverb; bildet zusammen mit *(liegen) sehen* eine analytische Tempusform, nämlich eine Perfektform *habe – (ge)sehen;* da sich *sehen* hier (in einer AcI-Konstruktion) mit dem Infinitiv *liegen* verbindet, wird nicht das Partizip *gesehen* verwendet, sondern der Infinitiv *sehen* als Ersatzform (»Ersatzinfinitiv«); *habe (liegen) sehen* ist also 1. Ps. Sg. Indikativ Perfekt Aktiv.
Das zweite Partizip *aufgehoben* gehört ebenfalls zu dem finiten Verb *habe* und bildet hier wiederum eine Perfektform. Die naheliegende Analyse ist *habe (liegen sehen und aufgehoben)* also mit koordiniertem infinitem Verbteil. Denkbar wäre auch eine Analyse mit Ellipse: *habe liegen sehen und (habe) aufgehoben.*

(2) *war:* Kopulaverb, 3. Ps. Sg. Indikativ Präteritum Aktiv.

(3) *standen:* finites Vollverb, 3. Ps. Pl. Indikativ Präteritum Aktiv.

(4) *lief:* finites Vollverb, hier verbunden mit *hinterher* zu einem Partikelverb *hinterherlaufen;* 1. Ps. Sg. Indikativ Präteritum Aktiv.

(5) *fragte:* finites Vollverb, 1. Ps. Sg. Indikativ Präteritum Aktiv.

(6) *sei:* Kopulaverb; 3. Ps. Sg. Konjunktiv I Aktiv.

(7) *habe (überlegt):* finites Hilfsverb, zusammen mit Partizip *überlegt* analytische Perfektform; 1. Ps. Sg. Indikativ Perfekt Aktiv.

(8) *kann:* hier verwendet als Vollverb, da kein Infinitiv folgt; 3. Ps. Sg. Indikativ Präsens Aktiv.

(9) *ist:* Hilfsverb, bildet zusammen mit dem Partizip *geöffnet* eine Passivform: 3. Ps. Sg. Indikativ Präsens *sein*-Passiv (Zustandspassiv).

(10) *waren:* Kopulaverb, 1. Ps. Pl. Indikativ Präteritum Aktiv; alternativ könnte man *waren* als eine Art Vollverb in der Bedeutung ›befanden sich‹ analysieren.

(11) *würde (nachfragen): würde* als Hilfsverb bildet zusammen mit dem Infinitiv *nachfragen* eine analytische Modusform: 3. Ps. Sg. Konjunktiv II Aktiv.

(12) *ist:* Kopulaverb, 3. Ps. Sg. Präsens Aktiv; alternativ könnte man *ist* als eine Art Vollverb in der Bedeutung ›stammt von‹ analysieren.

(13) *geht (herum):* Vollverb, hier verbunden mit *herum* zu einem Partikelverb *herumgehen;* 3. Ps. Sg. Indikativ Präsens Aktiv.

(14) *habe (gehandelt):* finites Hilfsverb, zusammen mit Partizip *gehandelt* analytische Perfektform; 1. Ps. Sg. Indikativ Perfekt Aktiv.
(15) *sollte:* Modalverb *sollen* in Verbindung mit Vollverb *nehmen* im Infinitiv: 1. Ps. Sg. Indikativ Präteritum Aktiv.
(16) *durfte:* Modalverb *dürfen* in Verbindung mit Vollverb *nehmen* im Infinitiv: 1. Ps. Sg. Indikativ Präteritum Aktiv.

Mit dieser morphologischen Analyse der Verben haben wir einen ersten Schritt unternommen. Im nächsten Schritt, den wir hier nicht mehr ausführen werden, könnte man nach der Funktion der einzelnen Formen fragen: Welche Funktion haben etwa die Tempuswechsel zwischen Präteritum und Perfekt? Wann wird Präsens verwendet? Was signalisieren die verschiedenen Konjunktivformen?

Wortartenanalyse

Im Folgenden wollen wir die Wortarten der in unserem Musterbeispiel **48** verwendeten Wörter bestimmen. Die Verben bzw. Teile der Verbgruppen lassen wir allerdings aus, da wir diese oben bereits genauer analysiert haben. In der folgenden Analyse werden Sie auch einige Fragezeichen finden, diese kommentieren wir nach der Analyse.

Vor [PRÄPOSITION] Jahren [SUBSTANTIV] habe ich [PERSONALPRONOMEN] in [PRÄPOSITION] Avignon [SUBSTANTIV, EIGENNAME] auf [PRÄPOSITION] dem [BESTIMMTER ARTIKEL] Platz [SUBSTANTIV] vor [PRÄPOSITION] dem [BEST. ARTIKEL] Papstpalast [SUBSTANTIV] einen [UNBEST. ARTIKEL] Edel-Mini-Klappschirm [SUBSTANTIV] liegen sehen und [KONJUNKTION] aufgehoben. Der [BEST. ARTIKEL] Platz [SUBSTANTIV] war praktisch [ADJEKTIV MIT STEIGERUNGSFUNKTION? MODALWORT?] leer [ADJEKTIV], nur [GRADPARTIKEL] in [PRÄPOSITION] der [BEST. ARTIKEL] Ferne [SUBSTANTIV] standen zwei [ZAHLADJEKTIV] Leute [SUBSTANTIV]. Ich [PERSONALPRONOMEN] lief ihnen [PERSONALPRONOMEN] hinterher und [KONJUNKTION] fragte, ob [SUBJUNKTION] das [PERSONALPRONOMEN BZW. DEMONSTRATIVPRONOMEN] ihr [POSSESSIVARTIKEL] Schirm [SUBSTANTIV] sei. Nein [DISKURSPARTIKEL]. Dann [TEMPORALADVERB] habe ich [PERSONALPRONOMEN] überlegt: Keiner [INDEFINITPRONOMEN, NEGIEREND] von [PRÄPOSITION] uns [PERSONALPRONOMEN] kann genug [GRADPARTIKEL?] Französisch [SUBSTANTIV], um [INFINITIVKONJUNKTION?] nach [PRÄPOSITION] dem [BEST. ARTIKEL] Fundbüro [SUBSTANTIV] zu [INFINITIVPARTIKEL?] fragen. Ist es [PERSONALPRONOMEN] Samstagnachmittag [SUBSTANTIV] geöffnet (wir [PERSONALPRONOMEN] waren auf [PRÄPOSITION] der [BEST. ARTIKEL] Durchreise [SUBSTANTIV])? Würde der [BEST. ARTIKEL] Schirmverlierer [SUBSTANTIV] dort [LOKALADVERB] am [PRÄPOSITION, VERSCHMOLZEN MIT ARTIKEL] Montag

[SUBSTANTIV] nachfragen? Der [BEST. ARTIKEL] Schirm [SUBSTANTIV] ist von [PRÄPOSITION] einem [UNBEST. ARTIKEL] englischen [ADJEKTIV] Hersteller [SUBSTANTIV]. All [?] die [BEST. ARTIKEL] Jahre [SUBSTANTIV] geht mir [PERSONALPRONOMEN] der [BEST. ARTIKEL] Gedanke [SUBSTANTIV] im [PRÄPOSITION, VERSCHMOLZEN MIT ARTIKEL] Kopf [SUBSTANTIV] herum – habe ich [PERSONALPRONOMEN] richtig [ADJEKTIV, ADVERBIAL GEBRAUCHT] gehandelt, sollte, durfte ich [PERSONALPRONOMEN] den [BEST. ARTIKEL] Schirm [SUBSTANTIV] an [PRÄPOSITION] mich [PERSONALPRONOMEN] nehmen? Juristisch [ADJEKTIV], moralisch [ADJEKTIV]: nein [DISKURSPARTIKEL]. Aber [KONJUNKTION] praktisch [ADJEKTIV]: doch [MODALPARTIKEL] wohl [MODALPARTIKEL] ja [DISKURSPARTIKEL].

Die Wortartenanalyse ist noch durch einige Kommentare zu ergänzen.

Sie sehen, dass in der Wortart der Substantive sehr unterschiedliche Formen auftreten: Neben Eigennamen (wie *Avignon*) sind dies vor allem Formen, die durch Wortbildung entstanden sind, etwa *Edel-Mini-Klappschirm* als besonders komplexes neu gebildetes Kompositum (neben eingeführten Formen wie *Papstpalast* oder *Fundbüro*); ein anderer Typ ist *Durchreise* als Ableitung vom Verb *durchreisen,* daneben *Ferne* als Ableitung vom Adjektiv *fern, Hersteller* als Ableitung mit dem Wortbildungssuffix *-er* von *herstellen* und *Schirmverlierer* als eine neue Bildung, Ableitung einer Wortgruppe *Schirm verlieren,* mit der hier der Inhalt des vorher Erzählten präzise zusammengefasst und wieder aufgegriffen wird.

Weiter zeigt die Wortartenanalyse einige Fragezeichen: Hier handelt es sich um Formen, für die es keine einheitliche und damit ›richtige‹ Analyse gibt und die in der Literatur unterschiedlich behandelt werden. Wir haben diese Formen bewusst gewählt, um Ihnen zu zeigen, dass nicht immer eindeutige Lösungen bei der grammatischen Analyse möglich sind: Bisweilen werden unterschiedliche Begriffe verwendet, und manchmal gibt es unterschiedliche Argumente in der grammatischen Analyse, die zu verschiedenen Ergebnissen führen.

Wir möchten Sie deshalb auffordern, verschiedene Nachschlagewerke zu konsultieren und herauszufinden, wie (und ob überhaupt) die Wortart von *genug, all, um – zu, nein* bzw. *ja* bestimmt wird.

Überlegen Sie, ob es adäquat ist, *Französisch* (in: *Keiner von uns kann genug Französisch*) als Substantiv zu klassifizieren.

Schließlich haben wir die Wortart von *praktisch,* das in unserem Text zweimal vorkommt, beim ersten Mal *(... war praktisch leer)* nicht eindeutig klassifiziert. Versuchen Sie, mithilfe der Literatur Argumente für eine mögliche Klassifizierung zu finden.

1.11 Übungsaufgaben

Übung 1: Wortarten

Ü-1a Bestimmen Sie im folgenden Analysebeispiel 1 die Wortart aller Wörter!

Analysebeispiel 1

Manchmal begegnet einem ein schönes, unbekanntes Wort so unverhofft, wie man bei einem Spaziergang durch den Dschungel vielleicht plötzlich einem seltenen und schillernd bunten Schmetterling gegenübersteht.

(aus: Axel Hacke: Das Beste aus meinem Leben. Mein Alltag als Mann. München 2006, S. 14)

Ü-1b Bestimmen Sie im folgenden Analysebeispiel 2 die Wortart der unterstrichenen Wörter: Artikel oder Pronomen?

Analysebeispiel 2

An <u>diesem</u> Abend ging <u>der</u> junge Mann nicht gleich nach Hause, sondern noch <u>etwas</u> trinken. <u>Er</u> konnte <u>sich</u> <u>das</u> leisten, da <u>er</u> endlich mit <u>seiner</u> Chefin über <u>die</u> Gehaltserhöhung gesprochen hatte. <u>Die</u> hatte <u>sich</u> sehr verständig gezeigt und <u>ihm</u> für das nächste Jahr <u>etwas</u> mehr Gehalt in Aussicht gestellt. <u>Das</u> würde <u>vieles</u> leichter machen. Aber <u>eines</u> beunruhigte ihn doch: <u>Es</u> hatte <u>etwas</u> zu tun mit einer kleinen Bemerkung, <u>die</u> an diesem Tag gefallen war.

(eigenes Beispiel)

Ü-1c Bestimmen Sie im folgenden Analysebeispiel 3 die Wortart der unterstrichenen Wörter: Adverb, Präposition, Konjunktion oder eine bestimmte Partikelart?

Analysebeispiel 3

<u>Als</u> ich <u>noch</u> <u>sehr</u> klein war, lag ich <u>gern</u> auf dem Rücken <u>im</u> Gras <u>und</u> sah den Flugzeugen <u>am</u> Himmel nach <u>und</u> den Kondensstreifen, die sie <u>hinter</u> sich ließen. <u>Als</u> man mir sagte, <u>dass</u> in den Flugzeugen Menschen säßen, dachte ich <u>darüber</u> nach, <u>wie</u> sie <u>wohl</u> in die Flugzeuge hineingekommen waren. Ich kam <u>zu</u> keinem endgültigen Schluss, <u>aber</u> meine Vorstellung war, dass die Flugzeuge <u>irgendwann</u> <u>dort</u> <u>oben</u> <u>für</u> eine kurze Zeit anhalten würden <u>und</u> <u>dass</u> man <u>dann</u> vom Boden aus eine <u>sehr</u>, sehr, sehr (...) lange Leiter ausfahren würde und dass mit deren Hilfe die Passagiere Gelegenheit hätten, das Flugzeug <u>zu</u> besteigen und <u>auch</u> <u>wieder</u> zu verlassen. <u>Naja</u> [sic!], <u>so</u> dachte ich <u>eben</u>.

(aus: Axel Hacke: Das Beste aus meinem Leben. Mein Alltag als Mann. München 2006, S.87)

Übung 2: Verben

Ü-2a Bestimmen Sie im folgenden Analysebeispiel 4 die grammatischen Kategorien der unterstrichenen Verben (Person, Numerus, Tempus, Modus, Genus Verbi), bei zusammengesetzten Verbformen (besonders markiert) die der gesamten Form!

Ü-2b Welche Funktion haben die Veränderungen im Verbmodus im Analysebeispiel 4?

Analysebeispiel 4

Jamie Oliver, 29, [...] will sich aus der Öffentlichkeit zurückziehen. »Ich möchte es ruhiger angehen lassen in den nächsten drei Jahren. Ich bin bereit für das Ende meines Ruhms«, sagte Oliver ***ananova.com*** zufolge. Die öffentlichen Spekulationen über eine mögliche Ehekrise hätten ihn dazu gebracht, seine Karriere zu überdenken. Er müsste einfach eine längere Schaffenspause einlegen. »Ich bedauere meine Berühmtheit«, sagte der Starkoch. Gleichzeitig wisse er aber, dass er seinem Ruhm viel zu verdanken habe. Künftig wolle er mehr Zeit mit seiner Frau Jools und seinen zwei Töchtern verbringen.

(Kurznotiz [ohne Autor] aus: Süddeutsche Zeitung, 23.2.2005, S. 12; leicht verändert)

Ü-2c Bestimmen Sie die Verbklasse der unterstrichenen Verben im folgenden Analysebeispiel 5: Vollverb, Hilfsverb, Modalverb oder Kopulaverb?

Analysebeispiel 5

Meine Frau und ich sind kürzlich mit der Bahn gereist und haben dafür das Bayern-Ticket benutzt. Damit dürfen gemeinsam bis zu fünf Personen fahren, die nicht verwandt sein müssen. Auf dem Bahnsteig fragte uns eine Studentin, ob wir mit dem Bayern-Ticket unterwegs seien, ob sie darauf mitfahren dürfe und was wir als Kostenbeteiligung verlangten. Wir haben sie mitgenommen, natürlich ohne Kostenbeteiligung. War das richtig oder wird so die Bahn geschädigt, die eine Fahrkarte weniger verkauft?

(aus: Rainer Erlinger: Gewissensfragen. Streitfälle der Alltagsmoral, aufgeklärt vom Süddeutsche Zeitung Magazin. München 2005, S. 73)

Übung 3: Substantive

Ü-3a Bilden Sie die Pluralformen von folgenden Substantiven und versuchen Sie dann eine Regel zu formulieren für die Verteilung der Pluralendungen *-en* und *-n!*

Feder, Nase, Nerv, Ohr, Rose, Tulpe, Zahl

Ü-3b Mit welchen Endungen wird die grammatische Kategorie Plural bei den folgenden Wörtern ausgedrückt? Ordnen Sie diese nach dem Genus der Substantive im Singular (Maskulinum, Neutrum, Femininum)! Erkennen Sie bestimmte Tendenzen?

Amsel, Bär, Elster, Eule, Frau, Giraffe, Kalb, Katze, Kind, Kobra, Mann, Maus, Pferd, Reh, Rind, Rotkehlchen, Schwan, Schwein, Specht, Tiger, Uhu, Vogel, Wolf, Wurm, Zebra

Ü-3c Bestimmen Sie den Kasus der unterstrichenen Wörter bzw. Wortgruppen in Analysebeispiel **6**! Stellen Sie gegebenenfalls Fragen wie *Wer (oder Was)? Wen (oder Was)? Wem? Wessen?*

Analysebeispiel 6

Manchmal begegnet <u>einem ein schönes, unbekanntes Wort so</u> unverhofft, wie <u>man</u> bei einem Spaziergang durch <u>den Dschungel</u> vielleicht plötzlich <u>einem seltenen und schillernd bunten Schmetterling</u> gegenübersteht.

So geschah es <u>mir</u>, als <u>ich</u> vom Mittagessen in <u>mein Büro</u> zurückkehrte und <u>ein Eilt!-Eilt!-Fax</u> auf <u>meinem Schreibtisch</u> vorfand, abgesandt vom <u>Sekretär des Herrn O.</u>, <u>eines berühmten und bedeutenden Mannes</u>, mit <u>dem</u> <u>ich</u> am nächsten Morgen verabredet war.

(aus: Axel Hacke: Das Beste aus meinem Leben. Mein Alltag als Mann. München 2006, S. 14)

2 Satzglieder

Es gibt mehr Dinge zwischen Himmel und Erde,
als eure Schulweisheit sich träumt.
Shakespeare, Hamlet

2.1 Die Dinge zwischen Wort und Satz

Bisher haben wir von Wörtern und Sätzen gesprochen. Wörter sind unstrittige Einheiten. Wir können sie zählen, verschieben, gegeneinander austauschen, und etliche von ihnen kann man grammatisch verändern, »beugen«, und sie damit in den Satzzusammenhang einfügen. Kurz, niemand muss von der Existenz der sprachlichen Einheit »Wort« überzeugt werden. Ähnlich ist es mit dem Satzbegriff. Auch hier wird praktisch niemals – außer von Linguistinnen und Linguisten – hinterfragt, ob es die Einheit Satz überhaupt gibt. Und tatsächlich, vor allem im schriftlichen Medium, tritt uns Sprache typischerweise in Form von Sätzen entgegen. Sätze sind die üblichen »Portionen«, in die wir unsere Gedanken, also das, was wir sagen wollen, einteilen. Mit Sätzen können wir Absichten zum Ausdruck bringen, z. B. eine Frage stellen, einen Vorschlag machen, ein Versprechen geben. Im gesprochenen Medium haben Sätze eine bestimmte Intonationskurve, im schriftlichen Medium enden sie mit einem abschließenden Satzzeichen. Zudem weisen Sätze eine bestimmte grammatische Struktur auf. Und vor allem: Sätze bestehen aus Wörtern.

> **!** Sätze sind selbstständige sprachliche Einheiten.
> Sätze bestehen aus Wörtern.

Die beiden Einheiten Wort und Satz sind also strukturell und hierarchisch aufeinander bezogen. So besteht der folgende Satz 1, der im weiteren Verlauf des Kapitels noch mehrfach als Mustersatz auftreten wird, aus 14 Wörtern:

1 Mustersatz

Ich habe dann von einem Arzt die Zugangsberechtigung zur Einsicht in geheime Unterlagen bekommen.

2 Analyse 1 zum Mustersatz

1	2	3	4	5	6	7	8	9
Ich	habe	dann	von	einem	Arzt	die	Zugangsberechtigung	zur

10	11	12	13	14
Einsicht	in	geheime	Unterlagen	bekommen.

Hier drängt sich nun die Frage auf, ob man eine weitere Gliederungsebene zwischen dem Satz und den Wörtern finden kann. Wenn Sie aufgefordert wären, den genannten Satz in kleinere Einheiten zu zerlegen, ohne gleich auf die Wörter zurückzugehen, dann würden Sie vermutlich eine Lösung wie diese hier vorschlagen:

3 Analyse 2 zum Mustersatz

Ich	habe	dann	von einem Arzt	die Zugangsberechtigung zur Einsicht in geheime Unterlagen	bekommen.

In diesem Fall hätten Sie den Satz in folgende Bestandteile gegliedert:

Subjekt: *ich*
Prädikat: *habe ... bekommen*
Temporaladverbial: *dann*
Präpositionalobjekt mit *von* (Handelnder): *von einem Arzt*
Objekt: *die Zugangsberechtigung zur Einsicht in geheime Unterlagen*

Die Begriffe Subjekt, Prädikat, Temporaladverbial und Objekt werden wir später noch genauer besprechen. Hier dienen sie zunächst nur als Bezeichnungen für die Teile, in die Sie und die meisten, die Deutsch sprechen, diesen Satz »automatisch« gliedern. Vermutlich wären Sie gar nicht erst auf die Idee gekommen, eine andere Gliederung vorzunehmen und etwa die Wörter dieses Satzes in folgende Portionen zu zerlegen:

4 Inkorrekte Segmentierung des Mustersatzes

1	2	3	4	5	6	7
Ich	habe	dann	*von einem Arzt die Zugangsberechtigung	*zur Einsicht in geheime	*Unterlagen	bekommen.

Die vierte, fünfte und sechste Unterteilung in der obigen Analyse 4 sind nicht korrekt und sind daher mit einem * (Asterisk) markiert. Dieses Zeichen wird in der Sprachwissenschaft verwendet, um inkorrekte linguistische Strukturen zu markieren. Wir werden im Folgenden ausführlicher auf die Zerlegung eines Satzes in Satzglieder zu sprechen kommen. Fürs Erste gilt:

! Die Bausteine zwischen Wort und Satz, zwischen Himmel und Erde sozusagen, heißen Satzglieder.

Jeder dieser Bausteine hat eine bestimmte Mitspielerrolle – man sagt auch »semantische« oder »thematische« Rolle – im Satz. Das Verb benennt die Art der Szene, in diesem Fall eine »Transferszene«, d. h. eine Szene, bei der ein Objekt von einem Ort/einer Mitspielerrolle auf den anderen Ort/eine andere Mitspielerrolle übertragen wird. Das Subjekt ist in unserem Beispiel die empfangende Rolle bzw. das Rezipiens, das Objekt ist das Patiens oder das, was beim Transfer übertragen wird, die Präpositionalphrase bezeichnet das Agens bzw. den Ausgangspunkt des Transfers.

! Satzglieder sind **formal** und **funktional** bestimmbar. Darüber hinaus bringen Satzglieder bestimmte **semantische Rollen** zum Ausdruck.

Formal: Satzglieder können unterschiedlich groß sein und z. B. aus einem Wort, einer Wortgruppe, aber auch aus einem Nebensatz (Gliedsatz) bestehen.

Funktional: Satzglieder nehmen im Satz bestimmte grammatische Aufgaben wahr. Diese verschiedenen Aufgaben werden zur Unterscheidung von Satzgliedarten verwendet (siehe unten).

Semantisch: Satzglieder bringen Mitspielerrollen (semantische Rollen) wie Agens (handelnde Rolle), Patiens (unmittelbar von der Handlung betroffene Rolle), Rezipiens (empfangende Rolle) usw. zum Ausdruck.

Bevor wir uns den semantischen Rollen zuwenden, widmen wir uns zunächst formalen und funktionalen Aspekten von Satzgliedern.

2.2 Wie erkennt man Satzglieder? – Satzgliedtests

Da Satzglieder als funktionale und formale Einheiten des Satzes bestimmt sind, muss diese Einheit auch bei Veränderungen im Satz gewahrt bleiben, d. h., ein Satzglied kann nur als Ganzes verschoben oder ersetzt werden. Diese Eigenschaft macht man sich zunutze, um zu überprüfen, welche Teile in einem Satz als Satzglieder zu betrachten sind. Dazu gibt es im Wesentlichen drei Testverfahren: die Verschiebeprobe, die Austauschprobe und die Frageprobe. Es handelt sich um Testverfahren, in denen die fraglichen Elemente in andere Einheiten umgeformt oder an andere Stellen verschoben werden. Daher spricht man verallgemeinernd auch von Umformtests. Insbesondere die Verschiebeprobe beruht auf Regeln der Wortstellung des Deutschen, die ausführlich im dritten Kapitel besprochen werden.

- **Verschiebeprobe:** Die Verschiebeprobe (Umstellprobe, Permutation) basiert darauf, dass im Aussagesatz (auch Kernsatz genannt) in der Regel genau ein Satzglied vor dem finiten Verb stehen muss. Alles, was in einem solchen Kernsatz an die erste Stelle gesetzt werden kann – erststellenfähig ist –, ist ein Satzglied. Man nennt das Vorrücken in die erste Position auch »Topikalisierung« oder »Vorfeldbesetzung«. Unser Beispielsatz kann folgendermaßen umgestellt werden:

5 Verschiebeproben zum Mustersatz

Vorfeld = Platz für **genau ein** Satzglied	Finites Verb	1. Position im Mittelfeld	2. Position im Mittelfeld	3. Position im Mittelfeld	Infiniter Verbteil
Ich	habe	dann	von einem Arzt	die Zugangsberechtigung zur Einsicht in geheime Unterlagen	bekommen.
Dann	habe	ich	von einem Arzt	die Zugangsberechtigung zur Einsicht in geheime Unterlagen	bekommen.
Von einem Arzt	habe	ich	dann	die Zugangsberechtigung zur Einsicht in geheime Unterlagen	bekommen.
Die Zugangsberechtigung zur Einsicht in geheime Unterlagen	habe	ich	dann	von einem Arzt	bekommen.

Alle Elemente des Satzes, die im Vorfeld erscheinen können, sind Satzglieder. Nicht möglich sind folgende Umstellungen:

6 Inkorrekte Vorfeldbesetzungen zum Mustersatz

Vorfeld = Platz für **genau ein** Satzglied	Finites Verb	1. Position im Mittelfeld	2. Position im Mittelfeld	3. Position im Mittelfeld		Infiniter Verbteil
*Ich von einem Arzt	habe		dann	die Zugangsberechtigung zur Einsicht in geheime Unterlagen		bekommen.
*Die **Zugangsberechtigung** zur Einsicht	habe	ich	dann	von einem Arzt	*in geheime Unterlagen	bekommen.

Im ersten Fall stehen zwei Satzglieder im Vorfeld, was so nicht erlaubt ist. Im zweiten Fall ist ein Satzglied nur teilweise ins Vorfeld verschoben worden, was ebenfalls zu einem inkorrekten, ungrammatischen Satz führt.

- **Austauschprobe:** Der zweite wichtige Test zur Ermittlung von Satzgliedern ist die Austauschprobe (Ersatzprobe, Kommutation, Substitution). Bei ihr wird die fragliche Wortgruppe (das fragliche Syntagma) durch ein Pronomen, Pronominaladverb oder Adverb ersetzt. Ist dies möglich, ohne dass der Satz ungrammatisch wird, dann handelt es sich bei der ersetzten Einheit um ein Satzglied. So kann in unserem Beispielsatz das Satzglied *die Zugangsberechtigung zur Einsicht in geheime Unterlagen* durch das Pronomen *sie* ersetzt werden. (Wir ignorieren hier, dass bei der Pronominalisierung die Reihenfolge der Satzglieder im Mittelfeld normalerweise umgestellt wird.)

7 Austauschprobe mit Pronomina zum Mustersatz

Ich	habe	dann	von einem Arzt	die Zugangsberechtigung zur Einsicht in geheime Unterlagen	bekommen.
Ich	habe	dann	von einem Arzt	**sie**	bekommen.

Die Satzglieder unseres Beispielsatzes können alternativ auch durch folgende Fragewörter ersetzt werden:

8 Austauschprobe mit Fragewörtern zum Mustersatz

Ich	habe	dann	von einem Arzt	die Zugangsberechtigung zur Einsicht in geheime Unterlagen	bekommen.
Wer	hat	**wann**	**von wem**	**was**	bekommen?

- **Frageprobe:** Oft wird die Frageprobe, d.h. die Substitution eines Elements durch ein Fragewort, zusammen mit seiner Verschiebung ins Vorfeld als ein eigenständiger dritter Satzgliedtest angeführt. Wie Sie am Beispiel sehen, ist die Frageprobe eine Kombination von Verschiebeprobe und Austauschprobe.

9 Frageprobe für das Objekt im Mustersatz

Ich	habe		dann	von einem Arzt	**die Zugangsberechtigung zur Einsicht in geheime Unterlagen**	bekommen.
Was	habe	ich	dann	von einem Arzt		bekommen?

i Zu beachten ist folgende Besonderheit: Das **Prädikat** wird hier zwar als Satzglied behandelt. Es ist jedoch nicht frei verschiebbar, sondern bildet das Grundgerüst des Satzes, in das die anderen Satzglieder eingepasst werden. Seine Stellung im Satz ist je nach Satzart auf bestimmte Positionen festgelegt (siehe Kap. 3). Das Verb bzw. die Verbalgruppe (der Verbalkomplex) kann daher nicht durch die Satzgliedtests ermittelt werden. Die Satzgliedtests gelten somit nur für alle nicht verbalen Satzglieder.

Für nicht verbale Satzglieder gilt Folgendes:

! Satzglieder sind syntaktisch-semantische Funktionsklassen.
Satzglieder können im Aussagesatz allein in der Erstposition, d.h. vor dem finiten Verb, stehen.
Sie sind als Ganzes entweder durch ein (Frage-)Pronomen, ein Pronominaladverb oder ein Adverb zu ersetzen.

Von entscheidender Bedeutung ist die Tatsache, dass Form und Funktion der Satzglieder frei variieren, d.h., einerseits kann eine Form in unterschiedlichen Funktionen auftreten und andererseits kann eine Funktion durch unterschiedliche Formen realisiert werden. Dies sei durch zwei Beispiele illustriert. Das erste zeigt, dass ein Satzglied in der Funktion eines Temporaladverbials (siehe unten) u. a. durch ein Adverb, durch einen temporalen Nebensatz oder auch durch eine Präpositionalphrase realisiert werden kann.

10 Möglichkeiten der formalen Realisierung für ein Satzglied in der Funktion eines Temporaladverbials

formale Realisierung als	Funktion als Temporaladverbial	
Adverb	Damals	fing es an zu regnen.
Präpositionalphrase	In diesem Moment	
temporaler Nebensatz	Als der kleine Dinosaurier zu einem Ausflug aufbrach,	

In den folgenden Beispielen wird ersichtlich, dass eine Nominalphrase im Akkusativ als Temporaladverbial, als Akkusativobjekt und als Prädikativ verwendet werden kann, dass also eine bestimmte Form (hier eine Nominalphrase im Akkusativ) in verschiedenen Funktionen im Satz auftreten kann.

11 Satzgliedfunktionen einer Nominalphrase im Akkusativ

Funktion als	formale Realisierung als Nominalphrase im Akkusativ	
Akkusativobjekt	Den kleinen Dinosaurier	konnte das nicht erschüttern.
Temporaladverbial	Einen Monat	regnete es.
Prädikativ	Einen Fisch	nannte ihn seine Mutter deshalb.

Wenn Ihnen die angeführten Bezeichnungen noch fremd erscheinen, ist das kein Problem: Wir werden diese Dinge nach und nach besprechen. Wichtig ist an dieser Stelle nur die Beobachtung, dass es keine feste Zuordnung einer bestimmten Funktion zu einer bestimmten Form gibt.

> ! In der linguistischen Analyse werden Form und Funktion der Satzglieder unabhängig voneinander betrachtet, d. h., die beiden Aspekte sind gleichrangig und können frei miteinander kombiniert werden.

Strukturelle Ambiguität – verschiedene Analysemöglichkeiten von Satzgliedern

Bei der Segmentierung von Satzgliedern treten nicht selten »strukturelle Ambiguitäten« auf, d. h. Fälle, in denen unterschiedliche Analysen möglich sind. Der

Satz besitzt also mehrere grammatisch und semantisch legitime Lesarten. Ein berühmtes Beispiel ist folgender Typus der strukturellen Ambiguität:

12 Analyse eines Beispiels struktureller Ambiguität

Max sieht den Mann mit dem Fernglas.

Analyse 1: Die Teile *den Mann* und *mit dem Fernglas* sind je eigenständige Satzglieder, was durch die Umstellprobe ermittelt wird:

Max sieht [den Mann] [mit dem Fernglas].
Den Mann sieht Max mit dem Fernglas.
Mit dem Fernglas sieht Max den Mann.

Analyse 2: Die Sequenz *den Mann mit dem Fernglas* ist ein Satzglied, bestehend aus einer Nominalphrase und einer attributiven Präpositionalphrase (siehe unten). Auch dies ergibt eine durch die Umstellprobe legitimierte Analyse:

Max sieht [den Mann [mit dem Fernglas]].
Den Mann mit dem Fernglas sieht Max.

Bei einer derartigen Satzstellung kann eine Monosemierung, d. h. eine Auflösung der Ambiguität, nur durch den Kontext erfolgen.

2.3 Wie viele Satzglieder braucht ein Satz?

Eine der ersten Unterscheidungen des Grammatikunterrichts in der Schule ist die Dreiteilung eines Satzes in Subjekt – Prädikat – Objekt. Diese drei Bauteile sind in der Tat wichtige Satzglieder, auf die jede grammatische Beschreibung in irgendeiner Form Bezug nehmen muss. Auch hier werden diese Begriffe weiter verwendet; sie werden jedoch an einigen Stellen um zusätzliche Differenzierungen und Termini, wie sie in verschiedenen theoretischen Richtungen gebräuchlich sind, erweitert. Im Folgenden finden Sie einige typische Beispiele für Sätze, die die Struktur Subjekt – Prädikat – Objekt aufweisen.

13 Subjekt-Prädikat-Objekt-Sätze

Subjekt	Prädikat	Objekt
Die Firma	eröffnet	ihre dritte Filiale.
Er	verteilt	die Stimmzettel.
Tabea	mailt	ihrer Freundin.
Diese Vögel	suchen	nach Würmern.

Natürlich gibt es auch Sätze, die mit weniger auskommen:

14 Sätze mit weniger als drei Satzgliedern

	Prädikat
Lola	rennt.
Es	zieht.
	Wirf!
Mich	friert.

Und selbstverständlich gibt es Sätze, die mehr »Personal« und mehr »Requisiten« brauchen. Die dargestellte Tabelle deutet bereits an, dass die Bestimmung der Satzglieder nicht immer ganz einfach ist (dazu später mehr):

15 Sätze mit mehr als drei Satzgliedern

erstes Satzglied	**Prädikat**				**Prädikat**
Der Sekretär	verteilt	die Stimmzettel	an die Ratsmitglieder.		
Die Firma	stellt	dem Kiosk	die Lieferung	vor die Tür.	
Am Nachmittag	ziehen	von Westen	Gewitter		auf.
Der letzte Kunde	kaufte	ihm	den Unfallwagen	zu einem fairen Preis	ab.

Bei all dem kann man jedoch festhalten: Ein Satz stellt seinen Inhalt, den Gedanken, als eine Szene dar. Wenn man sich Texte als Bildgeschichten bzw. als Comicstrips vorstellt, dann entspricht jeder Satz einem Bild. Eine solche Szene enthält Informationen darüber, wer etwas tut, wer wem etwas tut, wer von einem Zustand betroffen ist, was geschieht, was der Fall ist und so weiter und so fort. Im Folgenden werden wir sehen, dass die Art der Szene, die im Satz dargestellt wird, in der Regel vom Verb vorgegeben ist, d. h., das Verb bestimmt, welche Mitspielerrollen in welcher Form in einem Satz auftreten können oder gar müssen. Daher beginnen wir die genauere Betrachtung der Satzglieder mit dem Satzglied, das auf das Engste mit der Wortart Verb verknüpft ist, also mit dem Prädikat.

2.4 Das Prädikat

Jeder Satz benötigt – wie schon angesprochen – einen Baustein, der die Art des Geschehens, den Typus der Szene, bezeichnet. Dieser Baustein ist das Prädikat.

> **!** Das Prädikat enthält typischerweise ein Verb als Kern.
> Das Prädikat kann aus einem oder mehreren Wörtern bestehen.
> Bei Letzterem spricht man oft von Verbalkomplex oder Verbalgruppe.

Das Prädikat ist ein Satzglied der besonderen Art, da es weder verschiebbar noch erfragbar ist. Je nach Satzart nimmt es eine feste Position im Satz ein. Im Aussagesatz steht das finite Verb an zweiter Stelle; bei mehrgliedrigen Verbalgruppen stehen die übrigen Glieder am Ende des Satzes. Man spricht hier von der Satzklammer des deutschen Aussagesatzes (siehe Kap. 3). In unserem Mustersatz **1** ist das Prädikat die zweiteilige Verbalgruppe *habe ... bekommen.*

16 Analyse 3 zum Mustersatz: das Prädikat

erstes Satzglied	Prädikat				Prädikat
Ich	habe	dann	von einem Arzt	die Zugangsberechtigung zur Einsicht in geheime Unterlagen	bekommen.

Mehrgliedrige Prädikate ergeben sich bei allen analytischen Tempus- und Modusformen, in den Passivformen, bei Partikelverben, bei Funktionsverbgefügen und anderen Konstruktionen.

17 Beispiele für mehrgliedrige Prädikate

erstes Satzglied	Prädikat		Prädikat	grammatische Kategorie / Form des Prädikats
Ich	habe	dann von einem Arzt die Zugangsberechtigung zur Einsicht in geheime Unterlagen	bekommen.	Perfekt
Ich	werde	dann von einem Arzt die Zugangsberechtigung zur Einsicht in geheime Unterlagen	bekommen haben.	Futur II

erstes Satzglied	Prädikat		Prädikat	grammatische Kategorie / Form des Prädikats
Ich	muss	dann von einem Arzt die Zugangsberechtigung zur Einsicht in geheime Unterlagen	bekommen.	Modalverb mit Infinitiv
Ich	gebe	dann die Zugangsberechtigung zur Einsicht in geheime Unterlagen	ab.	Partikelverb mit trennbarer Partikel
Ich	bringe	dann die Zugangsberechtigung zur Einsicht in geheime Unterlagen	zur Sprache.	Funktionsverbgefüge

2.4.1 Die Bindungsfähigkeit von Prädikaten bzw. Verben – die Valenz

Das Prädikat bestimmt für jeden Satz, wie viele und welche Mitspielerrollen in der Szene auftreten. Diese Eigenschaft nennt man seine Valenz oder Bindungsfähigkeit. Die genauere Beschreibung dieser Eigenschaft ist jedoch theorieabhängig; sie ist ein zentraler Gegenstand der Valenztheorie.

> **!** Die Valenz eines Prädikats bzw. eines Verbs ist die Eigenschaft, die Zahl, Art und semantische Rolle der Beteiligten festzulegen.
> Die von der Valenz des Prädikats gebundenen Satzglieder werden Ergänzungen, Argumente oder Komplemente genannt.

Die Ergänzungen ermöglichen zusammen mit dem Verb die Darstellung eines Sachverhalts, einer Szene. Je nach der Zahl der Mitspielerrollen unterscheidet man null- bis dreistellige Verben bzw. Prädikate.

- **Nullstellige** Verben haben nur ein formales Subjekt. Beispiele sind Witterungsverben wie *regnen, schneien, donnern, blitzen,* die in Sätzen wie *Es regnet* ein formales *es* an der Stelle eines Subjekts aufweisen. Es gibt also Szenen, die keine »echten« Mitspielerrollen benötigen.
- **Einstellige** Verben haben i. d. R. das Subjekt als einzige Ergänzung, z. B.: *Sie atmet. Sie handelt. Die Tagung findet statt.* Es gibt jedoch einstellige Verben, deren einzige Ergänzung nicht das Subjekt ist, z. B.: *Mich friert. Ihr graut.*
- **Zweistellige** Verben machen den größten Teil des deutschen Verbwortschatzes aus. Sehr oft stellen sie Relationen zwischen dem Subjekt und dem Akkusativobjekt her – z. B. *sehen, lieben, bauen.* Es gibt auch Verben mit einem Da-

tivobjekt *(Ich helfe/folge dir)* oder einem Genitivobjekt *(Sie gedenken seiner)*. Vereinzelt kommen zweistellige Verben mit zwei Objekten – ohne Subjekt – vor (z. B. *Dir graut vor ihm*).

- Zahlreich sind auch die **dreistelligen** Verben, die immer Subjekt und zwei Objekte fordern. Oft ist ihre Semantik ähnlich der von *geben* oder *nehmen* oder der von *erzählen, schreiben* oder *beantworten.*

Jedes Verb lässt für seine Leerstellen nur Besetzungen zu, die bestimmte semantische Eigenschaften (z. B. Agens, belebt usw.) und bestimmte formale Eigenschaften (z. B. Akkusativ, Präpositionalphrase usw.) haben. Die möglichen Kombinationen von Ergänzungen und ihre Reihenfolge (Valenzrahmen, Komplementstruktur) werden in Valenzwörterbüchern verzeichnet. Für das Verb *trinken* kann man z. B. folgende Merkmale notieren:

18 Beispiel für einen Valenzeintrag des Verbs *trinken*

trinken:
$\text{Subj}_{[\text{Nom}]}$, $\text{Obj}_{[\text{Akk}]}$
$\text{Sn}_{[+\text{belebt}]}$, $\text{Sa}_{[+\text{flüssig}]}$

Dies bedeutet, dass *trinken* ein Subjekt im Nominativ (gekennzeichnet durch $\text{Subj}_{[\text{Nom}]}$) und ein Objekt im Akkusativ ($\text{Obj}_{[\text{Akk}]}$) fordert, wobei das Substantiv im Nominativ das semantische Merkmal ›belebt‹ ($\text{Sn}_{[+\text{belebt}]}$), das Substantiv im Akkusativ das semantische Merkmal ›flüssig‹ ($\text{Sa}_{[+\text{flüssig}]}$) enthalten muss. Ohne Akkusativobjekt ergibt sich eine andere Bedeutung des Verbs *trinken*, z. B. in *Uli trinkt seit vielen Jahren.*

Die Valenzstellen eines Verbs müssen im Allgemeinen besetzt sein, sonst ist der Satz nicht vollständig. Zum Beispiel ist

*Sie füllt

ein unvollständiger Satz, weil das Verb *füllen* eine weitere Mitspielerrolle erfordert, wie etwa:

Sie füllt die Thermoskanne.

Neben notwendigen Mitspielerrollen (Ergänzungen) gibt es auch Satzglieder, die nicht vom Verb gefordert werden und weggelassen werden können. Diese werden Angaben genannt. Angaben sind Satzglieder, die einen bestehenden Sachverhalt entweder durch Hinzufügung einer genaueren Bestimmung näher charakterisieren oder ihn in seiner Geltung modifizieren. Im folgenden Beispiel sind *wieder* und *bis zum Rand* Angaben, die eine genauere Bestimmung hinzufügen, während *wahrscheinlich* eine Angabe ist, die den Geltungsgrad der gesamten Sachverhaltsdarstellung modifiziert.

Sie füllt die Thermoskanne <u>wahrscheinlich</u> **wieder bis zum Rand.**

> ! Das Subjekt und die Objekte sind notwendige Mitspielerrollen des Verbs (wenn dieses mindestens zweistellig ist). Sie sind immer Ergänzungen. Sie unterscheiden sich in ihrer Wichtigkeit für die Szene: Das Subjekt ist die Hauptrolle der Szene, von deren Position aus das Geschehen betrachtet wird.
> Die Objekte markieren weitere wichtige Beteiligte.
> Neben Subjekten und Objekten gibt es noch andere Arten von Ergänzungen.
> Satzglieder, die nicht die Funktion von Ergänzungen haben, nennt man Angaben.

Nachdem nun die wichtigsten formalen und funktionalen Merkmale von Satzgliedern besprochen sind, wenden wir uns kurz den semantischen Rollen zu.

2.4.2 Semantische Rollen

Wie wir schon gezeigt haben, nehmen die Satzglieder bestimmte Mitspielerrollen in der vom Verb diktierten Szene ein. So hatten wir bereits mit der Rolle des/der Handelnden, also mit dem Agens, zu tun. Nach der Konstellation der beteiligten Rollen können die Verben in semantische Klassen eingeteilt werden. Eine solche Klasse sind z. B. die Handlungsverben *(vergraben, anstreichen)*, bei denen meist zumindest ein Agens (d. h. eine handelnde Person) und eine Entität (d. h. eine nicht weiter spezifizierte »Einheit«), an der die Handlung verübt wird, vorhanden sind. Handlungsverben haben somit in ihrer Valenz Positionen für eine Agens-Rolle und eine Patiens- oder Thema-Rolle. Die Zahl und genaue Definition der semantischen Rollen – auch *θ-Rollen* (»Theta«), thematische Rollen, semantische Tiefenkasus genannt – ist umstritten. Folgende Rollen werden häufig genannt:

- **Agens** – der/die Ausführende einer Handlung, die das Verb bezeichnet, z. B.: *Kathrin vergräbt den Ring.*
- **Patiens/Thema** – das, worauf sich die vom Verb bezeichnete Handlung unmittelbar bezieht, z. B.: *Kathrin vergräbt den Ring.*
- **Rezipiens** – die Empfängerrolle in der Handlungsszene, z. B.: *Kathrin verspricht Anna den Ring.*
- **Instrumental** – eine Kraft, eine Person oder ein Objekt mit ursächlichem Anteil am Zustandekommen der Handlung, z. B.: *Sie schneidet das Geschenkpapier mit dem Küchenmesser.*
- **Lokativ** – der Ort, an dem die Handlung stattfindet, z. B.: *Sie versteckt das Geschenk im Schrank.*

Die semantischen Rollen werden syntaktisch als Satzglieder realisiert, wobei ihnen auch bestimmte formale Eigenschaften (z. B. Kasusmarkierungen) zugewiesen werden. Die Zuordnung von bestimmten Kasusmarkierungen zu bestimmten semantischen Rollen der Verben ist nicht vollständig festgelegt. Es gibt jedoch gewisse Tendenzen, wie zum Beispiel die folgenden:

- das Agens steht im Allgemeinen im Nominativ
- das Patiens steht im Allgemeinen im Akkusativ
- das Rezipiens steht oft im Dativ

Bei der syntaktischen Analyse können wir somit drei relevante Schichten unterscheiden: die formale Gestalt eines Elements (z. B. als mehrgliedrige Phrase oder als eine einfache Proform), die funktionale Ebene (z. B. die Funktion als Subjekt oder als Objekt) und die semantische Ebene (z. B. die Rolle als Agens oder Lokativ usw.). Nach diesem kurzen Ausblick in die Schicht der semantischen Rollen wenden wir uns wieder den syntaktischen Funktionen von Satzgliedern zu.

2.5 Das Subjekt

Dass die Mitspielerrollen einer Szene meist nicht gleich wichtig sind, wird sprachlich ausgedrückt, indem die wichtigste Mitspielerrolle, die Hauptrolle in der aktuellen Szene, die Subjektposition erhält.

> **!** Das Subjekt steht im Nominativ, d. h., es antwortet auf die Frage *Wer?* oder *Was?*
> Das Subjekt ist das Satzglied, auf das sich das Prädikat direkt bezieht, über das es eine Aussage macht.
> Daher stimmen das Subjekt und das finite Verb, als zentraler Teil des Prädikats, in Person und Numerus überein. Sie kongruieren.

In unserem bereits bekannten Beispiel übernimmt das Personalpronomen *ich* die Aufgabe des Subjekts:

19 Analyse 4 zum Mustersatz: das Subjekt

Subjekt	Prädikat				Prädikat
Ich	habe	dann	von einem Arzt	die Zugangsberechtigung zur Einsicht in geheime Unterlagen	bekommen.

Die Stellung des Subjekts im Vorfeld – wie *ich* in **19** – ist sehr häufig. In den Fällen, in denen das Subjekt nicht im Vorfeld steht, befindet es sich in der Regel zumindest weit vorne im Satz, d.h. gleich hinter dem finiten Verb, das die linke Satzklammer bildet, an der Spitze des Mittelfeldes (siehe Kap. 3).

In bestimmten Fällen, nämlich dann, wenn Verwechslungsgefahr für die Mitspielerrollen besteht, weil diese keine Kasuskennzeichnung haben, muss das Subjekt an erster Stelle stehen. Dazu eine kleine Gegenüberstellung. Im folgenden Beispiel **20** ist das Subjekt auch dann vom Objekt zu unterscheiden, wenn eine ungewöhnliche Satzstellung (Objekt in Erstposition) vorliegt, weil die Kasusmarkierung am Objekt deutlich zu erkennen ist:

20 **Stellungsunabhängige Kennzeichnung von Subjekt und Objekt**

20-1 Die Susi beißt den Strolchi.

20-2 Den Strolchi beißt die Susi.

Vergleichen Sie hierzu **21**:

21 **Stellungsabhängige Kennzeichnung von Subjekt und Objekt**

21-1 Susi beißt Strolchi.

21-2 Strolchi beißt Susi.

In den nur leicht veränderten Sätzen in **21** bedeutet eine Umstellung der beiden nominalen Satzglieder zugleich eine Vertauschung ihrer semantischen und syntaktischen Rollen. Jeweils das Element in der ersten Position wird als Subjekt interpretiert, sodass in **21-1** *Susi* das Subjekt (und die Beißende) ist, in **21-2** hingegen *Strolchi*.

In den meisten Fällen sind Subjekte nominale Satzglieder, also Pronomina oder Nominalphrasen. Sie können aber auch in anderer Form auftreten, wie die folgenden Beispiele zeigen:

22 **Verschiedene Formen des Subjekts**

22-1 **Lügen** ist weit verbreitet. (substantivierter Infinitiv)

22-2 **Dass du mich anlügst,** gefällt mir nicht. (Nebensatz)

22-3 **Immer lügen zu müssen,** macht keinen Spaß. (satzwertige Infinitivkonstruktion)

Das Subjekt in **22-1** ist ein substantivierter Infinitiv; in **22-2** liegt ein Nebensatz und in **22-3** eine Infinitivkonstruktion in Subjektfunktion vor.

i Vielleicht haben Sie gelernt, dass **jeder** Satz ein Subjekt haben muss. Für das Deutsche ist dies nicht richtig. Zwar haben die meisten Sätze ein Subjekt, aber eben **nicht alle**. Die folgenden Beispiele zeigen Sätze, die – in unterschiedlicher Weise – subjektlos sind.

23 Subjektlose Sätze

23-1 Da wird getanzt.

23-2 Es wird getanzt.

23-3 Mich friert.

23-4 Hau ab!

Im Satz *Da wird getanzt* (**23-1**) findet sich in der ersten Position das Adverb *da*. Im zweiten Satz (**23-2**) steht an dieser Stelle ein *es*. Dabei handelt es sich nicht um das Pronomen *es*, also ein Element, das für eine Nominalphrase stehen kann (wie z. B. in *Das Entchen findet einen Wurm. Es freut sich*), sondern um das sogenannte **Vorfeld-*es***. Das Vorfeld-*es* fungiert als ein Platzhalter, d. h. ein formales Element, das die erste Position im Verbzweitsatz einnimmt, wenn kein anderes Element vorhanden ist. Sobald ein anderes Element im Satz zur Verfügung steht, fällt das Vorfeld-*es* weg. Dies erkennt man an Satz **23-1** *Da wird getanzt.* Die Hinzufügung eines *es* wäre hier falsch *(*Da wird es getanzt)*, was beweist, dass *es* kein Subjekt sein kann (vgl. dazu im Gegensatz *Da freut es [= das Entchen] sich*).

Im Fall von *Mich friert* in **23-3** wird die Person mit der Empfindung ›frieren‹ in der Form eines Akkusativobjekts dargestellt. Neben *frieren* gibt es nur wenige andere Verben, die eine ähnliche Konstruktion zulassen, z. B. *mich schaudert* oder mit Dativ *mir graut.*

Hau ab! in **23-4** ist ein Beispiel für einen Imperativsatz, d. h. einen Satz, dessen Verb mit der morphologischen Kennzeichnung des Imperativs (also einer bestimmten Flexionsform) versehen ist. Imperative haben grundsätzlich kein sprachlich realisiertes Subjekt, da der oder die Angesprochene automatisch als »logisches Subjekt« verstanden wird.

Trotz der eben besprochenen Besonderheiten halten wir fest:

> **!** Das Subjekt ist ein zentrales Satzglied, das in fast jedem Satz auftritt.

2.6 Das Objekt

Die dritte Art von Satzgliedern, die Sie aus der Schule kennen, ist das Objekt. Das Objekt bezeichnet eine wichtige Mitspielerrolle der Szene, die jedoch nicht die Hauptrolle einnimmt.

> **!** Das Objekt ist als wichtige Mitspielerrolle in die durch das Verb ausgedrückte Handlung einbezogen.
> Es gibt im Deutschen vier Objektarten: Akkusativobjekt, Dativobjekt, Genitivobjekt, Präpositionalobjekt. Welche Objektarten in einem Satz verwendet werden, bestimmt das Verb.

In unserem Satz ist *die Zugangsberechtigung zur Einsicht in geheime Unterlagen* das Akkusativobjekt, *von einem Arzt* das Präpositionalobjekt:

24 Analyse 5 zum Mustersatz: das Objekt

Subjekt	Prädikat		Präpositionalobjekt	Akkusativobjekt	Prädikat
Ich	habe	dann	von einem Arzt	die Zugangsberechtigung zur Einsicht in geheime Unterlagen	bekommen.

Während es pro Satz nur ein Prädikat und höchstens ein Subjekt gibt, können in einem Satz gleichzeitig verschiedene Arten von Objekten vorkommen. Im Folgenden werden wir das Akkusativobjekt, das Dativobjekt, das Genitivobjekt und das Präpositionalobjekt besprechen. Sie alle können alleine oder in wechselnden Kombinationen in einem Satz auftreten. Wie die Benennungen verdeutlichen, sind Objekte (in der Regel) formal gekennzeichnet und heben sich so vom Subjekt, das im Nominativ steht, ab. Die Kennzeichnung erfolgt entweder durch eine bestimmte Kasusform – dies ist beim Akkusativobjekt, beim Dativobjekt und beim Genitivobjekt der Fall –, oder das Satzglied tritt als Präpositionalphrase auf – dies ist beim Präpositionalobjekt der Fall. Zum Verhältnis von Form und Funktion können wir also festhalten, dass – ungeachtet der grundsätzlichen Unabhängigkeit von Form und Funktion – bei denjenigen Phrasen, die als Mitspielerrolle des Verbs fungieren, ein enger Bezug zwischen ihrer formalen Beschaffenheit (Kasus oder Präpositionalphrase) und ihrer syntaktischen Funktion (Subjekt oder Objekt) besteht.

2.6.1 Wie man die Objektarten erkennt

Wenn die Kasusform eines Objekts in Form einer Nominalphrase nicht zu erkennen ist, helfen Umformtests, die statt des Objekts ein Pronomen oder ein Fragewort setzen, da diese Formen im Gegensatz zu den Nominalphrasen immer eindeutig kasusmarkiert sind. Die drei zur Wahl stehenden kasusmarkierten Objekte ersetzt man wie folgt:

25 Ersetzungstests für kasusmarkierte Objekte

	Akkusativobjekt	Dativobjekt	Genitivobjekt
Beispiel	Sie sieht **den Hund.**	Sie hilft **dem Kind.**	Sie gedenkt **der Lehrerin.**
Ersatz durch Pronomen	Sie sieht **ihn.**	Sie hilft **ihm.**	Sie gedenkt **ihrer.**
Ersatz durch Fragewort	**Wen** oder **Was** sieht sie?	**Wem** hilft sie?	**Wessen** gedenkt sie?

Präpositionalobjekte ersetzt man durch ein Pronominaladverb (z. B. *daran*), wenn es sich um einen unbelebten Gegenstand handelt, oder durch eine Präpositionalphrase mit einem Personalpronomen (z. B. *an ihn*). Ein Präpositionalobjekt erfragt man – ebenfalls gegliedert nach unbelebten und belebten Aktanten – durch ein Pronominaladverb mit dem Frageelement *wo-* (z. B. *woran?*) oder durch eine Präpositionalphrase mit einem Fragepronomen (z. B. *an wen?*).

i Ein Pronominaladverb ist eine Proform für Präpositionalphrasen. Es setzt sich zusammen aus den Proadverbien *da, hier, wo* und einer lokalen Präposition (*nach, auf, hinter, neben* usw.).

Präpositionalobjekte ersetzt man wie folgt:

26 Umformtests für Präpositionalobjekte

	Präpositionalobjekt, unbelebt	Präpositionalobjekt, belebt
Beispiel	Sie denkt an die Waschmaschine.	Sie denkt an ihren Kollegen.
Ersatz durch Proform	Sie denkt **daran.**	Sie denkt **an ihn.**
Ersatz durch Frageelement	**Woran** denkt sie?	**An wen** denkt sie?

! Nach dem Akkusativobjekt (auch »direktes Objekt«) fragt man mit *Wen?* oder *Was?*
Nach dem Dativobjekt (auch »indirektes Objekt«) fragt man mit *Wem?*
Nach dem Genitivobjekt fragt man mit *Wessen?*
Nach dem Präpositionalobjekt fragt man mit einem Pronominaladverb (unbelebt) oder mit einer Präpositionalphrase (belebt), die beide die feststehende Präposition enthalten müssen.

2.6.2 Das Akkusativobjekt

Das Objekt *die Zugangsberechtigung … Unterlagen* im Satz *Ich habe dann von einem Arzt die Zugangsberechtigung zur Einsicht in geheime Unterlagen bekommen* steht im Akkusativ und ist somit ein Akkusativobjekt bzw. ein direktes Objekt. Das direkte Objekt benennt typischerweise diejenige Mitspielerrolle, die von der Handlung bzw. von dem Geschehen, das vom Verb bezeichnet und vom

Subjekt ausgeführt wird, direkt betroffen ist. Semantisch betrachtet, wird diese Mitspielerrolle auch als Patiens oder Thema bezeichnet.

27 Beispiele für Akkusativobjekte

Subjekt	Prädikat	**Akkusativobjekt**
Sie	bäckt	Kuchen.
Sie	bemalt	den Wandschirm.
Sie	putzt	ihre Zähne.
Sie	hat	eine Katze.

Wie beim Subjekt ist auch die Leerstelle (Position, Funktion) des Akkusativobjekts nicht ausschließlich für Nominalphrasen im Akkusativ reserviert. Es können auch Satzglieder in anderer Gestalt an der Stelle und in der Funktion des Akkusativobjekts auftreten. Häufig sind dies subjunktionale Nebensätze, Infinitivkonstruktionen und uneingeleitete Nebensätze mit V2-Stellung.

28 Beispiele für Satzglieder als Akkusativobjekte

Subjekt	Prädikat	**Satzglieder als Akkusativobjekte**	Akkusativpronomen
Ich	prophezeie,	dass heute noch ein Wunder geschieht.	das / es
		subjunktionaler Nebensatz / Objektsatz	
Sie	behauptet,	mit den Ohren wackeln zu können.	das / es
		satzwertige Infinitivkonstruktion	
Er	sagt,	er kommt ganz bestimmt rechtzeitig.	das / es
		uneingeleiteter Nebensatz mit V2-Stellung	

Alle satzförmigen Einheiten, die anstelle bzw. in der Funktion eines Akkusativobjekts stehen, kann man auf ein Pronomen im Akkusativ *(das, es)* zurückführen. Das Akkusativobjekt ist die häufigste Objektart im Deutschen. Bei der Bildung von Passivsätzen mit dem Hilfsverb *werden* wird das Akkusativobjekt des Aktivsatzes zum Subjekt des Passivsatzes.

Subjekt	Prädikat	Akkusativobjekt
Sie	*bemalt*	*den Wandschirm.*

↓

Subjekt	Prädikat
Der Wandschirm	*wird bemalt.*

In diesem Beispiel *(Der Wandschirm wird bemalt)* wird allein das Patiens, d.h. das Akkusativobjekt des Aktivsatzes, als mitteilenswert betrachtet. Das Agens ist für die Szenendarstellung unbedeutend und wird daher im Passivsatz nicht erwähnt. Es gibt jedoch Passivsätze, in denen neben dem Patiens, das im Passivsatz ja zur syntaktischen Hauptrolle im Satz, zum Subjekt, befördert wird, auch das Agens genannt wird. Dies geschieht durch eine Präpositionalphrase mit *von* oder *durch* (seltener). Diese Präpositionalphrase wird häufig als Präpositionalobjekt interpretiert (zu Präpositionalobjekten siehe Kap. 2.6.5). So ist in Beispiel **29-2** das Agens (die semantische Rolle) formal durch die Präpositionalphrase *von einer berühmten Künstlerin* realisiert, der die syntaktische Funktion eines Präpositionalobjekts zukommt.

29 ***werden*-Passiv mit Agensnennung**

29-1 (Eine berühmte Künstlerin bemalt den Wandschirm.)

29-2 Der Wandschirm wird von einer berühmten Künstlerin bemalt.

Das *werden*-Passiv führt also zu einer neuen Korrelation von semantischen Rollen, syntaktischen Funktionen und formalen Realisierungen bei den beiden Mitspielerrollen, die im korrespondierenden Aktivsatz das Subjekt und das Akkusativobjekt bilden.

> **!** Sätze, die ein Akkusativobjekt aufweisen und die in einen Satz mit *werden*-Passiv umgeformt werden können, bezeichnet man auch als **transitive** Sätze.

Schwierig ist die Analyse von **scheinbaren Akkusativobjekten** wie *Rad* bei *Sie fährt Rad* oder *Bezug* bei *Sie nimmt Bezug auf das Rundschreiben.* Obwohl diese Nomina auf den ersten Blick wie Akkusativobjekte aussehen, verhalten sie sich in verschiedenen Tests anders als echte Objekte. Sie sind z.B. nicht attribuierbar: **Sie fährt rotes Rad.* Wir betrachten solche Strukturen daher als feste Fügungen, bei denen verbale und nicht verbale Bestandteile holistisch, d.h. als Ganzes, ein komplexes verbales Element bilden.

2.6.3 Das Dativobjekt

Auch das Dativobjekt ist eine wichtige semantische Rolle der Szene. Das Dativobjekt bezeichnet oft das Gegenüber des Subjekts in der dargestellten Szene und verweist daher in sehr vielen Fällen (aber nicht immer!) auf eine belebte Entität. Unter semantischer Perspektive wird diese Mitspielerrolle meist als Rezipiens bezeichnet.

30 Beispiele für Dativobjekte

Subjekt	Prädikat	**Dativobjekt**	Akkusativobjekt
Sie	hilft	den Kindern in der Kita.	
Sie	gleicht	ihrem Großvater.	
Sie	gibt	ihr	drei Nüsse.
Sie	zeigt	der Kundschaft	den Weg.
Sie	gibt	dem Boden	den letzten Schliff.

Bei der Bildung von Passivsätzen mit dem Hilfsverb *bekommen* wird das Dativobjekt des Aktivsatzes zum Subjekt des Passivsatzes.

Subjekt	Prädikat	Dativobjekt	Akkusativobjekt
Sie	*verleiht*	*der Siegerin*	*die Urkunde.*

↓

Subjekt	Prädikatsteil	Akkusativobjekt	Prädikatsteil
Die Siegerin	*bekommt*	*die Urkunde*	*verliehen.*

Wie beim *werden*-Passiv erfolgt auch beim *bekommen*-Passiv eine Neuzuordnung der Verbindung von semantischen Rollen, syntaktischen Funktionen und formalen Realisierungen gegenüber dem entsprechenden Aktivsatz. Während beim *werden*-Passiv das Subjekt und das Akkusativobjekt des korrespondierenden Aktivsatzes von der Neuzuordnung betroffen sind, sind es beim *bekommen*-Passiv das Subjekt und das Dativobjekt des korrespondierenden Aktivsatzes. Das *bekommen*-Passiv tritt vorzugsweise in informeller Sprache auf.

! Sätze, die ein Akkusativobjekt und ein Dativobjekt aufweisen, bezeichnet man auch als **ditransitive** Sätze.

2.6.4 Das Genitivobjekt

Das Genitivobjekt ist ein historisches Überbleibsel. Es wird im heutigen Deutsch nur selten und nur mit wenigen Verben gebraucht (z. B. aus dem juristischen Kontext und bei Verben der Teilhabe).

31 Beispiele für Genitivobjekte

Subjekt	Prädikat	Reflexivpronomen oder Akkusativobjekt	**Genitivobjekt**
Sie	freuen	sich	des Lebens.
Sie	gedenkt		der Lehrerin.
Sie	bezichtigen	ihn	der Falschaussage.
Sie	beschuldigten	ihn	des Verrats.

Das Genitivobjekt wird oft durch andere Objektarten ersetzt, zum Beispiel durch ein Präpositionalobjekt (siehe hierzu Kap. 2. 6. 5):

32 Beispiele für die Ersetzung von Genitivobjekten durch Präpositionalobjekte

Subjekt	Prädikat	Reflexivpronomen oder Akkusativobjekt	Genitivobjekt	→	**Präpositionalobjekt**
Sie	freuen	sich	des Lebens.		***über*** das Leben
Sie	rühmen	sich	ihrer Streiche.		***wegen*** ihrer Streiche
Sie	würdigten	ihn	keines Blickes.		***mit*** keinem Blick

2.6.5 Das Präpositionalobjekt

Ein Präpositionalobjekt ist eine Präpositionalphrase, die die Funktion eines Objektes hat (also in der Verbvalenz verankert ist) und deren Präposition vom Verb bestimmt ist. Wie der Name schon sagt, ist das Vorhandensein einer (vom Verb festgelegten) Präposition das wesentliche Merkmal dieses Satzgliedtyps. Da die Präposition hier eine rein formale, grammatische Funktion hat und sozusagen die Kasusmarkierung des Objekts darstellt, ist sie semantisch entleert. Sie hat nicht ihre übliche Bedeutung und ist nicht durch eine andere Präposition ersetzbar.

33 Beispiele für feste, semantisch leere Präpositionen beim Präpositionalobjekt

Sie wartet **[auf] ihn.**
Sie denkt **[an] ihn.**
Sie fürchtet sich **[vor] ihm.** ⇏ *[neben] ihn / *[für] ihn
Er verhilft mir **[zu] etwas.** ⇏ *[zu] ihm / *[für] ihn
Er berichtet mir **[über] etwas.** ⇏ *[über] ihn / *[auf] ihn
Sie rechnet **[mit] seiner Hilfe.**
Sie hofft **[auf] ein Wunder.**

Wichtig ist Folgendes:

> i Es wäre falsch, in einem Satz wie *Ich warte auf den Einsatz* von einem Akkusativobjekt zu sprechen. Zwar steht die Nominalphrase *den Einsatz* im Akkusativ, doch ist dieser Akkusativ **nicht** vom Verb *warten* gefordert (und daher kein Akkusativobjekt), sondern von der Präposition *auf*, die wiederum vom Verb festgelegt ist. Deshalb handelt es sich im genannten Beispiel bei der Phrase *auf den Einsatz* um ein Präpositionalobjekt.

Die Frage nach dem Präpositionalobjekt wird, wie oben schon erläutert, mit der entsprechenden Präposition formuliert. Auch bei der Ersetzung durch eine Proform tritt die Präposition auf:

Ich warte auf die schriftliche Bestätigung.
Worauf warte ich?
Ich warte **darauf**. (Pronominaladverb)

Präpositionalobjekte stehen im Mittelfeld nach anderen Objekten direkt vor der rechten Satzklammer (siehe Kap. 3.2), wie im folgenden Beispiel das Präpositionalobjekt *zu einer verstärkten Wahrnehmung in der Öffentlichkeit:*

Der Verein <u>hat</u> in den letzten Jahren durch seinen Einsatz vielen Betroffenen **zu einer verstärkten Wahrnehmung in der Öffentlichkeit** <u>verholfen</u>.

> i Präpositionalobjekte haben die Form von Präpositionalphrasen und die Funktion von Objekten.
> Die Präposition ist vom Verb bestimmt und semantisch entleert.

2.7 Das Adverbial

Ein Adverbial ist ein Satzglied, das **nicht** eine direkte Mitspielerrolle der Szene bezeichnet und somit **nicht** die Funktion eines Subjekts oder Objekts einnehmen kann. Allerdings sind nicht alle Adverbiale fakultativ, denn bestimmte Verben fordern eine adverbiale Ergänzung (z. B. *Sie wohnt* ***in Berlin***). Adverbiale bezeichnen aber im Allgemeinen die genaueren Umstände der Szene und bilden somit einen großen Teil der Klasse der Angaben (siehe Kap. 2.4). Adverbiale geben Auskunft auf Fragen wie:

Wo? Wann? Weshalb? Wozu? Womit?

Die Gruppe der Adverbiale enthält sehr vielfältige und unterschiedliche Mitglieder. Für ihre Einteilung in Untergruppen werden alle verfügbaren Eigenschaften herangezogen.

! Adverbiale können nach ihrer **Form** und ihrer **Bedeutung** gegliedert werden. Darüber hinaus unterscheiden sie sich in ihrer Reichweite, ihrem **Skopus.**

Diese Punkte werden wir uns nun, beginnend mit der formalen Seite, ansehen.

Formale Gliederung

Wie andere Satzglieder auch können Adverbiale nach ihrer sprachlichen Erscheinungsform unterschieden werden. Hier können sehr verschiedene Strukturen auftreten, zum Beispiel Adverbien, Adjektive, verschiedene Phrasentypen, verschiedene Satztypen sowie Infinitiv- und Partizipialkonstruktionen.

34 Beispiele für formale Eigenschaften von Adverbialen

Subjekt	Prädikat	Akkusativobjekt	**Adverbial + formale Eigenschaft**
Sie	wohnt		hier/umsonst/irgendwo.
			Adverb
Sie	singt		schön.
			Adjektiv
Sie	singt		in der Badewanne.
			Präpositionalphrase
Er	joggt		jeden Morgen.
			Nominalphrase im Akkusativ
Er	erstarrte,		weil er Angst hatte.
			Nebensatz (kausal)

Subjekt	Prädikat	Akkusativobjekt	**Adverbial + formale Eigenschaft**
Er	unterbrach	die Suche,	als es dunkel wurde.
			Nebensatz (temporal)
Er	betrat	den Hörsaal	wild mit den Händen gestikulierend.
			Partizipialkonstruktion
Die Wissenschaft	erforscht	die Kernfusion,	um auch diese Alternative der Energiegewinnung nicht aus den Augen zu verlieren.
			satzwertige Infinitivkonstruktion

Semantische Gliederung

Adverbiale werden meist semantisch, d.h. nach dem Inhalt der genaueren Bestimmung, gegliedert. Gerade hier sind sehr unterschiedliche Gruppenbildungen anzutreffen. Die folgende Liste gibt die am häufigsten genannten Untergruppen wieder:

35 Beispiele für semantische Eigenschaften von Adverbialen

35-1 Temporaladverbiale

Subjekt	Prädikat	Objekt	**Adverbial**
Wir	verreisen		in zwei Wochen.
Ich	warte		seit einer Stunde.
Sie	joggt		jeden Tag.
Ich	vermisse	sie,	seit sie umgezogen ist.

35-2 Lokaladverbiale

Subjekt	Prädikat	Objekt	**Adverbial**
Wir	begegneten	uns	in der Oper.
Man	sieht	die Oper	von diesem Fenster aus.
Ich	erwarte	dich	da drüben.

35-3 Modaladverbiale

Subjekt	Prädikat	Objekt	**Adverbial**
Sie	schließt	das Fenster	schnell.
Sie	arbeitet		sorgfältig.
Er	isst	die Suppe	ohne Salz und Pfeffer.

35-4 Kausaladverbiale

Subjekt	Prädikat	Objekt	**Adverbial**
Er	verriet	das Geheimnis	aus Angst.
Er	verriet	das Geheimnis,	weil er Angst hatte.

35-5 Finaladverbiale

Subjekt	Prädikat	Objekt	**Adverbial**
Sie	gibt	Nachhilfe	zur Aufbesserung ihres Taschengeldes.
Sie	gibt	Nachhilfe,	um ihr Taschengeld aufzubessern.

35-6 Konzessivadverbiale

Subjekt	Prädikat	Objekt	**Adverbial**
Er	tat	es	trotz aller Warnungen.
Er	tat	es,	obwohl er gewarnt wurde.

35-7 Konditionaladverbiale

Subjekt	Prädikat	Objekt	**Adverbial**
Das Sportfest	entfällt		bei Regen.
Das Sportfest	entfällt,		wenn/falls es regnet.

35-8 Konsekutivadverbiale

Subjekt	Prädikat	Objekt	**Adverbial**
Sie	bestand	die Prüfung	zur Freude aller.

35-9 Instrumentaladverbiale

Subjekt	Prädikat	Objekt	**Adverbial**
Sie	bearbeitet	den Filz	mit einer harten Bürste.

Die folgende Zusammenstellung gibt eine kurze semantische Charakterisierung der genannten Adverbiale und eine Auswahl möglicher Fragewörter für jeden Typus.

> **!** **Temporaladverbiale** bestimmen das verbale Geschehen zeitlich.
> Wann? Wie lange? Seit wann? Usw.
> **Lokaladverbiale** geben dem verbalen Geschehen eine räumliche Situierung.
> Wo? Woher? Wohin? Usw.
> **Modaladverbiale** geben die Art und Weise des Geschehens an.
> Wie? Auf welche Weise? Usw.
> **Kausaladverbiale** benennen den Grund des Geschehens.
> Warum? Weshalb? Wieso? Usw.
> **Finaladverbiale** verweisen auf den Zweck des Geschehens.
> Wozu? Wofür? Zu welchem Zweck? Usw.
> **Konzessivadverbiale** führen einen »nicht hinreichenden Gegengrund« für das Geschehen an.
> Trotz welcher Tatsachen? Usw.
> **Konditionaladverbiale** nennen eine Bedingung für das Geschehen.
> Unter welcher Bedingung? Usw.
> **Konsekutivadverbiale** bezeichnen eine Folge (Konsequenz) des Geschehens.
> Mit welcher Folge? Usw.
> **Instrumentaladverbiale** geben ein »Werkzeug« im weitesten Sinne an.
> Womit? Usw.

Skopus

Eine sehr wichtige Unterscheidung betrifft die Reichweite der Adverbiale, ihren Skopus. Damit ist gemeint, dass Adverbiale sich auf unterschiedlich große Bereiche des Satzes beziehen und diese modifizieren. Betrachten Sie hierzu die folgenden Beispiele:

36 Beispiele für die unterschiedliche Reichweite von Adverbialen

36-1

Sie	packt	das Geschenk	schnell / in aller Heimlichkeit	in den Schrank.

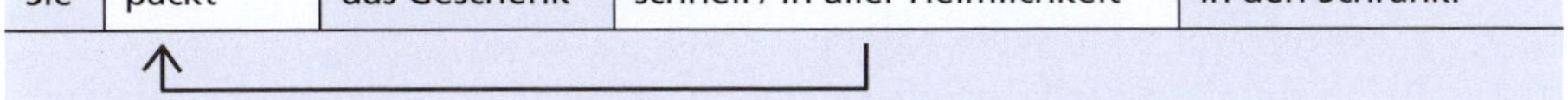

36-2

Weil sie ein Geschenk besorgen wollte,	fuhr	sie	in die Stadt.
Gestern	fuhr	sie	in die Stadt.

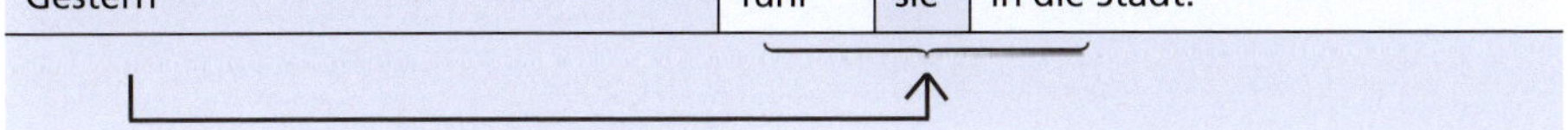

36-3

Er	ist	vielleicht	zu Hause.
Er	ist	vermutlich	zu Hause.

Sprechereinschätzung des Faktizitätsgrades der gesamten Aussage

36-4

Er	nimmt	erfreulicher- weise	an der Veranstaltung teil.

Emotionale Sprechereinschätzung

Adverbiale der Art und Weise, wie in 36-1, beziehen sich im Allgemeinen auf das Prädikat. Sie modifizieren das Geschehen bzw. den Zustand, der im Prädikat ausgedrückt ist. Ein **Temporaladverbial** oder **Kausaladverbial** bezieht sich andererseits meist auf die ganze im Satz dargestellte Szene. Es hat Satzskopus. Das zeigen das Temporaladverbial *gestern* und das nebensatzförmige Kausaladverbial *weil sie ein Geschenk besorgen wollte* in 36-2.

Außer den bisher genannten Adverbialen als Umstandsbestimmungen gibt es auch Adverbiale, die den ganzen Satz in seinen sprachlichen Kontext einordnen, seine Gültigkeit modifizieren oder seinen Inhalt kommentieren. Es handelt sich um Satzglieder, die nicht die äußeren Umstände des dargestellten Sachverhalts beschreiben, sondern die eine **Stellungnahme des Sprechers oder der Sprecherin** dazu wiedergeben. Entweder wird dabei der Geltungsgrad einer Aussage eingeschränkt, wie es durch *vielleicht* und *vermutlich* in 36-3 geschieht, oder es wird eine emotionale Einschätzung ausgedrückt wie in 36-4. In den in 36-3 und 36-4 illustrierten Fällen spricht man in Abhängigkeit von ihrer Realisierungsform oft von Satzadverbien in Form von Kommentaradverbien bzw. Modalwörtern.

2.8 Präpositionalobjekt versus Adverbial – (k)ein Problem

Wie erwähnt, sind Präpositionalobjekte in der Valenz verankerte Mitspielerrollen des Satzes. Ihre Präposition ist vom Verb vorgegeben und semantisch entleert. Sie kann nicht durch eine andere Präposition ersetzt werden (vgl. *denken an jemanden, warten auf jemanden* in 37-1). Im Gegensatz dazu ist bei Präpositionalphrasen in der Funktion von Adverbialen die Präposition unabhängig vom Verb. Sie wird aufgrund ihrer Bedeutung bzw. der Aussageabsicht gesetzt (vgl. zu 37-2 *warten* <u>*auf/unter/neben*</u> *der Brücke* etc). Adverbiale können im Gegensatz zu Präpositionalobjekten durch Adverbien ersetzt und durch entsprechende Frageadverbien erfragt werden.

37 Beispiele für Präpositionalobjekte

37-1

Subjekt	Prädikat	**Präpositionalobjekt**	
Sie	denkt	an den Rückweg.	/ **auf den Rückweg*
Woran denkt sie?		Daran.	
**Wohin denkt sie?*			**Dorthin.*

37-2

Subjekt	Prädikat	**Präpositionalobjekt**	
Sie	wartet	auf das Zeichen zum Aufbruch.	/ **an das Zeichen zum Aufbruch*
Worauf wartet sie?		Darauf.	
**Wohin wartet sie?*			**Dorthin.*

38 Beispiele für Adverbiale

38-1

Subjekt	Prädikat	**Adverbial**
Sie	geht	an den Rand.
Wohin geht sie?		Dorthin.
**Woran geht sie?*		**Daran.*

38-2

Subjekt	Prädikat	**Adverbial**
Sie	wartet	auf der Brücke.
Wo wartet sie?		Dort.
**Worauf wartet sie?*		**Darauf.*

> **!** Durch den Frage- und den Ersetzungstest kann man Präpositionalobjekte von adverbial gebrauchten Präpositionalphrasen unterscheiden. Präpositionalobjekte erfragt und ersetzt man durch Pronominaladverbien oder Präpositionalphrasen, die die geforderte Präposition enthalten. Adverbiale ersetzt und erfragt man mit einem ihrer Bedeutung entsprechenden Adverb oder Fragewort.

2.9 Das Prädikativ

Ein Prädikativ ist ein Satzglied, das sich ähnlich wie ein Verb verhält, indem es über eine Mitspielerrolle der Szene eine Aussage, eine Prädikation, macht, das jedoch kein Verb ist. Damit ein vollständiger Satz entsteht, benötigt das Prädikativ die Anwesenheit eines **Kopulaverbs,** das sozusagen diejenigen verbalen Aufgaben, die das Prädikativ nicht erfüllen kann (Kongruenz mit dem Subjekt, Tempusmarkierung usw.), übernimmt.

> **!** Als Kopulaverben werden z. B. die drei Verben *sein, werden* und *bleiben* verwendet. (Diese Verben haben darüber hinaus auch andere Funktionen als Voll- und Hilfsverben.)
> Als Prädikative findet man vor allem Nominalphrasen, Adjektive und Präpositionalphrasen.
> Die Verbindung aus Kopulaverb und Prädikativ ergibt gemeinsam eine Prädikation.

39 **Beispiele für typische Sätze mit Kopulaverb und Prädikativ**

Subjekt	Kopulaverb	**Prädikativ**
Sie	ist/wird/bleibt	Gruppenleiterin.
Sie	ist/wird/bleibt	klüger.
Sie	ist/bleibt	in einer herausgehobenen Position.

Jenseits der Kopulaverben gibt es einige wenige Verben, wie z. B. *nennen* oder *heißen,* die ein Prädikativ verlangen, das sich auf das Akkusativobjekt bezieht. Diese Satzglieder werden auch Objektsprädikative genannt.

40 Beispiele für Sätze mit einem Objektsprädikativ

Subjekt	Prädikat	Akkusativobjekt	**Objektsprädikativ**
Sie	nennt	ihn	das größte Schlitzohr nördlich der Alpen.
Sie	heißt	ihn	das größte Schlitzohr nördlich der Alpen.

2.10 Wie unterteilt man Satzglieder? – Binnengliederung, Attribute

Wie wir schon gesehen haben, können Satzglieder aus mehreren Teilen bestehen, sodass sich die Frage nach der Binnengliederung von Satzgliedern stellt. **Satzgliedteile,** also Wörter oder Wortgruppen, die von anderen Teilen in einem nicht verbalen Satzglied abhängen, nennt man **Attribute.** Während Satzglieder im Satz verschiebbar sind, lassen sich Attribute im Allgemeinen nur zusammen mit ihrem Bezugselement, ihrem **Kern,** umstellen. Attribute bestimmen ihren Kern semantisch näher und sind in der Regel fakultative Elemente des Satzgliedes. Sie können als zusätzliche Prädikationen zum jeweiligen Kern aufgefasst werden. Anders als die Prädikative sind sie jedoch keine selbstständigen Satzglieder. Als Beispiel soll die Analyse der Attributstruktur des Satzglieds *die Zugangsberechtigung zur Einsicht in geheime Unterlagen* dienen, das wir als Ganzes als Akkusativobjekt klassifiziert haben.

41 Analyse eines komplexen Satzglieds

	Satzglied(teil)
die Zugangsberechtigung zur Einsicht in geheime Unterlagen	komplexe Nominalphrase mit dem Kern *(die) Zugangsberechtigung*
zur Einsicht in geheime Unterlagen	komplexe Präpositionalphrase als Attribut zum Kern *Zugangsberechtigung*
in geheime Unterlagen	komplexe Präpositionalphrase als Attribut zum Kern *Einsicht*
geheime	Adjektivattribut zum Kern *Unterlagen*

Zur Orientierung kann man die Einbettung der attribuierenden Satzgliedteile wie folgt in Klammerschreibweise darstellen:

[die Zugangsberechtigung [zur Einsicht [in [geheime]$_{\text{Adj}}$ Unterlagen]$_{\text{PräpP}}$]$_{\text{PräpP}}$]$_{\text{NP}}$

Die hierarchische Struktur kann man auch wie folgt andeuten, wobei zu beachten ist, dass diese Darstellung (ebenso wie noch folgende Abbildungen ähnlicher Art) ausschließlich der visuellen Verdeutlichung der Abhängigkeitsverhältnisse dient:

Kopf-NP:	[die Zugangsberechtigung
Attributive PräpP1:	[zur Einsicht
Attributive PräpP2:	[in … Unterlagen]]]
Adjektivattribut:	[geheime]

Wie Satzglieder treten auch Attribute in den unterschiedlichsten Formen auf. Die häufigste Attributform ist das Adjektivattribut, das pränominal, d.h. vor seinem Kern, auftritt und mit diesem kongruiert. Adverbattribute, Genitivattribute und Präpositionalattribute treten in der Regel postnominal auf. Gelegentlich treten Genitivattribute und Präpositionalattribute auch pränominal auf. Ein pränominales Genitivattribut ist *Vaters* in *Vaters Hut;* ein pränominales Präpositionalattribut ist *von Sorgen* in *die von Sorgen freie Frau.*

Folgende Formklassen von Attributen können unterschieden werden:

42 Beispiele für Formklassen von Attributen

	Attributform
das **gelbe** Buch	Adjektivphrase
das Buch **dort**	Adverbphrase
das Buch **im Regal**	Präpositionalphrase
das Buch **der Stadt**	Nominalphrase im Genitiv
das **mit viel Lob bedachte** Buch	Partizipialkonstruktion
das Buch, **das gestern besprochen wurde**	Relativsatz
die Frage, **ob sie die Stadt verlassen hat**	Subjunktionalsatz
die Feststellung, **dass sie die Stadt verlassen hat**	
die Gelegenheit, **die Stadt zu verlassen**	satzwertige Infinitivkonstruktion

Wie diese Tabelle zeigt, ist die formale Vielfalt der Attribute sehr groß. Neben pränominalen Adjektiven *(das gelbe Buch)* sind postnominale Adverbien *(das Buch dort),* Nominalphrasen im Genitiv *(das Buch der Stadt)* und postnominale Präpositionalphrasen *(das Buch im Regal)* häufige Realisierungsformen von Attributen. Aber auch satzförmige Attribute, insbesondere Relativsätze *(das Buch, das gestern besprochen wurde),* sind in allen sprachlichen Kontexten anzutreffen. Pränominale Partizipialkonstruktionen *(das mit viel Lob bedachte Buch)* sind für die Rezipientinnen und Rezipienten schwieriger zu verstehen; sie gelten im Allgemeinen als Kennzeichen des schriftlichen Stils und sind weniger häufig als die anderen Attributformen. Häufig werden pränominale Partizipialkonstruktionen auch als Adjektivphrasen gewertet.

Gewisse Schwierigkeiten bereitet die Einordnung der Funktion zweier Wortarten, die nicht als Attribute auftreten, aber auch keine eigenständigen Satzglieder sind. Es handelt sich um **Artikelwörter** und **Partikeln.** Sie sollen abschließend kurz erwähnt werden.

Artikelwörter, also vor allem der bestimmte und der unbestimmte Artikel, werden nicht als Attribute betrachtet, da sie sich in wesentlichen Eigenschaften und Verhaltensweisen von Attributen unterscheiden. Im Gegensatz zu Attributen bringen Artikelwörter keine zusätzliche semantische Eigenschaft ihres Kerns zum Ausdruck, sondern sie markieren wichtige grammatische Kategorien (Definitheit/Indefinitheit, Genus des Substantivs, Kasus, Kongruenzkategorien) und sind obligatorischer Bestandteil einer Nominalphrase (siehe Kap. 1.3).

- Genusmarkierung durch den Artikel:
  das Messer (Neutrum) – **die** Gabel (Femininum) –
  der Löffel (Maskulinum)
- Ausdruck von Definitheit und Indefinitheit (die oft mit Eigenschaften wie Vorerwähntheit bzw. Neuigkeit korrelieren) durch den Artikel:
  Ein/der Mops kam in **eine/die** Küche.
- Eindeutige Kennzeichnung der Kasuszuweisung durch den Artikel:
  Der Mops ist hungrig. (Nominativ)
  Der Koch füttert **den Mops** mit Eiern. (Akkusativ)

Ein Attribut z.B. in Form eines Adjektivs kann fakultativ, d.h. je nach kommunikativer Absicht, gesetzt werden. Es wird dann zwischen das Artikelwort, das die äußerste linke Position einer Nominalphrase einnimmt, und den nominalen Kern (das Nomen oder Substantiv, das den Kern bildet) eingeschoben. Das Attribut führt im Gegensatz zum Artikel zu einer semantischen Modifikation und Anreicherung der Nominalphrase. Es bringt eine zusätzliche Eigenschaft zum Ausdruck:

die **silberne** Gabel
ein **hungriger** Mops

Diese semantische Anreicherung kann auch in der Form eines Satzes mit Kopulaverb und Prädikativ dargestellt werden:

die silberne Gabel → die Gabel ist silbern
ein hungriger Mops → ein Mops ist hungrig

Bei Artikelwörtern ist eine solche Umformung nicht möglich; sie bringen keine zusätzlichen Eigenschaften, sondern notwendige grammatische Kategorien zum Ausdruck:

> die silberne Gabel → *silberne Gabel ist die
> ein hungriger Mops → *hungriger Mops ist ein

Kurz: Artikelwörter sind grammatische Markierungen der Nominalphrase und keine Attribute.

Ähnliches gilt für **Grad-** und **Steigerungspartikeln** wie *sogar, auch, sehr* in den folgenden Sätzen:

> **Sogar** Sabine ist pünktlich gekommen.
> Sie trägt ihre Sonnenbrille **auch** in geschlossenen Räumen.
> Die Expedition war **sehr** erfolgreich.

Auch sie bringen keine zusätzliche semantische Eigenschaft zum Ausdruck; entsprechend sind sie nicht erfragbar *(Wie ist Sabine? – *Sogar)* und sind nicht in eine prädikative Konstruktion umformbar *(Sogar Sabine – *Sabine ist sogar).* Wie in 1.9 dargestellt, fokussieren die Partikeln ihren Kern (wie *sogar* im Falle von *sogar Sabine*) oder sie haben steigernde, intensivierende oder eine in anderer Weise bemessende (quantifizierende) Funktion *(sehr* in *sehr erfolgreich).* Grad- und Steigerungspartikeln können nur mit ihrem Kern verschoben werden.

Eine besondere Unterklasse der Partikeln, die Modal- oder Abtönungspartikeln (wie *ja* in *Sie ist ja pünktlich gekommen*), stehen selbstständig im Mittelfeld des Satzes; sie sind also nicht Bestandteil eines Satzgliedes und schon deshalb nicht mit Attributen zu verwechseln.

> *i* Artikelwörter sind keine Attribute.
> Partikeln sind keine Attribute.

2.11 Musteranalyse

Der folgende Satz entstammt einem Formular der Deutschen Rentenversicherung. Er ist in seiner Art typisch für viele amtliche Formulare und zeichnet sich durch besonders komplexe Attributstrukturen aus.

> Waren Sie unmittelbar vor der Geburt eines der in Ziffer 2 angegebenen Kinder oder während der angegebenen Erziehungszeiten in Deutschland von einem Arbeitgeber mit Sitz im Ausland in die Bundesrepublik Deutschland entsandt oder waren Sie im Rahmen Ihrer im Ausland ausgeübten selbständigen Erwerbstätigkeit für eine begrenzte Zeit in Deutschland tätig?
>
> **(Deutsche Rentenversicherung: Formular V0800-00 DRV Version 40019 – EGKK 2/2022, S. 7, Nr. 10.4 – Stand 17.05.2022)**

Die Musteranalyse hebt exemplarisch einige Besonderheiten heraus. Dabei werden einige Punkte zur Satzstruktur vorweggenommen, die in späteren Kapiteln genauer erläutert werden. Hier geht es vorwiegend um die Satzglieder und deren Binnengliederung. Aufgrund der Verbstellung (Verberstsatz, siehe hierzu Kap. 4. 1) ist auf den ersten Blick erkennbar, dass es sich um einen Fragesatz, genauer um eine Entscheidungsfrage, handelt, d. h. eine Frage, die mit *Ja* oder *Nein* zu beantworten ist. Auf den zweiten Blick wird deutlich, dass zwei solcher Fragen koordiniert sind, indem sie mit der Konjunktion *oder* verknüpft sind:

Die Grobstruktur des Satzes ist somit folgende:

Entscheidungsfrage 1 (= Satz 1):

> Waren Sie unmittelbar vor der Geburt eines der in Ziffer 2 angegebenen Kinder oder während der angegebenen Erziehungszeiten in Deutschland von einem Arbeitgeber mit Sitz im Ausland in die Bundesrepublik Deutschland entsandt

Satzverknüpfende Konjunktion:

> oder

Entscheidungsfrage 2 (= Satz 2):

> waren Sie im Rahmen Ihrer im Ausland ausgeübten selbständigen Erwerbstätigkeit für eine begrenzte Zeit in Deutschland tätig?

Beide Fragen sind parallel aufgebaut. Sie enthalten jeweils das finite Verb *waren* und als Subjekt jeweils das Personalpronomen *Sie*.

In **Satz 1** handelt es sich um einen Verbalkomplex, der dem Zustandspassiv zuzuordnen ist: *waren entsandt*. Dem Verbalkomplex *waren entsandt* kann neben dem Subjekt die Präpositionalphrase in der Funktion der Agensnennung *von einem Arbeitgeber mit Sitz im Ausland* als Mitspielerrolle zugeordnet werden. Bei der Umformung in einen Aktivsatz zeigt sich, dass diese dann zum Subjekt wird: *[Ein Arbeitgeber mit Sitz im Ausland] hat Sie entsandt.*

Weitere Satzglieder von Satz 1 (außer Subjekt und Prädikat) sind somit:

ein komplexes Temporaladverbial, aus zwei Präpositionalphrasen bestehend, nämlich:

> unmittelbar vor der Geburt eines der in Ziffer 2 angegebenen Kinder oder während der angegebenen Erziehungszeiten in Deutschland

eine Präpositionalphrase mit *von* zur Agensnennung:

> von einem Arbeitgeber mit Sitz im Ausland

und ein Lokaladverbial:

> in die Bundesrepublik Deutschland

Die Ermittlung dieser Grobstruktur erfolgt mithilfe der oben besprochenen Verschiebe- und Austauschproben. Dazu muss der Fragesatz in einen Aussagesatz umgeformt werden, sodass eine Satzgliedposition vor dem finiten Verb entsteht, in die potenzielle Satzglieder verschoben werden können. Also nicht *Waren Sie ...,* sondern *Sie waren ...*

Das Ergebnis der Satzgliedanalyse von Satz 1 ist in folgender Tabelle zusammengefasst:

43 Satzglieder von Satz 1 der Satzreihe

Subjekt	finites Verb	Temporaladverbial	Präpositionalobjekt mit *von* zur Agensnennung	Lokaladverbial	infiniter Teil des Prädikats
Sie	waren	unmittelbar vor der Geburt eines der in Ziffer 2 angegebenen Kinder oder während der angegebenen Erziehungszeiten in Deutschland	von einem Arbeitgeber mit Sitz im Ausland	in die Bundesrepublik Deutschland	entsandt.
Wer	war	wann	von wem	wohin	entsandt?

Bei **Satz 2** handelt es sich um eine Prädikativkonstruktion mit *waren* als Kopulaverb und dem Adjektiv *tätig* als Prädikativ. Das Prädikat von Satz 2 ist somit *waren tätig.* Das Subjekt ist, wie oben schon erwähnt, das Personalpronomen *Sie.*

Weitere Satzglieder von Satz 2 sind:

ein Modaladverbial in Form einer komplexen Präpositionalphrase:

> im Rahmen Ihrer im Ausland ausgeübten selbständigen Erwerbstätigkeit

ein Temporaladverbial in Form einer Präpositionalphrase:

für eine begrenzte Zeit

und ein Lokaladverbial ebenfalls in Form einer Präpositionalphrase:

in Deutschland

44 Satzglieder von Satz 2 der Satzreihe

Subjekt	finites Verb	Modaladverbial	Temporaladverbial	Lokaladverbial	Prädikativ
Sie	waren	im Rahmen Ihrer im Ausland ausgeübten selbständigen Erwerbstätigkeit	für eine begrenzte Zeit	in Deutschland	tätig.
Wer	war	wie	wie lange	wo	tätig?

Nun zur Binnenanalyse der Satzglieder:

Analyse der Präpositionalphrase mit *von* zur Agensnennung in Satz 1:

von einem Arbeitgeber mit Sitz im Ausland

Es handelt sich um eine komplexe Präpositionalphrase mit der Präposition *von* und dem lexikalischen Kern *Arbeitgeber*. Dieses Substantiv ist wiederum durch eine postnominale Präpositionalphrase *(mit Sitz im Ausland)* attribuiert. Dieses Attribut besteht aus der Präpositionalphrase *mit Sitz*, die den nominalen Kern enthält, und einer weiteren Präpositionalphrase *(im Ausland)*, die das Substantiv *Sitz* modifiziert.

Die hierarchische Struktur dieser Phrase kann wie folgt skizziert werden:

[von einem Arbeitgeber
                    [mit Sitz
                            [im Ausland]]]

Analyse des Temporaladverbials in Satz 1:

unmittelbar vor der Geburt eines der in Ziffer 2 angegebenen Kinder oder während der angegebenen Erziehungszeiten in Deutschland

Es handelt sich um zwei durch *oder* koordinierte Präpositionalphrasen, nämlich

1. unmittelbar vor der Geburt eines der in Ziffer 2 angegebenen Kinder

und

2. während der angegebenen Erziehungszeiten in Deutschland

Zu 1: Hier finden wir als Kern die Präpositionalphrase *vor der Geburt*, mit der Gradpartikel *unmittelbar* vor der Präposition. *Unmittelbar* ist in diesem Kontext eindeutig eine Partikel und kein Adjektiv, da es direkt vor der Präposition steht, nur mit der gesamten Präpositionalphrase verschiebbar und nicht flektierbar ist. *Unmittelbar* könnte durch *genau* oder *exakt* ersetzt werden und hat die Aufgabe, die durch die Präposition ausgedrückte temporale Relation genauer zu fokussieren (nicht *irgendwann vor der Geburt,* sondern *unmittelbar vor der Geburt*).

Die Präpositionalphrase enthält außerdem das postnominale Genitivattribut *eines der in Ziffer 2 angegebenen Kinder.* Die Phrase *eines der in Ziffer 2 angegebenen Kinder* ist eine komplexe Nominalphrase mit dem Indefinitpronomen *eines* in der Bedeutung von *irgendeines* als Kern und der komplexen Nominalphrase im Genitiv *(der in Ziffer 2 angegebenen Kinder)* als Attribut. Diese Nominalphrase besteht aus dem Kern *Kinder* und dem zugehörigen Artikel *der* sowie einem pränominalen Attribut, das wiederum aus dem adjektivisch verwendeten Partizip *angegebenen* und der Präpositionalphrase *in Ziffer 2* besteht. (Die Präpositionalphrase wird hier nicht weiter analysiert.)

Zur Übersicht seien wesentliche Aspekte der Struktur dieser sehr komplexen Phrase noch einmal wiedergegeben:

```
[[unmittelbar] vor der Geburt
                                   [eines
                                          [der                          Kinder]]]
                                              [[in Ziffer 2] angegebenen]
```

Zu 2: Bei *Während der angegebenen Erziehungszeiten in Deutschland* handelt es sich um eine Präpositionalphrase mit der Präposition *während* und der folgenden Nominalphrase mit dem Kern *Erziehungszeiten,* dem bestimmten Artikel *der* und dem pränominalen Attribut *angegebenen,* wodurch das pränominale Attribut zu *Kinder* noch einmal aufgegriffen wird. Der Kern der Nominalphrase der *angegebenen Erziehungsszeiten* wird im Anschluss durch eine weitere Präpositionalphrase (*in Deutschland*) attribuiert.

Analyse des Lokaladverbials in Satz 1:
in die Bundesrepublik Deutschland

Hier liegt eine Präpositionalphrase mit dem Kern *Bundesrepublik Deutschland* (der intern eine Appositionsstruktur aufweist, auf die hier jedoch nicht eingegangen wird) und der Präposition *in* vor.

Analyse des Modaladverbials in Satz 2:
im Rahmen Ihrer im Ausland ausgeübten selbständigen Erwerbstätigkeit

Es handelt sich um eine komplexe Präpositionalphrase, die durch die Präpositionalphrase *im Rahmen* eingeleitet wird. Diese Phrase ist als Wortgruppe verfestigt und wird wie eine einfache Präposition – hier vergleichbar mit *bei* – verwendet, weshalb man in solchen Fällen auch von sekundären Präpositionen spricht. Diese Präpositionalphrase *(im Rahmen)* regiert den Genitiv der Nominalphrase *Ihrer im Ausland ausgeübten selbständigen Erwerbstätigkeit*. Letztere enthält den Kern *Erwerbstätigkeit* mit dem Artikelwort (Possessivartikel) *Ihrer* und zwei pränominalen Attributen, nämlich der Partizipialkonstruktion *im Ausland ausgeübten* (attributiv verwendetes Partizip *ausgeübt* und modifizierende Präpositionalphrase *im Ausland*) und dem Adjektiv *selbständigen*.

Die Strukturskizze dieses Satzglieds hat folgende Gestalt:

[im Rahmen [Ihrer Erwerbstätigkeit]]
[[im Ausland] ausgeübten] [selbständigen]

Analyse des Temporaladverbials in Satz 2:
für eine begrenzte Zeit

Es handelt sich um eine Präpositionalphrase mit der Präposition *für*, dem Kern *Zeit* mit dem unbestimmten Artikel *eine* und dem pränominalen Partizipialattribut *begrenzte*.

Analyse des Lokaladverbials in Satz 2:
in Deutschland

Hier liegt eine einfache Präpositionalphrase mit der Präposition *in* und dem Eigennamen *Deutschland* vor.

2.12 Übungsaufgaben

Ü-1 Ermitteln und bestimmen Sie die Prädikate und die Subjekte der folgenden Sätze (Haupt- und Nebensätze)! Nennen und erläutern Sie die Testverfahren, die Sie hierbei anwenden!

1-1 Von der »Verantwortung für die Schönheit der Stadt« sprach der Berliner Stadtentwicklungssenator Peter Strieder bei der Eröffnung einer Ausstellung, in der die Zwischenbilanz einer einjährigen Arbeit mit dem »Planwerk Innenstadt« vorgestellt wurde.

1-2 Noch vor Jahren wäre das Wort von der Schönheit der Stadt ein Tabubruch und Nachweis höchster Inkompetenz gewesen.

1-3 Schließlich galt Stadtplanung als eine Art höherer Sozialpolitik, die die Einwohner-Bedürfnisse nach Verkehr, Sicherheit, Licht, Luft und Sonne funktional und DIN-Norm-gerecht umsetzen muss.

(aus: Klaus Hartung: Berliner Wende. In: Die Zeit, Nr. 7, 5. Februar 1998, S. 40).

Ü-2 Bestimmen Sie im folgenden Beispielsatz die syntaktische Funktion der aufgeführten Wortgruppen!

Der Zeitaufwand für das Erstellen einer wissenschaftlichen Arbeit kann unter Umständen in einem umgekehrten Verhältnis zu ihrem Nutzen stehen.

2-1 Der Zeitaufwand für das Erstellen einer wissenschaftlichen Arbeit
2-2 unter Umständen
2-3 in einem umgekehrten Verhältnis zu ihrem Nutzen
2-4 für das Erstellen einer wissenschaftlichen Arbeit
2-5 einer wissenschaftlichen Arbeit
2-6 zu ihrem Nutzen

Ü-3 Bestimmen Sie die sprachliche Form und die syntaktische Funktion der unterstrichenen Passagen!

3-1 Der Kriminalbeamte glaubt <u>nur die Hälfte</u>.
3-2 Sie glaubt nicht <u>an Ufos</u>.
3-3 Der Zeuge glaubt, <u>dass die Aufnahme echt ist</u>.
3-4 Sie glaubt <u>ihm</u> nicht mehr.
3-5 <u>Im Garten</u> stehen auch drei Nussbäume.
3-6 Auf der Bank <u>im Garten</u> sitzt man nicht gerade bequem.
3-7 Sonntags treffen wir uns zum Federballspielen <u>im Garten</u>.
3-8 Sie fing den Fisch mit <u>bloßen</u> Händen.
3-9 Sie will <u>bloß</u> spielen.
3-10 Was ist <u>bloß</u> mit dir los!
3-11 Nach drei Tagen vergeblichen Wartens liegen die Nerven <u>bloß</u>.

Ü-4 Welche strukturellen Ambiguitäten sind in folgenden Sätzen zu finden und wie kann man sie auflösen?

4-1 Sieh ihn dir ruhig an!
4-2 Die Gäste verließen uns gekränkt.
4-3 Das Töten der Wölfe war schrecklich.
4-4 Susi winkt der Frau mit dem Taschentuch.
4-5 Auf dem Teich schwammen schwarze Schwäne und Enten.

Ü-5 Wieso wirken die folgenden Sätze inakzeptabel?

5-1 Sie rechnet mit dem Taschenrechner und mit seiner Hilfe.
5-2 Er kam aus Liebe und Paris.

3 Stellung der Satzglieder im Satz

Immer schön der Reihe nach ...

Wörter und Satzglieder müssen in Sätzen in bestimmter Weise ›auf die Reihe gebracht‹ werden; für einige Elemente gibt es im Deutschen feste Stellungsregeln, für andere bestimmte Tendenzen. Man nennt diesen grammatischen Teilbereich auch Topologie.

3.1 Topologisches Grundschema

Im Deutschen geht man praktischerweise von einem Grundschema aus, das sich am besten an der häufigsten Satzart, dem Deklarativsatz (auch: Aussagesatz), zeigen lässt.

1 Topologisches Grundschema

Vorfeld	finites Verb	Mittelfeld	infinite Teile des Prädikats	Nachfeld
Der Student	hat	seiner Freundin rote Rosen	geschenkt,	weil sie Geburtstag hatte.
Am Abend	holte	er sie zum Essen	ab.	

Sie sehen, dass das Prädikat, wenn es mehrere Teile hat (das finite Verb und infinite Teile wie z. B. ein Partizip), in Distanzstellung steht: Es bildet eine Klammer. Durch diese sogenannte Satzklammer werden im einfachen Satz drei Stellungsfelder konstituiert: Vorfeld, Mittelfeld und Nachfeld. Wir besprechen im Folgenden diese einzelnen Bestandteile genauer.

3.2 Satzklammer

Die Satzklammer (manchmal auch Verbklammer oder Verbalklammer genannt) ist das typische und hervorstechende Merkmal der Wortstellung im Deutschen. Sie wird von den Prädikatsteilen gebildet: das finite Verb öffnet, die infiniten Teile des Prädikats schließen die Klammer. Man spricht hier von klammeröffnenden und klammerschließenden Elementen oder auch von linker und rechter Satzklammer. Die Satzklammer kann von verschiedenen Elementen gebildet werden, z. B.:

2 Verschiedene Satzklammern

Vorfeld	linke Satzklammer	Mittelfeld	rechte Satzklammer	Nachfeld	Klammertypen
Am Abend	holte	er sie zum Essen	ab,	um ihr Examen zu feiern.	**Partikelverb**
Er	wollte	sie in ein teures Restaurant	einladen.		**Modalverb + Infinitiv**
Sie	hatte	schon einen Tisch	reserviert.		**Tempusform**
Im Restaurant	wurden	sie vom Ober an ihren Tisch	geführt.		**Passivform**
Die Vorspeisen	waren	in der ganzen Stadt	berühmt.		**Prädikatsverband**
Den ganzen Abend	spielte	ein kleines Orchester Tango.			**(offene Satzklammer)**

Sie sehen, dass das finite Verb als linkes, klammeröffnendes Element ein Vollverb, ein Modalverb, ein Hilfsverb oder ein Kopulaverb sein kann; die klammerschließenden Elemente (rechte Satzklammer) sind z. B. Verbpartikeln (wie *ab, an, ein* ...), Infinitive, Partizipien oder auch Adjektive, Nomina oder Präpositionalphrasen (bei Prädikativen und Funktionsverbgefügen). Das letzte Beispiel oben zeigt eine sogenannte offene Satzklammer: Die Position der rechten Satzklammer ist nicht besetzt; das Prädikat besteht nur aus einem Element, nämlich dem finiten Verb. Die (virtuelle) Position der rechten Satzklammer kann man aber sichtbar machen, indem man zum Test eine mehrteilige Verbform bildet, etwa Perfekt oder Futur, z. B. *Den ganzen Abend* ***hat*** *ein kleines Orchester Tango* ***gespielt*** und nicht **Den ganzen Abend* ***hat gespielt*** *ein kleines Orchester Tango.*

! Bei einer offenen Satzklammer bildet man mit einem Umformtest eine mehrteilige Verbform und kann so die (virtuelle) Position der rechten Satzklammer sichtbar machen und damit die Grenze zwischen Mittelfeld und Nachfeld bestimmen.

Wenn ein Prädikat aus mehr als zwei Teilen besteht, finden sich alle weiteren Bestandteile in der Position des klammerschließenden Elements, bilden also gemeinsam die rechte Satzklammer.

3 Satzklammern mit zwei und mehr Teilen

Vorfeld	**linke Satzklammer**	**Mittelfeld**	**rechte Satzklammer**	**Nachfeld**
Er	brachte	Wein	mit.	
Er	wollte	Wein	mitbringen.	
Er	hatte	Wein	mitbringen wollen.	

Auch in Nebensätzen (siehe genauer Kap. 4.3.4) spricht man von einer Satzklammer. Sie wird dort etwa gebildet von der einleitenden Subjunktion und dem Prädikat – das in diesem Fall mit allen seinen Teilen am Ende des Satzes steht.

4 Satzklammern im Nebensatz

	Subjunktion etc.: klammeröffnend		**Prädikat: klammerschließend**
Ich habe ihn angerufen,	weil	ich ihn an unser Treffen	erinnern wollte.
Wir kommen mit dem Zug,	der	um 14.30 in Köln	abfährt.
Wir haben vereinbart,	wann	ich mich vorher noch einmal	melde.

! Die linke Satzklammer wird also in Hauptsätzen vom finiten Verb und in Nebensätzen von einer Subjunktion, einem Relativpronomen (bzw. -adverb) oder einem Interrogativpronomen (bzw. -adverb) gebildet.

3.3 Satzarten und Stellung des finiten Verbs

Die Stellung des finiten Verbs im Satz gibt die wichtigste Information über die Art von Sätzen. Einige Beispiele für verschiedene Satzarten (siehe genauer Kap. 4.2):

5 Satzarten und Stellung des finiten Verbs

Vorfeld	linke Satzklammer: finites Verb	Mittelfeld	rechte Satzklammer	Nachfeld	Satzart
Meine Freundin	**ist**	gestern nach Paris	gefahren.		**Deklarativsatz**
Gestern	**reiste**	sie	ab	in die Ferien.	**Deklarativsatz**
	Ist	sie mit dem Zug	gefahren?		**Entscheidungsfrage**
Mit wem	**fährt**	sie?			**Ergänzungsfrage**
	Fahr	ihr doch einfach	nach!		**Imperativsatz**
	Wird	die dann Augen	machen!		**Exklamativsatz**
	Hätte	ich doch bloß	mitfahren können!		**Optativsatz**

i Es ist gleichgültig, ob das finite Verb ein Hilfsverb, Modalverb oder Vollverb darstellt. Was einzig und allein zählt, ist das Vorhandensein eines flektierten Verbbestandteils und dessen Stellung im Satz.

3.4 Vorfeld

Das Vorfeld ist die Position vor dem finiten Verb eines Satzes, also vor der linken Satzklammer. Für die Besetzung des Vorfelds gelten im Deutschen relativ feste Regeln – je nach Satzart (siehe oben) muss es besetzt sein oder nicht. Wenn es besetzt sein muss, etwa im Deklarativsatz, dann darf genau ein Satzglied im Vorfeld stehen. Wie dieses formal aussieht und welche syntaktische Funktion es hat, ist wiederum im Deutschen relativ offen.

Einige Beispiele:

6 Vorfeldbesetzungen

Vorfeld			linke Satzklammer	Mittelfeld	rechte Satzklammer
formale Kategorie	syntaktische Funktion				
Eigenname	Subjekt	Eva	gewinnt	den Pokal.	
Personalpronomen	Subjekt	Sie	hat	einmal einen Pokal	gewonnen.
Nominalphrase	Subjekt	Meine beste Freundin	gewinnt	den Pokal.	
Nominalphrase	Objekt	Den Pokal	hat	wie immer Eva	gewonnen.
Adverb	(Temporal-) Adverbial	Gestern	hat	Eva den Pokal	gewonnen.
Präpositionalphrase	(Lokal-) Adverbial	In Düsseldorf	hat	Eva einmal einen Pokal	gewonnen.
subjunktionaler Nebensatz	(Kausal-) Adverbial	Weil sie viel wagt,	gewinnt	sie immer wieder.	
satzwertige Infinitivkonstruktion	(Final-) Adverbial	Um zu gewinnen,	wagt	sie viel.	

Die Übersicht zeigt, dass die Position vor dem finiten Verb, also das Vorfeld, mit ganz unterschiedlichen sprachlichen Elementen gefüllt sein kann: Formal kann es sich um ein Wort, eine Phrase oder auch um Nebensätze handeln – aber alle diese Formen stellen genau ein Satzglied dar.

Was die syntaktische Funktion betrifft, so handelt es sich zwar häufig um das Subjekt, aber dies ist im Deutschen, das im Unterschied etwa zum Englischen eine relativ freie Wortstellung hat, keineswegs die Regel. Wie die Beispiele oben zeigen, steht auch oft ein Adverbial im Vorfeld. Darüber hinaus finden sich gelegentlich auch Objekte im Vorfeld.

Wenn das Subjekt nicht im Vorfeld steht, sondern dem Prädikat im Mittelfeld folgt, spricht man auch von **Inversion.**

> **!** Mit der sogenannten Verbzweitstellung (V2) im Deutschen meint man die zweite »strukturelle« Position: Das finite Verb steht nach dem ersten Satzglied.
> Man meint nicht das zweite Wort!

3.5 Mittelfeld

Das Mittelfeld bezeichnet die Position zwischen den beiden Teilen der Satzklammer. Die Besetzung des Mittelfeldes ist relativ frei, die Anzahl der Satzglieder im Mittelfeld hängt von den kommunikativen Erfordernissen und von der Verständlichkeit ab. So finden sich z. B. Nebensätze aus Gründen der Verständlichkeit kaum im Mittelfeld. Einige Beispiele:

7 Mittelfeldbesetzungen

Vorfeld	linke Satzklammer	Mittelfeld	rechte Satzklammer	Nachfeld
Sie	hat	ihm den ganzen Abend aus ihrer bewegten Jugend, die sie in aller Herren Länder verbracht hat,	erzählt.	
Er	hat	diesen Geschichten aufmerksam	zugehört.	
Die	konnte		erzählen!	

Bei einer offenen Satzklammer endet das Mittelfeld vor der Stelle, an der eine rechte Satzklammer stehen würde. Dies kann man, wie bereits in Kap. 3.2 ausgeführt, durch den Umformtest herausfinden, bei dem man das Verb mehrteilig macht (z. B. durch Bilden einer Perfektform):

> Sie **erzählt** ihm den ganzen Abend von ihrer Arbeit, um sich Luft zu machen.

Umformtest (etwa mit Perfektform):

> Sie **(hat)** ihm den ganzen Abend von ihrer Arbeit **(erzählt),** um sich Luft zu machen.

Durch den Umformtest ergibt sich die Position der rechten Satzklammer, und damit kann man das Ende des Mittelfelds bestimmen: Es endet bei »Arbeit«. Die Abfolge der Satzglieder im Mittelfeld erfolgt nach verschiedenen Tendenzen, deren Zusammenwirken relativ komplex ist. Einige Hinweise:

8 Abfolge der Satzglieder im Mittelfeld

		Mittelfeld	
Pronomen vor Nominalphrasen	Er hat	ihr die Rose	gegeben.
		sie der Frau	
Bekanntes vor Neuem	Er hat	der Frau eine Rose	gegeben.
		die Rose einer Frau	
Nominalphrasen vor Präpositionalphrasen, kurze Satzglieder vor längeren	Er bat	die Frau um eine Antwort.	
	Sie gingen	dann schnell zum Standesamt.	

3.6 Nachfeld

Das Nachfeld ist die Stelle nach der rechten Satzklammer, also nach den infiniten Teilen des Prädikats. Dies ist insbesondere der Platz für umfangreiche Satzglieder, vor allem Nebensätze, aber auch für präzisierende Zusatzinformationen. Oft ist das Nachfeld auch unbesetzt.

9 Nachfeldbesetzungen

	linke SK	Mittelfeld	rechte SK	Nachfeld	
Er	hat	sie schließlich	gefragt,	weil er nicht mehr warten wollte.	**Nebensatz**
Er	wollte	von ihr	wissen,	wie sie sich entscheiden würde.	**Nebensatz**
Er	hat	ihr die Rosen	gegeben,	fünfzig rote Rosen.	**Präzisierung**
Er	wollte	sie	ansprechen,	seine Traumfrau.	**Präzisierung**

! Wenn Satzglieder, die normalerweise im Mittelfeld stehen (etwa Objekte oder Adverbiale), in das Nachfeld gestellt werden, spricht man von **Ausklammerung,** z. B.: *Ich habe ihn eingeladen **zu uns**.*

3.7 Informationsgliederung durch die Stellung

Im Vorangegangenen haben wir formale Kriterien beschrieben, die die Stellung im Satz im Sinne einer Grundreihenfolge regeln. Aus pragmatischen oder kontextuellen Gründen kann diese aber auch variiert werden: Ein wichtiges Kriterium, das für die Abfolge von Elementen im Satz, besonders für die konkrete Besetzung der einzelnen Stellungsfelder, bestimmend ist, ist die Informationsverteilung. Hier muss man unterscheiden zwischen alter, bekannter Information und neuer Information; man nennt dies Thema und Rhema.

Grundsätzlich gilt:

i Die Informationsstruktur des Satzes ist so aufgebaut, dass in der Regel das **Thema,** d. h. die alte, bekannte Information, am Satzanfang steht und das **Rhema,** d. h. die neue Information, zum Satzende hin. Auch aus diesem Grund steht in der Grundreihenfolge häufig das Subjekt, das meist das Thema bildet, am Satzanfang.

Um Informationen besonders hervorzuheben, kann man sie entweder betonen oder in eine andere als die Normalstellung bringen, z. B.:

10 Möglichkeiten der Hervorhebung durch Umstellung

hervorgehobene Information	
Objekt	10-1 **Den Pokal** hat wie immer Eva gewonnen.
Subjekt	10-2 Es hat wie immer den Pokal **die schnellste Frau** gewonnen.
Prädikatsteil	10-3 **Gewonnen** hat wie immer die schnellste Frau.

Im Beispielsatz **10-1** ist das Vorfeld mit dem Akkusativobjekt eher ungewöhnlich besetzt, dieses wird damit also durch seine Stellung hervorgehoben, genauso wie in **10-3** der infinite Teil des Prädikats (zusammen mit dem Hilfsverb). In **10-2** soll das Subjekt hervorgehoben werden; das erreicht man am besten, indem man es in eine – für das Subjekt – ungewöhnliche Position ins Mittelfeld rückt. Das Vorfeld ist hier mit dem unauffälligen, thematischen Vorfeld-*es* besetzt.

3.8 Analyse eines Textbeispiels

11 Analysebeispiel

11-1 Wer die späten Wochen des Herbstes abwartet und an typischen Novembertagen, wenn die schwächelnde Sonne noch einmal den hartnäckigen Nebel verdrängt, loszieht in die Natur, wird reichlich belohnt. 11-2 In einer Welt der Wunder findet sich der

Wanderer dann wieder: 11-3 Der Wald hat Feuer gefangen. 11-4 Das vertrocknende Laub der Buchen brennt in dunklem Rot, das der Ahornbäume in hellem Gelb. 11-5 Dazwischen leuchten andere Blätter in allen Brauntönen, durchsetzt von den schwarzgrünen Flecken der Fichten und anderer Nadelbäume. 11-6 Verstärkt wird der Herbstzauber noch durch Millionen von Tautröpfchen, die wie blitzende Diamanten das Laub besetzen und sich erst in der Mittagssonne in Luft auflösen.

(aus: Matthias Busch: Die schönsten Spritztouren, München, 2004, S. 52)

Wir wollen die einzelnen Sätze dieses Textes der Reihe nach hinsichtlich ihrer Stellung analysieren und auffällige Erscheinungen kommentieren. Alle Sätze dieses Textes sind Deklarativsätze und weisen das finite Verb an der zweiten Position auf. Nun zum ersten Satz:

Vorfeld	linke SK	Mittelfeld	rechte SK	Nachfeld
11-1 Wer die späten Wochen des Herbstes abwartet und an typischen Novembertagen, wenn die schwächelnde Sonne noch einmal den hartnäckigen Nebel verdrängt, loszieht in die Natur,	wird	reichlich	belohnt.	

Es ist unschwer zu sehen, dass in **11-1** eine außergewöhnlich komplexe Besetzung des Vorfelds vorliegt; die Satzklammer wird von einem mehrteiligen Prädikat, einer Passivform, gebildet. Das Mittelfeld ist nur mit einem Adjektiv in der Funktion eines Modaladverbials besetzt. Im Vorfeld findet sich ein sogenannter freier Relativsatz *wer ... loszieht in die Natur,* in den ein Temporalsatz eingebettet ist. Alles zusammen bildet ein Satzglied – nämlich das Subjekt. Von der Stellung her bilden – auf einer hierarchisch untergeordneten Ebene der Analyse – auch Nebensätze Satzklammern mit Stellungsfeldern. Mehr zur Analyse komplexer Sätze erfahren Sie in Kap. 4.

Vorfeld	linke SK	Mittelfeld	rechte SK	Nachfeld
11-2 In einer Welt der Wunder	findet	sich der Wanderer dann	wieder:	

Satz **11-2** enthält mit *wiederfinden* ein trennbares Partikelverb, das hier die Satzklammer bildet. Im Vorfeld steht eine Präpositionalphrase in der Funktion eines Lokaladverbials; dies stellt neben der Besetzung mit dem Subjekt ebenfalls eine übliche Vorfeldbesetzung dar. Hier handelt es sich um neue Information, die – auch durch diese Stellung – hervorgehoben wird. Das Mittelfeld enthält nun das Reflexivpronomen *sich,* das Subjekt in Form einer Nominalphrase und ein Adverb als Temporaladverbial; damit zeigt die Besetzung des Mittelfelds hier die üblichen Abfolgeregeln: Pronomen ganz am Anfang des Mittelfelds, ebenso das Subjekt; Adverbiale folgen ihnen.

Vorfeld	linke SK	Mittelfeld	rechte SK	Nachfeld
11-3 Der Wald	hat	Feuer	gefangen.	

Mit **11-3** liegt ein einfacher Deklarativsatz vor: Die Satzklammer wird gebildet von einer analytischen Tempusform, das Vorfeld ist mit einer einfachen Nominalphrase in der Funktion des Subjekts besetzt, ein Akkusativobjekt steht im Mittelfeld, das aber recht untypisch ist, weil es formal und semantisch nicht variabel ist (z. B.: *der Wald hat *ein Feuer / *großes Feuer gefangen*). Man könnte diesen Satz auch anders analysieren:

Vorfeld	linke SK	Mittelfeld	rechte SK	Nachfeld
11-3a Der Wald	hat		Feuer gefangen.	

In der alternativen Analyse **11-3a** wird *Feuer fangen* als eine feste idiomatische Verbverbindung angesehen; dies hat zur Folge, dass *Feuer* zur rechten Satzklammer gehört.

Vorfeld	linke SK	Mittelfeld	rechte SK	Nachfeld
11-4 Das vertrocknende Laub der Buchen	brennt	in dunklem Rot,		
das der Ahornbäume		in hellem Gelb.		

Satz **11-4** ist wiederum komplexer. Wir gehen – das zeigt die vorgeschlagene Analyse – davon aus, dass es sich um zwei asyndetisch, also ohne Konjunktion, gereihte Deklarativsätze handelt, bei denen im zweiten Satz das finite Verb ausgelassen ist – aber problemlos ergänzt werden könnte *(das der Ahornbäume [brennt] in hellem Gelb).* In beiden Sätzen finden wir das Subjekt (komplexe Nominalphrase mit Genitivattribut) im Vorfeld. Die Präpositionalphrasen (in der Funktion von Modaladverbialen) stehen im Mittelfeld. Es handelt sich um eine offene Satzklammer; ein Umformtest ergibt, dass eine rechte Satzklammer gegebenenfalls nach den beiden Präpositionalphrasen stehen würde (z. B.: *Das vertrocknende Laub der Buchen* ***wird*** *in dunklem Rot* ***brennen***).

Vorfeld	linke SK	Mittelfeld	rechte SK	Nachfeld
11-5 Dazwischen	leuchten	andere Blätter in allen Brauntönen,		durchsetzt von den schwarz-grünen Flecken der Fichten und anderer Nadelbäume.

Auch Satz **11-5** weist eine offene Satzklammer auf; mit einem Umformtest kann man die Satzklammer zweiteilig machen, z. B.: *Dazwischen **haben** andere Blätter in allen Brauntönen **geleuchtet**, durchsetzt von den … Nadelbäume.* Durch diesen Test wird die mögliche Position einer rechten Satzklammer nach der Präpositionalphrase und vor der erweiterten Partizipialkonstruktion wahrscheinlich. Das Vorfeld ist hier wiederum von einem Adverb (als Lokaladverbial) besetzt, das Subjekt steht ganz am Anfang des Mittelfelds, gefolgt von einer Präpositionalphrase in der Funktion eines Modaladverbials.

Vorfeld	linke SK	Mittelfeld	rechte SK	Nachfeld
11-6 Verstärkt	wird	der Herbstzauber noch durch Millionen von Tautröpfchen,		die wie blitzende Diamanten das Laub besetzen und sich erst in der Mittagssonne in Luft auflösen.

Der letzte Satz **11-6** zeigt eine sehr interessante Stellungsvariante: Das Prädikat ist zweiteilig, eine Passivkonstruktion; allerdings nimmt der zweite Teil, das Partizip *verstärkt,* nicht wie üblich die Position der rechten Satzklammer ein – diese bleibt leer –, sondern besetzt das Vorfeld. Dies ist eine sehr ungewöhnliche Stellung, die – eben weil sie so selten vorkommt – ausgezeichnet dazu dient, den infiniten Verbteil zu fokussieren und hervorzuheben. Im Mittelfeld finden wir unter anderem das Subjekt; die Position des koordinierten und deshalb besonders komplexen Relativsatzes (Mittelfeld oder Nachfeld?) kann man wiederum durch einen Umformtest bestimmen; hier muss man allerdings eine Besetzung für das Vorfeld konstruieren, um den zweiten Prädikatsteil aus dem Vorfeld an seine übliche Stelle zu setzen, also etwa: *Es/Dann wird der Herbstzauber noch durch Millionen von Tautröpfchen verstärkt, die …* Dieser Test zeigt, dass die Position des Relativsatzes im Nachfeld die wahrscheinlichere ist.

3.9 Übungsaufgaben

12 Analysebeispiel

12-1 Nur einige hundert Meter die Alpenstraße weiter südlich, kurz hinter dem historischen Gasthaus Mauthäusl, zweigt links bei einer Brücke der schöne Weg zur Höllenbachalm ab. 12-2 In angenehmen 40 bis 50 Minuten ist die von Mitte Mai an geöffnete Alm in mäßiger Steigung zu erreichen. 12-3 Wieder zurück am Mauthäusl lohnt sich eine Einkehr zur Stärkung und weiteren Erkenntnis. 12-4 Schließlich haben dort die Salzfahrer und Holzfuhrleute schon seit 1650 Quartier bezogen, als sich das stattliche Haus zu einem Knotenpunkt des Verkehrs an der »Salzstraße« entwickelte. 12-5 Am gleichen Platz steht heute ein moderner Gasthof, dessen Spezialität ein Schmankerlpfandl nach Art der Salzfahrer mit (...) Fleisch vom Schwein und Rind oder auch vom Geflügel und Fisch ist. 12-6 Täglich wird eine andere Variante serviert. 12-7 Direkt am Gasthof befindet sich auch einer der Einstiege in die wildromantische Weißbachschlucht. 12-8 Insgesamt ist eine Strecke von rund fünf Kilometern begehbar, für die man etwa eineinhalb Stunden Zeit braucht. 12-9 Hoch in den Himmel ragen die schattigen, auch im Hochsommer nass triefenden Wände. 12-10 Holztreppen und Steige führen sicher an den Felsstürzen und wuchtigen Abwaschungen des Gesteins entlang.

(aus: Matthias Busch: Die schönsten Spritztouren. München 2004, S. 62 f.)

Ü-1a Bestimmen Sie im Analysebeispiel **12** die Stellung (Satzklammer und Stellungsfelder) für alle Hauptsätze!

Ü-1b Zeigen und begründen Sie für die Sätze **12-3**, **12-5**, **12-7** und **12-9**, wo die Grenze zwischen Mittelfeld und Nachfeld anzusetzen ist!

Ü-1c Betrachten Sie die Besetzungen der jeweiligen Vorfelder genauer: Versuchen Sie zu begründen, warum andere Satzglieder als das Subjekt im Vorfeld stehen (besonders bei **12-3**, **12-5**, **12-6** und **12-7**)!

Ü-1d Betrachten Sie die Position der Subjekte: Welche Effekte (z. B. im Hinblick auf die Informationsgliederung) werden durch die gewählte Position erzielt (etwa in **12-1**, **12-5**, **12-7**, **12-9**)?

4 Satz

Das Bekannte überhaupt ist darum,
weil es bekannt ist, nicht erkannt.
Hegel

4.1 Was ist ein Satz?

Um einen einheitlichen Satzbegriff hat sich die Sprachwissenschaft bislang vergeblich bemüht. Es gibt ihn nicht.

Dennoch haben wir eine klare Vorstellung von dem, was ein Satz ist:

Sätze weisen im Normalfall mindestens ein Subjekt und ein Prädikat, d. h. ein finites Verb, auf. Wichtiger als das Subjekt scheint das Prädikat zu sein. Denn es gibt Sätze ohne Subjekt, aber mit einem finiten Verb als Prädikat, wie z. B. die Imperativsätze: *Geh! Geht!*

! Eine Konstruktion ist dann ein Satz, wenn sie mindestens **ein finites Verb** hat.

Es gibt eine unendliche Anzahl von Sätzen. Sie sind aber mit endlichen Mitteln produziert. Die Mittel, die Bausteine und Regeln für die Satzproduktion, sind begrenzt und können daher gut beschrieben werden.

Im Folgenden interessieren uns zwei zentrale Punkte der **Satzanalyse:**

- der kommunikative Aspekt von Sätzen, die Satzarten (Kap. 4.2), und
- der strukturell-funktionale Aspekt von Sätzen: Hier gehen wir der Frage nach, welche formalen, semantischen und funktionalen Unterschiede zwischen Sätzen bestehen (Kap. 4.3).

Schließlich soll anhand eines Beispiels ein komplexer Satz des Deutschen analysiert werden (Kap. 4.4).

4.2 Satzarten

Je nach Sprechabsicht und Satzform können bestimmte Satzarten unterschieden werden. Wir gehen von fünf Satzarten aus, und zwar dem

- Deklarativsatz (Aussagesatz, Assertionssatz, Konstativsatz)
- Interrogativsatz (Fragesatz)
  - mit Entscheidungsfrage (*Ja/Nein*-Frage, Satzfrage)
  - mit Ergänzungsfrage (*w*-Frage, Satzgliedfrage)
- Imperativsatz (Aufforderungssatz)
- Exklamativsatz (Ausrufesatz)
- Optativsatz (Desiderativsatz, Wunschsatz)

Es gelingt uns sehr oft, aufgrund unseres intuitiven Sprachwissens die Satzart eines Satzes zu bestimmen, und wir alle kennen den Unterschied zwischen einem Fragesatz und einem Aussagesatz.

Hier sollen Sätze aufgrund bestimmter formaler Kriterien bestimmten Satzarten zugeordnet werden. Als entscheidende Kriterien gelten:

- die Verbstellung, d.h. die Position des finiten Verbs im Satz
- die Intonation in der gesprochenen Sprache
- das Satzzeichen in der geschriebenen Sprache
- der Modus des finiten Verbs
- das Vorhandensein von Interrogativpronomina oder -adverbien
- das Vorhandensein spezifischer Modalpartikeln

Der **Position des finiten Verbs** kommt bei der Bestimmung der Satzarten eine wichtige Rolle zu. Wir unterscheiden:

- V2 = Verbzweitstellung (»Kernsatz«)
- V1 = Verberststellung (»Stirnsatz«)
- VL = Verbletztstellung (»Spannsatz«)

Die einzelnen Verbstellungstypen werden in jeweils einer Übersicht entsprechend ihrem Auftreten den fünf **Satzarten** zugeordnet und anhand von Beispielen erläutert:

1 Satzarten mit V2-Stellung

Stellung des finiten Verbs im Satz	In welcher Satzart kommt sie vor?	Beispiele
Verbzweitstellung (= V2) d. h., das finite Verb steht an zweiter Stelle hinter einem Satzglied, das im Vorfeld steht	Deklarativsatz	Sie reist gern. Gestern ist sie abgereist.
	Interrogativsatz	Ergänzungsfrage: Wann reist sie ab? Mit wem verreist sie?
	Exklamativsatz	Die ist aber frech!

Nur der **Deklarativsatz** wird nahezu ausnahmslos durch V2-Stellung gekennzeichnet. Bei **Interrogativ**- und **Exklamativsätzen** finden sich neben der V2-Stellung auch V1- und VL-Stellung, wie Sie den nachfolgenden Übersichten entnehmen können. Manchmal werden auch Imperativsätze wie *Du (,) mach das endlich!* als Sätze mit V2-Stellung charakterisiert, was allerdings umstritten ist.

Vielleicht haben Sie unter den Interrogativsätzen auch Sätze wie *Sie reist heute ab?* vermisst?
Sie sind der Form nach Deklarativsätze und werden deshalb auch als solche betrachtet. Im alltäglichen Sprachgebrauch können Sie aber grundsätzlich alle Deklarativsätze in der Funktion von Entscheidungsfragen verwenden, nämlich dann, wenn Sie Intonation und Satzzeichen von Interrogativsätzen auf diese übertragen.

2 Satzarten mit V1-Stellung

Stellung des finiten Verbs im Satz	In welcher Satzart kommt sie vor?	Beispiele
Verberststellung (= V1)	Imperativsatz	Geh jetzt!
	Interrogativsatz	Entscheidungsfrage: Haben Sie verstanden?
	Exklamativsatz	Ist die aber frech!
	Optativsatz	Wäre es doch schon so weit!

Nur der **Imperativsatz** wird immer durch V1-Stellung gekennzeichnet. **Interrogativ**- und **Exklamativsätze** sind hingegen bei allen drei Verbstellungstypen vertreten, und **Optativsätze** haben neben der V1-Stellung auch VL-Stellung, siehe hierzu die Beispiele in (3):

3 Satzarten mit VL-Stellung

Stellung des finiten Verbs im Satz	In welcher Satzart kommt sie vor?	Beispiele
Verbletztstellung (= VL)	Optativsatz	Wenn es doch schon so weit wäre!
	Exklamativsatz	Dass du so leichtgläubig bist! Wie laut das wieder ist!
	Interrogativsatz	Entscheidungsfrage: Ob sie heute wohl abreist?
		Ergänzungsfrage: Wann sie wohl ankommt?

Optativ-, Exklamativ- und Interrogativsätze mit Verbletztstellung haben entweder eine einleitende unterordnende Konjunktion, d. h. eine Subjunktion, oder ein *w*-Fragewort.

Wie Sie bereits gesehen haben, spielt bei der Bestimmung der Satzart die Stellung des finiten Verbs im Satz eine entscheidende Rolle. Sie ist aber nicht allein ausschlaggebend, da jede der drei Positionen des finiten Verbs einer Reihe von Satzarten zugewiesen werden kann.

Damit Sie die **Satzart** bestimmen können, beachten Sie die folgenden Regeln:

!

- Suchen Sie das finite Verb des Satzes!
- Betrachten Sie die Stellung des finiten Verbs im Satz!
- Beachten Sie das Satzzeichen (Punkt, Frage- oder Ausrufezeichen am Schluss)!

Ergänzend können noch weitere Regeln aufgestellt werden:

- Imperativsätze sind morphologisch immer durch eine finite Verbform im Imperativ markiert.
- In Optativsätzen steht das finite Verb immer im Konjunktiv.
- Ergänzungsfragen haben stets *w*-Elemente (Interrogativpronomina oder -adverbien).
- Optativ- und Exklamativsätze weisen in der Regel bestimmte Modalpartikeln wie *aber, doch, ja* u. a. auf.

4.3 Der komplexe Satz

Bisher standen **einfache Sätze,** die nur **ein finites Verb** haben, im Mittelpunkt.

Normalerweise sind aber Sätze wesentlich umfangreicher und weisen in den meisten Fällen ein Geflecht von Nebenordnungen und Unterordnungen auf.

Betrachten Sie hierzu den Textanfang des Romans »Das Parfum«:

4 Beispiel zur Satzkomplexität

4-1 Im achtzehnten Jahrhundert lebte in Frankreich ein Mann, der zu den genialsten und abscheulichsten Gestalten dieser an genialen und abscheulichen Gestalten nicht armen Epoche gehörte. 4-2 Seine Geschichte soll hier erzählt werden. 4-3 Er hieß Jean Baptiste Grenouille, und wenn sein Name im Gegensatz zu den Namen anderer genialer Scheusale, wie etwa de Sades, Saint Justs, Fouchés, Bonapartes usw., heute in Vergessenheit geraten ist, so sicher nicht deshalb, weil Grenouille diesen berühmteren Finstermännern an Selbstüberhebung, Menschenverachtung, Immortalität, kurz an Gottlosigkeit nachgestanden hätte, sondern weil sich sein Genie und sein einziger Ehrgeiz auf ein Gebiet beschränkte, welches in der Geschichte keine Spuren hinterlässt: auf das flüchtige Reich der Gerüche.

(aus: Patrick Süskind: Das Parfum. Die Geschichte eines Mörders. Zürich 1985, S. 5)

Nicht auszudenken, wenn nur einfache Sätze den Beginn des Romans prägten! Funktion und Wirkung des Textanfangs, Stil und Kolorit der Einführung in den Roman wären vollkommen andere.

5 Analyse von Beispiel (4)

Nur Satz 4-2 *Seine Geschichte soll hier erzählt werden* ist mit nur einem finiten Verb *(soll)* ein einfacher Satz.

Der Einleitungssatz 4-1 zählt zwei finite Verben *(lebte, gehörte),*

Satz 4-3 – er reicht von *Er hieß* bis zu *Reich der Gerüche* – sogar fünf *(hieß, (geraten) ist, (nachgestanden) hätte, beschränkte, hinterlässt).*

Bei Satz 4-1 und 4-3 handelt es sich um komplexe Sätze.

! Ein **komplexer Satz** ist ein Satzgebilde, das entweder **mehr als ein finites Verb** oder neben dem finiten Verb eine oder mehrere satzwertige Infinitiv- oder Partizipialkonstruktionen aufweist. (Satzwertig ist eine Infinitiv- oder Partizipialkonstruktion dann, wenn sie in einen Nebensatz umgeformt werden kann.)

4.3.1 Satzgefüge oder Satzreihe

In einem komplexen Satz können die einzelnen Teilsätze auf hierarchisch gleicher Ebene angeordnet, also neben- oder gleichgeordnet sein. Sie können aber auch auf hierarchisch unterschiedlichen Ebenen angeordnet sein, sodass Teilsätze einem übergeordneten Satz untergeordnet sind. Dies ist immer dann der Fall, wenn z. B. von einem Hauptsatz ein oder mehrere Nebensätze (bzw. satzwertige Infinitiv- und Partizipialkonstruktionen) abhängen.

! Man spricht von einer **parataktischen Satzstruktur** oder **Satzreihe,** wenn die einzelnen Teilsätze neben- oder gleichgeordnet sind, und von einer **hypotaktischen Satzstruktur** oder einem **Satzgefüge,** wenn ein oder mehrere Teilsätze einem übergeordneten Satz untergeordnet sind, d. h. strukturell von diesem abhängen. Beide Strukturen können in einem Satz nebeneinander vorkommen.

Ein Hinweis: Selbst wenn Sie nicht wissen, wie man Haupt- und Nebensätze voneinander unterscheidet oder gleichgeordnete Teilsätze von untergeordneten Teilsätzen trennt, sollten Sie bereits in diesem Kapitel erste Eindrücke von Unterschieden in der Satzorganisation sammeln.

Falls Sie auf das Grundlagenwissen zu Haupt- und Nebensätzen nicht verzichten möchten, verweisen wir auf das Kap. 4.3.2.

6 Beispiel für eine parataktische Satzstruktur

6-1 Es war einmal ein König, 6-2 der hatte eine Frau, 6-3 die war die schönste auf der Welt 6-4 und hatte Haare von purem Gold; 6-5 sie hatten auch eine Tochter miteinander, 6-6 die war so schön wie ihre Mutter, 6-7 und ihre Haare waren ebenso golden.

(aus: Allerlei-Rauh. In: Märchen der Gebrüder Grimm. Zürich 1985, S. 234)

7 Analyse von Beispiel (6)

In diesem Beispiel erkennen Sie sofort den prototypischen Anfang eines Märchens: *Es war einmal.* Bei Beispiel 6 handelt es sich um einen komplexen Satz, der sich in mehrere Teilsätze gliedern lässt. Die Teilsätze des Textanfangs sind gleichwertig nebeneinandergestellt. Jeder Teilsatz könnte für sich alleine stehen, keiner ist strukturell von einem anderen Teilsatz abhängig. Es sind Hauptsätze, die parataktisch aneinandergereiht sind, d. h. eine Satzreihe bilden.

Sie könnten nun Folgendes einwenden: Einige dieser Teilsätze ergäben für sich keinen Sinn, wenn sie alleine stünden. Denn Sie verstehen Teilsatz **6-2** nicht in vollem Umfang, wenn Sie nicht wissen, worauf sich *der* in *der hatte eine Frau* bezieht. Gleiches gilt für *die* in **6-3,** *sie* in **6-5,** *die* in **6-6** sowie *ihre* in **6-6** und **6-7.**

Es stimmt zwar, dass Demonstrativ- und Personalpronomina sowie Possessivartikel lediglich auf ein Bezugsobjekt verweisen, das bedeutungstragend ist, so etwa *der* in **6-2** auf den *König*. Die Teilsätze sind aber in syntaktischer Hinsicht autonom, da sie über alle notwendigen Satzglieder, nämlich ein finites Verb, ein Subjekt und weitere vom Verb geforderte Objekte, verfügen.

Der Teilsatz **6-4**: *und hatte Haare von purem Gold* enthält jedoch kein Subjekt. Es liegt dennoch ein vollständiger Teilsatz mit V2-Stellung des finiten Verbs vor, weil aus Gründen der Textverknüpfung auf eine Wiederholung des Subjekts *die* verzichtet wird (man spricht davon, dass das Subjekt elliptisch ist). Der Wegfall des Subjekts behindert die Kommunikation aus dem Grund nicht, weil man in einer Satzreihe das zuletzt genannte Subjekt so lange automatisch ergänzt, bis ein neues genannt wird.

Zwei der Teilsätze (**6-4** und **6-7**) werden durch die nebenordnende Konjunktion *und* miteinander verbunden. Sind nebenordnende Konjunktionen vorhanden, spricht man von einer **syndetischen Verbindung** der entsprechenden Teilsätze, fehlen diese, so sind die Teilsätze **asyndetisch** miteinander verknüpft (**6-2**, **6-3**, **6-5**, **6-6**).

Die Feststellung, ob eine Satzreihe oder ein Satzgefüge vorliegt, wird allein aufgrund formaler Kriterien getroffen. Der Inhalt der Sätze spielt dabei keine Rolle.

8 **Beispiel für eine hypotaktische Satzstruktur**

8-1 Kant hat den Begriff vom »Ding an sich« im Grunde deshalb eingeführt, 8-2 weil er hervorheben wollte, 8-3 dass es eine Wirklichkeit gibt, 8-4 die vom erkennenden Bewusstsein völlig unabhängig ist.

(aus: Edo Pivcevic: Von Husserl zu Sartre. München 1972, S. 19)

9 **Analyse von Beispiel (8)**

In Beispiel 8 liegt ein komplexer Satz vor, der die Struktur eines Satzgefüges (Hypotaxe) aufweist. In ihm hängt von einem Hauptsatz 8-1 ein *weil*-Satz 8-2 ab. Der nachfolgende *dass*-Satz 8-3 ist vom vorausgehenden *weil*-Satz abhängig, der nachfolgende, mit dem Relativpronomen *die* eingeleitete Nebensatz 8-4 von einem Bezugsausdruck *(eine Wirklichkeit)* des übergeordneten *dass*-Satzes. Das Vorhandensein zweier Subjunktionen *(weil, dass)* und eines Relativpronomens *(die)* zeigt an, dass eine hypotaktische Satzstruktur vorliegt. Hinzu kommt die VL-Stellung in den Nebensätzen.

Entscheidend ist, dass Sie Folgendes verstehen: In diesem Textbeispiel gibt es Teilsätze, die nicht für sich alleine stehen können, weil sie von übergeordneten Teilsätzen abhängig sind. Recht häufig ist eine Mischung aus Nebenordnung und Unterordnung zu verzeichnen. Komplexe Satzperioden zu verstehen, ist nur dann möglich, wenn man das Geflecht aus parataktischen und hypotaktischen Strukturen entwirren kann.

10 Beispiel für eine komplexe Satzperiode

10-1 Wenn die schöne Jahreszeit ihrem Namen Ehre macht 10-2 und das Tirili der Vögel mich zeitig wecken konnte, 10-3 weil ich den vorigen Tag zur rechten Stunde beendigte, 10-4 gehe ich gern schon vor der ersten Mahlzeit und ohne Hut auf eine halbe Stunde ins Freie, in die Allee vorm Hause oder auch in die weiteren Anlagen, 10-5 um von der jungen Morgenluft einige Züge zu tun und, 10-6 bevor die Arbeit mich hinnimmt, 10–7 an den Freuden der reinen Frühe ein wenig teilzuhaben.

(aus: Thomas Mann: Herr und Hund. In: Ders.: Die Erzählungen. Frankfurt am Main 1960, 1974, zitiert nach Ausgabe 1986, S. 585)

11 Analyse von Beispiel (10)

In Beispiel 10 liegt eine komplexe Satzperiode mit einer Mischung aus Nebenordnung und Unterordnung vor, in der die hypotaktische Satzstruktur überwiegt. Der übergeordnete Teilsatz, von dem weitere Teilsätze abhängen, ist der Hauptsatz 10-4. Ihm geht ein *wenn*-Satz (10-1 und 10-2) voraus, von dem (genauer: von dessen zweitem Teil; 10-2) ein *weil*-Satz 10-3 abhängig ist. Nach dem Hauptsatz folgt eine satzwertige Infinitivkonstruktion (10-5 und 10-7), in die ein *bevor*-Satz 10-6 eingebettet ist. Der *bevor*-Satz hängt dabei von Teilsatz 10-7 ab.

Das Vorhandensein von Subjunktionen *(wenn, weil, bevor)* oder der Infinitivkonjunktion *um* mit Infinitivpartikel *zu* und die VL-Stellungen der finiten Verben deuten grundsätzlich auf eine hypotaktische Satzorganisation hin.

Obwohl die hypotaktische Satzstruktur dominiert, existieren – auf hierarchisch unterer Ebene – innerhalb des *wenn*-Satzes (10-1 und 10-2) und der satzwertigen Infinitivkonstruktion (10-5 und 10-7) parataktische Anordnungen der Teilsätze, die innerhalb des *wenn*-Satzes und der Infinitivkonstruktion nebengeordnet sind und deren Gleichrangigkeit durch die nebenordnende Konjunktion *und* zusätzlich markiert wird.

In komplexen Sätzen der gehobenen Schriftsprache ist das Nebeneinander von parataktischer und hypotaktischer Textorganisation nicht selten. Allerdings bilden Satzperioden mit ausgeprägter Hypotaxe, wie sie bei Autoren wie Thomas Mann zu finden sind, in der modernen Literatur eher die Ausnahme. Es sind häufig stilistische Gründe, die dazu führen, einen tendenziell parataktischen oder hypotaktischen Stil zu pflegen. Im Allgemeinen kann man feststellen, dass die Parataxe der Mündlichkeit näher steht und die Hypotaxe der Schriftlichkeit.

Es gibt also strukturelle Unterschiede zwischen Parataxe und Hypotaxe. Gibt es auch inhaltliche? Grundsätzlich kann gesagt werden: Der Informationsgehalt bleibt weitgehend gewahrt, wenn eine parataktische Satzstruktur in eine hypotaktische überführt wird.

12 **Beispiele der Umformung von Parataxe zur Hypotaxe**

12-1 Sie kommt nicht, sie ist krank.
12-2 Sie kommt nicht, sie ist nämlich krank.
12-3 Sie kommt nicht, weil sie krank ist.
12-4 Sie ist krank, trotzdem kommt sie zur Arbeit.
12-5 Obwohl sie krank ist, kommt sie (trotzdem) zur Arbeit.

13 **Analyse der Beispiele (12)**

Parataktische Satzstrukturen liegen in den Beispielen 12-1, 12-2 und 12-4 vor, hypotaktische in den Beispielen 12-3 und 12-5. Die besonderen Kennzeichen der Parataxe sind die strukturelle Gleichrangigkeit der Teilsätze, die Kennzeichen der Hypotaxe das Vorhandensein eines übergeordneten Teilsatzes und eines abhängigen Nebensatzes, der wie in 12-3 und 12-5 mit einer Subjunktion *(weil, obwohl)* eingeleitet wird und VL-Stellung des finiten Verbs aufweist.

Das logische Verhältnis der beiden Teilsätze zueinander, d.h., in welcher semantischen Beziehung die einzelnen Teilsätze zueinander stehen, kann in der parataktischen Struktur entweder aus dem Erfahrungswissen konstruiert (12-1) oder durch verdeutlichende nebenordnende Konjunktionen oder Konjunktionaladverbien (*nämlich* 12-2 und *trotzdem* 12-4) angezeigt werden.

In der hypotaktischen Struktur wird das logische Verhältnis der Teilsätze in der Regel durch die Bedeutung der Subjunktion angegeben: So gibt *weil* eine Begründung zu dem im übergeordneten Teilsatz gebotenen Sachverhalt an und *obwohl* eine Einräumung oder einen Vorbehalt, sodass in 12-3 ein kausales und in 12-5 ein konzessives Verhältnis zum übergeordneten Teilsatz besteht.

Das logische Verhältnis parataktisch gereihter Teilsätze zueinander muss häufig aus dem Kontext erschlossen werden. Dies fällt uns deshalb nicht schwer, weil wir bestimmte Erwartungshaltungen haben, die uns bei der Erschließung des logischen Verhältnisses der Sätze zueinander helfen. Wenn jemand den Satz *Sie kommt nicht* äußert, so ist die Wahrscheinlichkeit, dass ein Grund für das Nichterscheinen einer Person im Sinne von *sie ist krank* oder *sie hat keine Zeit* usw. gegeben wird, sehr hoch.

i In der **parataktischen Satzorganisation** werden die Informationen wie Perlen auf einer Schnur aneinandergereiht.
In der **hypotaktischen Satzorganisation** entsteht ein hierarchisches Gebilde aus Über- und Unterordnung, das eine Reliefstruktur erkennen lässt.

Im Folgenden werden wir die parataktische Satzstruktur nicht weiter verfolgen, sondern uns ausschließlich den hypotaktischen Satzstrukturen und den verschiedenen Möglichkeiten der Unterordnung im Deutschen zuwenden.

Für die Beschreibung komplexer Satzgefüge ist die Unterscheidung von Haupt- und Nebensätzen von entscheidender Bedeutung. Bevor wir Ihnen Kriterien an die Hand geben, um den Unterschied zwischen Haupt- und Nebensätzen in Zweifelsfällen zu erkennen, möchten wir Sie auf die recht problematische Terminologie aufmerksam machen.

4.3.2 Hauptsatz und Nebensatz

Die meisten von uns haben eine intuitive Vorstellung davon, was ein typischer Hauptsatz (= HS) und was ein typischer Nebensatz (= NS) ist. Sie wissen zum Beispiel, dass **Nebensätze von Hauptsätzen abhängig sind** und nicht umgekehrt. Ein solches Wissen ist wichtig! – Und dennoch sind die alltagssprachlichen Begriffe »Hauptsatz« und »Nebensatz« aus sprachwissenschaftlicher Sicht nicht richtig.

Für die Abschaffung der alten Terminologie gibt es mehrere Gründe: Der wichtigste ist der, dass mit den alten Bezeichnungen die Vorstellung verbunden ist, im Hauptsatz werde nur Wichtiges, die Hauptinformation, geboten, während Nebensätze nur Nebeninformationen enthielten.

Wenn Sie meinen, dies sei immer der Fall, dann irren Sie sich. Es verhält sich tatsächlich anders. Nämlich: Nebensätze nehmen zwar nicht immer, aber doch recht häufig die Funktion obligatorischer Satzglieder ein, ohne die der Hauptsatz in grammatischer Hinsicht unvollständig wäre. Erst durch die obligatorischen Satzglieder, die formal als Nebensatz realisiert werden können, wird eine Aussage vollständig. Hierzu die folgenden Beispiele:

14 Beispiel eines einfachen Satzes

Sie gewann einen Pokal.

15 Analyse von Beispiel (14)

= einfacher Satz, da ein finites Verb *(gewann)*
= Deklarativsatz
= Hauptsatz mit finitem Verb *gewann*, Subjekt *sie* und Objekt *einen Pokal*

16 Beispiel eines komplexen Satzes mit einem Nebensatz

Wer wagt, gewinnt.

17 Analyse von Beispiel (16)

= komplexer Satz, da zwei finite Verben *(wagt, gewinnt)*
= Deklarativsatz
= Hauptsatz *gewinnt* und Nebensatz *wer wagt* als Subjektsatz zu *gewinnt:*
›x (= wer wagt) gewinnt‹

18 **Beispiel eines komplexen Satzes mit zwei Nebensätzen**
Was ich nicht verstehen kann, ist, dass der Hauptsatz nur aus einem Wort besteht.

19 **Analyse von Beispiel (18)**
= komplexer Satz, da drei finite Verben *(kann, ist, besteht)*
= Deklarativsatz
= Hauptsatz *ist* mit Nebensatz *was ich nicht verstehen kann* als Subjektsatz zu *ist* und Nebensatz *dass der Hauptsatz nur aus einem Wort besteht* als Prädikativ: ›x (= was ich nicht verstehen kann) ist y (= dass der Hauptsatz nur aus einem Wort besteht)‹.

Aus den Beispielen **16** und **18** wird leicht erkennbar, dass die sogenannten **Hauptsätze** *(*gewinnt, *ist)* in grammatischer Hinsicht nicht vollständig sind, d.h. keine vollständigen Informationen bieten *(Wer gewinnt? Wer/was ist was/so?).*

Nebensätze können, wie Sie den Beispielen entnehmen können, wichtige syntaktische Funktionen im Gesamtsatz übernehmen, auf die nicht verzichtet werden kann: so etwa die Rolle des Subjekts zum übergeordneten Satz in Beispiel **16** und **18** oder die des Prädikativs des übergeordneten Satzes in Beispiel **18**.

Hieraus ergibt sich die folgende terminologische Präzisierung:

> **!** **Hauptsätze** werden in der Regel **Trägersätze** oder **Matrixsätze** genannt, wenn von ihnen Nebensätze abhängen.
> **Nebensätze** werden dann als **Konstituentensätze** (d.h. Subjekt-, Prädikativ- oder Objektsätze) bezeichnet, wenn sie die Funktion von obligatorischen Satzgliedern zum Trägersatz einnehmen.

Gibt es mehrere Nebensätze in einem komplexen Satz, dann bestehen unter ihnen meist Abhängigkeitsverhältnisse, sodass der eine Nebensatz direkt von einem übergeordneten Nebensatz und indirekt vom Hauptsatz abhängig ist.

> **!** Auch **Nebensätze** können **Trägersätze** oder **Matrixsätze** sein, wenn von ihnen mindestens ein weiterer Nebensatz abhängig ist.
> Dieser Nebensatz steht hierarchisch unter dem ihm übergeordneten Nebensatz, der wiederum hierarchisch unter einem übergeordneten Hauptsatz stehen kann.

20 **Beispiel eines komplexen Satzes mit komplexer Abhängigkeitsstruktur**

Wer alles wagt, damit er gewinnt, verdient Respekt.

21 **Analyse von Beispiel (20)**

Zunächst die formale Beschreibung des Satzes, bei dem es sich um einen Deklarativsatz handelt:

= komplexer Satz, da drei finite Verben *(wagt, gewinnt, verdient)*

= Hauptsatz *verdient Respekt* ist Trägersatz zum Nebensatz 1 (NS 1) *wer alles wagt,* der seinerseits wiederum Trägersatz des Nebensatzes 2 (NS 2) *damit er gewinnt* ist. Denn der abhängige Teilsatz *damit er gewinnt* hängt vom abhängigen Teilsatz *wer alles wagt* ab.

Im folgenden Schema sollen die Abhängigkeitsverhältnisse mit funktionaler Bestimmung zentraler Satzglieder vorgestellt werden:

HS = (x) *verdient Respekt*
x = *Wer alles wagt, damit er gewinnt (verdient Respekt)*
= Subjekt zum Verb *verdienen*

Frage: Wieso gehört der Teilsatz *damit er gewinnt* zu x, also zum Subjekt?

Antwort: Weil er in funktionaler Hinsicht von *wer alles wagt* abhängig ist, denn *wer alles wagt* ist Trägersatz zu *damit er gewinnt,* und in inhaltlicher Hinsicht gibt *damit er gewinnt* die Absicht und den Zweck an, wozu jemand *alles wagt.*
Das heißt: *Wer alles wagt, damit er gewinnt* bildet als Ganzes das Subjekt zu *verdient Respekt.* Auf einer hierarchisch untergeordneten Ebene ist aber *damit er gewinnt* finaler Adverbialsatz zu *wer alles wagt.*

Die hierarchischen Verhältnisse können in einem dreistufigen Diagramm abgebildet werden:

22 **Formale und funktionale Satzanalyse im hierarchisch gestuften Modell**

Stufe 1	HS			x		*verdient Respekt.*
Stufe 2	NS 1	= x Subjekt zu HS		*Wer alles wagt,*	wozu?	
Stufe 3	NS 2		= wozu? Adverbialsatz zu NS 1		*damit er gewinnt,*	

Eine andere Form der Darstellung könnte folgendermaßen aussehen. Die Zahlen am Rand geben die jeweilige hierarchische Ebene an:

Stufe 1			**verdient Respekt.**
Stufe 2	**Wer alles wagt,**		
Stufe 3		**damit er gewinnt,**	

Im gegenwärtigen Deutsch werden mehrfache Unterordnungen von Nebensätzen eher vermieden:

- Dass ein Nebensatz von einem anderen Nebensatz und dieser wiederum von einem Hauptsatz abhängt, ist normal.
- Dass aber ein Nebensatz von einem anderen Nebensatz und dieser wiederum von einem weiteren Nebensatz abhängt, der dann von einem Hauptsatz abhängt, ist schon eher selten.
  Vgl. z.B. *Wer alles wagt* **(NS 1),** *damit er gewinnt* **(NS 2),** *weil er gewinnen will* **(NS 3),** *verdient Respekt* **(HS).**

Zurück zu »Hauptsatz« und »Nebensatz«:
Obwohl, wie wir gerade gezeigt haben, die Termini »Hauptsatz« und »Nebensatz« problematisch sind, werden wir sie im Folgenden dennoch verwenden, weil es sich um eingeführte Bezeichnungen handelt.

4.3.3 Wie können Hauptsätze und Nebensätze voneinander unterschieden werden?

Aus den vorangegangenen Erläuterungen wissen Sie, dass in Hauptsätzen nicht immer die besonders wichtigen Informationen stehen müssen, sodass dieses Kriterium für die Unterscheidung von Haupt- und Nebensatz nicht angewendet werden kann.

Auch das Kriterium, dass ein Hauptsatz immer alleine stehen kann, der Nebensatz hingegen nicht, taugt nur bedingt. Der Hauptsatz in Beispiel **20** *verdient Respekt* kann z.B. nicht alleine stehen, da ihm das notwendige Subjekt fehlt.

Im Folgenden werden wir die Unterscheidung von Haupt- und Nebensätzen am Prototyp der Satzarten, d.h. an **Deklarativsätzen,** erklären.

Haupt- und Nebensatz lassen sich am eindeutigsten durch die unterschiedliche Stellung des finiten Verbs im Satz bestimmen. Dieses Kriterium wird nicht nur bei der Unterscheidung der einzelnen Satzarten angewandt, sondern ist auch das hilfreichste bei der Unterscheidung von Haupt- und Nebensätzen.

Es gibt eine Grundregel, die bei **Deklarativsätzen** gilt:

> **!** Im **Hauptsatz** steht **das finite Verb** in **Verbzweitstellung** (**V2**, d.h. an zweiter Position hinter einem nicht verbalen Satzglied).
> Im **Nebensatz** steht **das finite Verb** in der Regel in **Verbletztstellung** (**VL**). In diesen Fällen ist der Nebensatz in der Regel mit einer Subjunktion oder einem Relativpronomen eingeleitet.

4.3.4 Subjunktionale Nebensätze mit Verbletztstellung

Die häufigsten mit einer Subjunktion eingeleiteten Nebensätze im Deutschen sind die *dass*-Sätze, die in der Regel als Subjekt- oder Objektsätze gebraucht werden. Unter den Adverbialsätzen sind u.a. temporale *als*-Sätze und konditionale *wenn*-Sätze hochfrequent.

Die Normalstellung von Nebensätzen im komplexen Satz

Nebensätze treten meist im **Nachfeld** des übergeordneten Satzes auf. Innerhalb des Nebensatzes steht das finite Verb in **VL-Stellung.**

23 Subjunktionale Nebensätze mit VL-Stellung

Hauptsatz = Trägersatz		Nebensatz im Nachfeld des HS		
23-1	Ich habe gemerkt,	dass	Eva den Pokal	gewinnen möchte.
23-2	Ich glaube fest daran,	dass	Eva	gewinnt.

Die mit der Subjunktion *dass* eingeleiteten Nebensätze stehen im Nachfeld des Hauptsatzes, d.h. nach dem klammerschließenden Element des Hauptsatzes (siehe Kap. 3).

- In 23-1 wird die Satzklammer des Hauptsatzes durch *gemerkt* geschlossen.
- In 23-2 ist zwar kein klammerschließendes Element im HS vorhanden, aber durch Umformung des finiten Verbs in eine zweiteilige Verbform kann die mögliche Position der rechten Satzklammer im Hauptsatz ermittelt werden. Vgl. hierzu:

24 Umformung des finiten Verbs von Beispiel (23-2) ins Perfekt

Ich **glaube** fest daran, dass …
→ Ich **habe** fest daran **geglaubt**, dass …

25 Analyse von Beispiel (24)

Nebensätze können auch dann im Nachfeld stehen, wenn keine sichtbare Satzklammer vorhanden ist. Durch den Umformtest eines finiten Verbs in eine zweiteilige Verbform, wie z. B. in das Perfekt *ich glaube → ich habe geglaubt,* wird die Satzklammer im Hauptsatz sichtbar. Der sich daran anschließende Nebensatz steht somit im Nachfeld.

Wenn Nebensätze im Nachfeld stehen, spricht man von **Extraposition.** Die Extraposition von Nebensätzen erfolgt ausschließlich aus kommunikativ-pragmatischen Gründen. Denn: Würden Nebensätze in das Mittelfeld des Trägersatzes eingebettet, hätten wir unübersichtliche Schachtelsätze, die kaum mehr verständlich sind.

Die Klammerstruktur von Nebensätzen

Die Subjunktion dient als klammeröffnendes und der Verbalkomplex **(23-1)** bzw. das finite Verb **(23-2)** als klammerschließendes Element. Im Unterschied zum Hauptsatz sind im subjunktionalen Nebensatz immer klammeröffnende und klammerschließende Elemente vorhanden.

Das finite Verb bzw. der Verbalkomplex weist VL-Stellung auf, selbst dann, wenn das Verb anscheinend an zweiter Position steht. Der Ergänzungstest zeigt, dass auch bei scheinbaren Abweichungen VL-Stellung des finiten Verbs vorliegt:

26 Ergänzung eines Satzglieds im Nebensatz von Beispiel (23–2)

Ich glaube fest daran, dass Eva *gewinnt.*
→ ... dass Eva **den Pokal** *gewinnt.*

27 Analyse von Beispiel (26)

Im Nebensatz *dass Eva gewinnt* sieht es nur so aus, als ob *gewinnt* in V2-Stellung nach dem Subjekt *Eva* steht. Die Ergänzung des Nebensatzes um ein Akkusativobjekt, wie z. B. *den Pokal,* zeigt, dass *gewinnt* in VL-Stellung steht.

i In der gesprochenen Sprache kommt *weil* häufig mit V2-Stellung vor: *Sie kommt sicher nicht, weil sie sah gestern schon krank aus.* Hier erfolgt im *weil*-Satz die Begründung der Annahme, dass sie nicht komme, aber keine Erklärung eines Sachverhalts.

Besondere Stellungen innerhalb von Nebensätzen

Sind Nebensätze ausgeklammert, spricht man von **Extraposition.** Sind einzelne Satzglieder, die in der Regel Adverb- oder Präpositionalphrasen darstellen, ausgeklammert, spricht man von **Ausklammerung** (siehe Kap. 3.6). Die Ausklammerung von Satzgliedern in Nebensätzen kommt sehr häufig vor. In diesen Fällen steht das finite Verb nicht an der letztmöglichen Position im Satz. Vergleichen Sie die folgenden Beispiele:

28 **Subjunktionale Nebensätze mit VL-Stellung und Ausklammerung**

Hauptsatz = Trägersatz		Nebensatz im Nachfeld des HS			
28-1	Ich hoffe noch immer,	dass	Eva	gewinnt	trotz der starken Konkurrenz.
28-2	Ich war dabei,	als	Eva den Pokal	gewann	damals in Düsseldorf.

Die Nebensätze der Beispiele 28-1 und 28-2 stehen im Nachfeld des jeweiligen Hauptsatzes (Extraposition). Die fehlende Satzklammer kann durch Umformung des finiten Verbs in eine analytische Verbform sichtbar gemacht werden: *Ich hoffe noch immer → Ich habe (noch) immer gehofft, dass … Ich war dabei → Ich bin dabei gewesen, als …*

Der Unterschied zu den Beispielsätzen 23-1 und 23-2 besteht darin, dass hinter dem klammerschließenden Element des Nebensatzes, also im Nachfeld des Nebensatzes, noch weitere Satzglieder stehen: so in Beispiel 28-1 ein Konzessivadverbial *(trotz der starken Konkurrenz)* und in Beispiel 28-2 ein Temporal- *(damals)* und Lokaladverbial *(in Düsseldorf)*.

Obwohl das finite Verb nicht an der letztmöglichen Position steht, spricht man auch hier von der VL-Stellung des finiten Verbs. Denn bei Umstellung der ausgeklammerten Satzglieder in die Klammerstruktur des Nebensatzes, z. B.

> Ich hoffe noch immer, dass Eva **gewinnt** trotz der starken Konkurrenz.
> → …, dass Eva trotz der starken Konkurrenz **gewinnt**,

wird die VL-Stellung des finiten Verbs im Nebensatz sichtbar.

Die Stellung von Nebensätzen im Vorfeld

Alle in 23 und 28 angeführten subjunktionalen Nebensätze können statt im **Nachfeld** des Trägersatzes auch im **Vorfeld** stehen:

29 **Subjunktionale Nebensätze im Vorfeld des HS**

Nebensatz im Vorfeld des HS		Hauptsatz = Trägersatz
29-1	Dass Eva den Pokal gewinnen möchte,	habe ich gemerkt.
29-2	Dass Eva gewinnt,	(daran) glaube ich fest.
29-3	Dass Eva gewinnt trotz der starken Konkurrenz,	(darauf) hoffe ich noch immer.
29-4	Als Eva den Pokal gewann damals in Düsseldorf,	war ich dabei.

Die Stellung der Nebensätze im Vorfeld des Trägersatzes hat zur Konsequenz, dass im Trägersatz das Prädikat vor dem Subjekt steht, wenn es sich beim Nebensatz nicht um einen Subjektsatz handelt. Das Subjekt rückt dann ins Mittelfeld des Trägersatzes. Die V2-Stellung muss im Regelfall eingehalten werden, d. h., nur ein Satzglied – hier der Nebensatz – darf vor dem finiten Verb stehen.

Die Vorfeldbesetzung von Nebensätzen ist zur Stellung im Nachfeld nicht immer bedeutungsgleich. Es machen sich Unterschiede in der Verteilung von alter und neuer Information, also in der **Thema-Rhema-Struktur**, bemerkbar.

30 Beispiele zur Thema-Rhema-Struktur

30-1 Ich war dabei, **als Eva den Pokal gewann damals in Düsseldorf.**

30-2 **Als Eva den Pokal gewann damals in Düsseldorf,** war ich dabei.

31 Analyse der Beispiele (30):

In 30-1 steht der *als*-Satz im Nachfeld. In diesem Satz ist *als Eva den Pokal gewann damals in Düsseldorf* die neue Information, das Rhema, und *ich war dabei* das Thema.

In 30-2 steht der *als*-Satz im Vorfeld. Die Verteilung von alter und neuer Information im Satz kehrt sich geradezu um: Nun bildet *als Eva den Pokal gewann damals in Düsseldorf* das Thema, die alte Information, gegenüber dem Trägersatz *war ich dabei,* der zum Rhema wird.

Auch die Ausklammerung von Satzgliedern im Nebensatz führt zu einer Rhematisierung des Inhalts, d. h., Zeit- und Ortsangabe werden zur neuen Information. Innerhalb des Nebensatzes *als Eva den Pokal gewann damals in Düsseldorf* signalisiert die Ausklammerung *damals in Düsseldorf* eine neue Information (das Rhema).

Die Stellung von Nebensätzen im Mittelfeld

Neben der Stellung subjunktionaler Nebensätze im **Nachfeld** und **Vorfeld** können Nebensätze auch im **Mittelfeld des Trägersatzes** stehen. Da diese Stellung zwar vorkommt, aber aus kommunikativen Gründen eher vermieden wird, soll sie nur an zwei Beispielen aufgezeigt werden.

32 Subjunktionale Nebensätze im Mittelfeld des HS

32-1 Ich war, **als Eva den Pokal gewann,** dabei.

32-2 *Ich habe, **dass Eva den Pokal gewinnen möchte,** gemerkt.

Ich habe das, (nämlich) **dass Eva den Pokal gewinnen möchte,** gemerkt.

33 Analyse der Beispiele (32)

In 32-1 ist der *als*-Satz – gleichsam parenthetisch – in den Trägersatz eingebettet. In der gesprochenen Sprache wird der Einschub durch Pause abgehoben. Die Mittelfeldstellung des temporalen Nebensatzes ist hier unproblematisch.

In 32-2 ist der *dass*-Satz in den Trägersatz eingebettet. Die Stellung des mit *dass* eingeleiteten Objektsatzes im Mittelfeld führt zu einem inakzeptablen Satz (mit * gekennzeichnet).

Erst dann, wenn man ein Demonstrativpronomen *(das)* und gegebenenfalls ein Konjunktionaladverb, z.B. *nämlich*, einfügt, wird der Satz akzeptabel.

Zur funktionalen Analyse von Nebensätzen

Wie alle Sätze enthalten auch Nebensätze eine Proposition, d.h. eine Aussage. So ist die Aussage des *als*-Satzes aus Beispiel **32–1**, dass es eine *Eva* gibt, die *damals in Düsseldorf den Pokal gewann*. Dennoch ist die Tatsache, dass Nebensätze von dem ihnen übergeordneten Satz abhängig sind, von entscheidender Bedeutung. Denn wie Sie bereits aus dem Kapitel über Satzglieder wissen, fungieren Nebensätze als Satzglieder zu ihrem Trägersatz oder sie fungieren als Attribute zu Bezugswörtern aus dem Trägersatz.

! Da Nebensätze stets von einem Trägersatz abhängen, sind die Beziehungen zu diesem besonders eng:
Nebensätze und **satzwertige Infinitiv-** und **Partizipialkonstruktionen** sind in der Regel keine autonomen Konstruktionen, die alleine für sich stehen können.
Sie erfüllen vielmehr die **Funktion eines Satzgliedes** zum Trägersatz oder die **Funktion eines Attributs** zu einem nicht verbalen Satzglied des Trägersatzes.

Die Nebensätze in unseren Beispielsätzen haben die folgenden syntaktischen Funktionen:

34 Zur syntaktischen Funktion subjunktionaler Nebensätze

Hauptsatz = Trägersatz		subjunktionaler Nebensatz	Frage	syntaktische Funktion
34-1	Ich habe gemerkt,	dass Eva den Pokal gewinnen möchte.	Was habe ich gemerkt?	**= Objektsatz** für ein Akkusativobjekt
34-2	Ich glaube fest daran,	dass Eva gewinnt.	Woran glaube ich fest?	**= Objektsatz** für ein Präpositionalobjekt
34-3	Ich hoffe noch immer,	dass Eva gewinnt trotz der starken Konkurrenz.	Worauf hoffe ich noch immer?	**= Objektsatz** für ein Präpositionalobjekt

34-4	Ich war dabei,	als Eva den Pokal gewann damals in Düsseldorf.	Bei welcher Gelegenheit war ich dabei?	= temporaler **Adverbialsatz**
34-5	Ich war an dem Tag dabei,	als Eva den Pokal gewann damals in Düsseldorf.	An welchem Tag war ich dabei?	= **Attributsatz** zu *an dem Tag*

Um die syntaktische Funktion von Nebensätzen bestimmen zu können, ist der **Fragetest** eine zuverlässige Methode. In den Beispielsätzen 34-1 bis 34-3 ist der Trägersatz unvollständig, sodass sich fast von selbst die Frage nach obligatorischen Satzgliedern aufdrängt:

- Was habe ich gemerkt?
- Woran glaube ich fest?
- Worauf hoffe ich noch immer?

Die syntaktische Funktion des Nebensatzes ist in allen drei Fällen die eines Objektsatzes. Das Fragepronomen oder Frageadverb erlaubt eine genauere Differenzierung des Objektsatzes in die verschiedenen Objektklassen:

- *Wen* oder *was?* fragt nach einem Akkusativobjekt,
- Pronominaladverbien wie *woran?* oder *worauf?* nach Präpositionalobjekten.

Daneben kommen Nebensätze in der Funktion eines Subjektsatzes und gelegentlich auch eines Prädikativsatzes vor (siehe unten).

In 34-4 ist der Hauptsatz an und für sich autonom, da keine notwendigen Satzglieder fehlen. Im Nebensatz werden lediglich die Umstände angeführt, die eine genauere zeitliche Festlegung des *Dabeiseins* erlauben. Die Angabe des zeitlichen Rahmens im *als*-Satz erfolgt aus kommunikativen Gründen, rein strukturell betrachtet ist sie nicht notwendig. Der *als*-Satz bezieht sich auf den gesamten Trägersatz.

Aus Beispiel 34-5 wird deutlich, dass der *als*-Satz ein nicht verbales Satzglied des Trägersatzes, nämlich *an dem Tag,* semantisch spezifiziert. Der *als*-Satz bezieht sich nur auf einen Bezugsausdruck des Trägersatzes.

Obwohl die Nebensätze 34-4 und 34-5 völlig identisch sind, besteht doch ein großer struktureller Unterschied, der sich in der jeweiligen Abhängigkeit vom Trägersatz zeigt:

- In 34-4 wird durch den *als*-Satz der zeitliche Rahmen des Trägersatzes spezifiziert: *Ich war dabei. Und dies geschah, als Eva den Pokal gewann damals in Düsseldorf* = temporaler Adverbialsatz.

■ In 34-5 erfolgt die zeitliche Spezifizierung des Satzgliedes *an dem Tag*, nämlich *an dem Tag, als Eva den Pokal gewann damals in Düsseldorf* = Attributsatz.

i An dieser Stelle müssen wir auf einen wichtigen **Unterschied zwischen Satzreihen und Satzgefügen** aufmerksam machen. Blättern Sie bitte zurück:
In 12-3 haben wir ein **Satzgefüge:** *Sie kommt nicht, weil sie krank ist.* In diesem Satzgefüge ist der *weil*-Satz ein Satzglied, und zwar kausaler Adverbialsatz (auf die Frage *Warum?*) zum Trägersatz *sie kommt nicht.* Die **Satzreihe** 12-2 *Sie kommt nicht, sie ist nämlich krank* ist nahezu bedeutungsidentisch zu 12-3 und dennoch besteht ein großer struktureller Unterschied. Auch wenn *sie ist nämlich krank* die Begründung für *sie kommt nicht* liefert, so handelt es sich bei *sie ist nämlich krank* **nicht um ein** von *sie kommt nicht* abhängiges **Satzglied,** sondern **um einen autonomen Hauptsatz,** der – im Konjunktionaladverb *nämlich* sichtbar – einen kausalen Nebensinn aufweist.

! Nur bei **struktureller Abhängigkeit** können Teilsätze als Satzglieder oder Attribute klassifiziert werden.

Zurück zu den Satzgefügen und ihren Besonderheiten: Ein wichtiges Element im komplexen Satz muss noch erläutert werden, das Korrelat.

Was sind Korrelate und welche Funktion haben sie?

Vielleicht haben Sie es selbst schon gemerkt? Im übergeordneten Satz können Pronomina (Personal- oder Demonstrativpronomina) und Adverbien bzw. Pronominaladverbien auftreten, die auf den Nebensatz verweisen. Man spricht von **Korrelaten,** vgl. hierzu:

35 Beispiel eines komplexen Satzes mit Korrelat

Ich habe fest *daran* geglaubt, dass Eva gewinnt.

36 Analyse von Beispiel (35):

Das Korrelat *daran* ersetzt als Proform (= Ersatzform) den gesamten Nebensatz *dass Eva gewinnt.*

Da die Proform *daran* der Wortart Pronominaladverb angehört, ist sie ein Indiz dafür, dass es sich bei dem Nebensatz um einen Objektsatz in der Funktion eines Präpositionalobjektes handelt.

Die Frage zu 35 lautet: *Woran habe ich fest geglaubt?*

Antwort: *Daran, dass Eva gewinnt.* ***An** das, dass Eva gewinnt.*
Das Korrelat *daran* steht im Mittelfeld an der Stelle des Trägersatzes, an der normalerweise das entsprechende Satzglied stehen müsste.
Es hat vorauszeigende Verweisfunktion, da der Nebensatz erst im Nachfeld folgt.

Korrelate haben also die folgenden Eigenschaften:

1. Sie stellen die Proform des Nebensatzes dar und haben selbst keinen Satzgliedstatus.
2. Ihre morphologische Realisierung als Pronomen, Adverb oder Pronominaladverb gibt Aufschluss über die syntaktische Funktion des Nebensatzes als Subjekt-, Objekt- oder Adverbialsatz.
3. Sie besetzen im Trägersatz genau die Position, die das Satzglied (oder Attribut) normalerweise einnähme. Sie zeigen also an, wo das Satzglied (oder Attribut) eigentlich platziert sein müsste, wenn es nicht, was bei Nebensätzen die Regel ist, außerhalb der Klammerstruktur stünde.
4. Sie können obligatorisch oder fakultativ sein.
5. Sie haben Verweisfunktion; in der Regel sind sie vorausverweisend (kataphorisch).
6. Es gibt auch rückverweisende (anaphorische) Korrelate auf den davor genannten Nebensatz.

4.3.5 Relativsätze

Neben den subjunktionalen *dass*-Sätzen oder Temporalsätzen sind auch Relativsätze sehr häufig. Sie stimmen mit den subjunktionalen Nebensätzen darin überein, dass sie das finite Verb in VL-Stellung aufweisen. Ein großer struktureller Unterschied besteht darin, dass sie mit einem **Relativpronomen** (oder einem **Relativadverb**) eingeleitet sind.

Ein **prototypischer Relativsatz** hat die folgende Struktur:

37 Relativsätze mit VL-Stellung

Hauptsatz		**Relativsatz im Nachfeld des HS**		
		linke Satzklammer		**rechte Satzklammer**
37-1	Ich kenne **die Frau,**	**die**	den Pokal	gewinnen möchte.
37-2	Ich habe **das Hotel** gefunden,	in **dem**	der Wettbewerb	ausgetragen wird.
37-3	Ich habe **das Hotel** aufgesucht,	in **dessen** Foyer	der Wettbewerb	ausgetragen wird.

37-4	Ich traf sie **an dem Ort,**	**wo**	sie kurz darauf am Wettbewerb	teilnahm.

Der prototypische Relativsatz steht im Nachfeld des übergeordneten Satzes. Er wird mit einem Relativpronomen (**37-1**, **37-2**, **37-3**) oder Relativadverb (**37-4**) eingeleitet. Es handelt sich dabei um *d-* oder *w*-Elemente. Die Relativsätze (**37-1** bis **37-4**) sind Attributsätze, da sie ein nicht verbales Satzglied des Trägersatzes näher bestimmen.

> **!** Die **Relativpronomina** (bzw. **Relativadverbien**) sind in Relativsätzen die klammeröffnenden Elemente, sie bilden also die linke Satzklammer. Zugleich haben sie im Relativsatz Satzgliedfunktion oder sie sind Teil eines Satzglieds (Attribut).

So gesehen, ist in **37-1** das Relativpronomen *die* in topologischer Hinsicht klammeröffnendes Element des Relativsatzes.

Das Relativpronomen *die* bezieht sich rückverweisend (anaphorisch) auf das nicht verbale Satzglied des Trägersatzes, *die Frau,* die das Akkusativobjekt zum finiten Verb *kennen* darstellt.

Das Relativpronomen ist hingegen im Nominativ Singular Femininum gebraucht und erfüllt im Relativsatz die syntaktische Funktion des Subjekts (*Wer möchte den Pokal gewinnen? die* als Proform für *die Frau*).

Der gesamte Relativsatz hängt von einem nicht verbalen Satzglied des Trägersatzes ab und ist daher Attributsatz zum Bezugsausdruck *(die Frau).*

Auch die Relativsätze von **37-2** bis **37-4** sind Attributsätze zu Bezugsausdrücken der Trägersätze.

Die Relativpronomina kommen in **37-2** bis **37-3** in Präpositionalphrasen vor, die die folgende syntaktische Funktion haben:

Die klammeröffnende Präpositionalphrase *in dem* ist im Relativsatz von **37-2** Lokaladverbial.

In **37-3** bildet *in dessen Foyer* topologisch die linke Satzklammer und ist funktional Lokaladverbial. Bei *dessen* handelt es sich funktional um ein pränominales Genitivattribut zu *(in) Foyer*. Das Relativpronomen *dessen* bezieht sich dabei auf das Akkusativobjekt *das Hotel* des Trägersatzes.

In **37-4** dient klammeröffnendes *wo* im Relativsatz als Lokaladverbial.

An der **Doppelfunktion** der Relativpronomina als klammeröffnende Elemente einerseits und als Satzglieder oder Attribute andererseits hat man in der Linguistik Anstoß genommen. Deswegen gibt es zu der oben skizzierten Auffassung einen alternativen Analysevorschlag. Er sieht folgendermaßen aus:

i Relativsätze werden als Sätze mit **einer nach links geöffneten Satzklammer** gewertet. Die Relativpronomina gelten nicht mehr länger als klammeröffnende Elemente, sondern gehören dem **Vorfeld** des Relativsatzes an. Die linke Satzklammer bleibt nach dieser Anschauung bei Relativsätzen unbesetzt.

Egal welcher Anschauung Sie folgen: Entscheidend ist, dass Sie Relativpronomina einerseits als rückverweisende Elemente auf den Trägersatz und andererseits als Satzglieder (oder Attribute) des Relativsatzes erfassen.

Spezialfälle: freie und weiterführende Relativsätze

Die freien und weiterführenden Relativsätze zeichnen sich dadurch aus, dass ein Bezugswort im übergeordneten Satz fehlt. Sie werden in der Regel durch *w*-Elemente eingeleitet.

38 Freie und weiterführende Relativsätze mit VL-Stellung

Hauptsatz		Relativsatz im Nachfeld des HS		
		linke Satzklammer		rechte Satzklammer
38-1	Eva ist gelungen,	wovon	sie immer	geträumt hatte.
38-2	Eva gewann den Pokal,	was	keiner für möglich	gehalten hatte.

Der Relativsatz *wovon sie immer geträumt hatte* in **38-1** referiert auf ein nicht realisiertes (elliptisches) *das* im Hauptsatz, das leicht ergänzt werden kann: *Eva ist* ***das*** *gelungen, ...* Das Relativadverb *wovon* bezieht sich auf das hinzugedachte Pronomen.

Syntaktisch gesehen, erfüllt der Relativsatz die Funktion eines Subjektsatzes zum Trägersatz.

Während der Relativsatz als Ganzes das Subjekt darstellt, dessen Platzhalter ein im Trägersatz hinzugedachtes *das* ist, erfüllt das Relativadverb *wovon* im Relativsatz die Funktion eines Präpositionalobjekts zu *träumen*.

Die Funktion des Relativadverbs im Relativsatz muss deutlich von der Funktion des gesamten Relativsatzes im Trägersatz unterschieden werden.

> **!** **Relativsätze,** deren Bezugswort im übergeordneten Satz fehlt, werden **freie Relativsätze** genannt. Sie können die Funktion von Subjekt-, Prädikativ-, Objekt- oder Adverbialsätzen einnehmen.

Ein anderer Fall liegt in 38-2 vor: Dort bezieht sich der Relativsatz auf den ganzen Inhalt des Trägersatzes, ohne dass ein bestimmtes Bezugswort gefunden werden kann. Der Relativsatz *was niemand für möglich gehalten hatte* bildet eine Art Kommentar zum Trägersatz *Eva gewann den Pokal.*

> **!** **Relativsätze** ohne Bezugswort im übergeordneten Satz, die sich auf den gesamten Satz beziehen und außerdem einen weiterführenden Gedanken zum Inhalt haben, werden **weiterführende Relativsätze** genannt.
> Sie werden **funktional** als **Adverbialsätze** klassifiziert.

4.3.6 Indirekte Fragesätze

Interrogativsätze können in indirekte Fragesätze umgewandelt werden. Sie sind dann von einem Verb des Sagens und Meinens abhängig:

39 Indirekte Fragesätze mit VL-Stellung

Hauptsatz		
		indirekter Fragesatz im Nachfeld des HS
39-1	Uwe weiß,	**wer** den Pokal in Düsseldorf gewinnen wird.
39-2	Uwe wird Eva sagen,	**wie** sie den Pokal gewinnen könnte.
39-3	Ich frage mich,	**ob** Eva gewinnen wird.

Es gibt **zwei Typen** von indirekten Fragesätzen:

1. Den indirekten Fragesätzen, die mit einem Interrogativpronomen oder -adverb eingeleitet sind **(39-1, 39-2)**, liegen **Ergänzungsfragen** zugrunde:

   Wer wird den Pokal in Düsseldorf gewinnen?
   Wie könnte sie den Pokal gewinnen?

In 39-1 ist der indirekte Fragesatz Objektsatz (Akkusativobjekt) zu *wissen;* das Interrogativpronomen *wer* fungiert im abhängigen Fragesatz als Subjekt.

Der indirekte Fragesatz in 39-2 ist Objektsatz (Akkusativobjekt) zu *sagen;* das Interrogativadverb *wie* hat im abhängigen Fragesatz die Funktion eines Modaladverbials.

> *i* Da die **Interrogativpronomina** und **-adverbien** zugleich **klammeröffnende Elemente** als auch **Satzglieder** im abhängigen Fragesatz darstellen, verhalten sie sich topologisch wie die einleitenden Elemente von Relativsätzen.

Die Frage, ob in einem Satz ein Relativsatz oder ein indirekter Fragesatz vorliegt, ist in manchen Fällen nicht einfach zu beantworten. Im vorliegenden Fall hilft eine semantische Interpretation: Auf die Frage, *wer den Pokal beim Wettbewerb in Düsseldorf gewinnen wird,* weiß *Uwe* die Antwort.
2. Den indirekten Fragesätzen, die mit der Subjunktion *ob* eingeleitet sind (39-3), liegen **Entscheidungsfragen** zugrunde: *Wird Eva gewinnen?* Der indirekte Fragesatz ist hier Objektsatz zu *sich fragen.*

4.3.7 Uneingeleitete Konditionalsätze

Es gibt Nebensätze, die kein einleitendes Element haben. Das finite Verb tritt dann in Verberststellung auf. Es handelt sich dabei in der Regel um Konditional- oder Bedingungssätze. Meist steht der Nebensatz im Vorfeld des Trägersatzes, manchmal auch danach:

40 Uneingeleitete Nebensätze mit V1-Stellung im Vorfeld des HS

	uneingeleiteter Konditionalsatz im Vorfeld des HS	Hauptsatz = Trägersatz
40-1	Unterstützen wir Eva nicht,	(dann) verliert sie den Wettkampf.
40-2	Würden wir sie aber unterstützen,	(dann) hätte sie ein leichtes Spiel.
40-3	Hätten wir sie unterstützt,	(so) hätte sie vermutlich gewonnen.

Die uneingeleiteten Nebensätze weisen das finite Verb in V1-Stellung auf; in 40-1 ist die rechte Satzklammer leer; in 40-2 und 40-3 ist die Satzklammer im Nebensatz realisiert.

Der Hauptsatz hat V2-Stellung, obwohl zwischen der rechten Satzklammer des Nebensatzes und dem finiten Verb ein Adverb *dann* oder *so* stehen kann. Diese Adverbien, die nach Konditionalsätzen sehr häufig auftreten, stellen keine eigenen Satzglieder dar, sondern fungieren als Korrelate (bzw. Resumptive) für den vorausgehenden Nebensatz (siehe oben).

> **i** Woran erkennen Sie, dass ein uneingeleiteter Satz mit V1-Stellung ein Nebensatz ist?
> Immer dann, wenn Sie einen uneingeleiteten Nebensatz, wie z. B. *Unterstützen wir Eva nicht,* in einen konditionalen *wenn-* oder *falls*-Satz umformen können: *Wenn wir Eva nicht unterstützen / Falls wir Eva nicht unterstützen, (dann) verliert sie den Wettkampf.* Durch den Umformtest wird deutlich, dass der Nebensatz die Funktion eines Bedingungssatzes, d. h. eines Konditionaladverbials, erfüllt.

4.3.8 Uneingeleitete Nebensätze mit V2-Stellung

Uneingeleitete Nebensätze mit V2-Stellung werden manchmal auch als abhängige Hauptsätze bezeichnet.

41 Uneingeleitete Nebensätze mit V2-Stellung

Hauptsatz = Trägersatz		Nebensatz mit V2-Stellung im Nachfeld des HS
41-1	Ich denke,	Eva hat gute Chancen auf den Sieg.
41-2	Sie hat bis gestern geglaubt,	sie sei nicht zu besiegen.
41-3	Sie sagte zu Uwe,	sie und niemand sonst hole den Pokal.

Die im Nachfeld stehenden Nebensätze verhalten sich wie Hauptsätze mit V2-Stellung und mit einem Satzglied im Vorfeld, das in den Beispielsätzen **41-1** bis **41-3** als Subjekt fungiert.

Obwohl die Sätze die formale Struktur von Hauptsätzen haben, beweist der Umformtest, dass sie sich wie Nebensätze verhalten:

> Ich denke, Eva hat gute Chancen auf den Sieg. →
> Ich denke, dass Eva gute Chancen auf den Sieg hat.

Es handelt sich also um V2-Sätze, die im Unterschied zu typischen Hauptsätzen **das Merkmal der Abhängigkeit** aufweisen.

Aufgrund ihrer Abhängigkeit von Trägersätzen erfüllen die Nebensätze Satzgliedfunktion. Sie können als Objektsätze (Präpositional- bzw. Akkusativobjekt) klassifiziert werden, denn sie geben an, ***woran** ich **denke*** (**41-1**), ***woran** sie bis gestern **geglaubt** hat* (**41-2**), ***was** sie zu Uwe **sagte*** (**41-3**).

! **Nebensätze mit V2-Stellung** hängen meist von Verben des Sagens und Meinens ab. Viele dieser Strukturen fallen in den Bereich der **indirekten Rede.**

Indirekte Rede

Direkte Rede kann in **indirekte Rede** umgeformt werden. Dies geschieht in der Regel dann, wenn eine Person einer anderen berichtet, was eine dritte Person gesagt hat. Vergleichen Sie die folgenden Beispiele:

42 Beispiele mit direkter und indirekter Rede

42-1 Eva sagte zu Uwe: »**Ich** und niemand sonst holt den Pokal.«
42-2 Eva sagte zu Uwe, dass **sie** und niemand sonst den Pokal **hole**.
42-3 Eva sagte zu Uwe, dass **sie** und niemand sonst den Pokal **holt**.
42-4 Eva sagte zu Uwe, **sie** und niemand sonst **hole** den Pokal.
42-5 Eva sagte zu Uwe, **sie** und niemand sonst **holt** den Pokal.

43 Analyse der Beispiele (42)

Bei der Umsetzung der direkten Rede in 42-1 in die indirekte Rede (42-2 bis 42-5) erfolgt die Transformation eines formal selbstständigen Hauptsatzes mit V2-Stellung entweder in einen mit *dass* subjunktional eingeleiteten Nebensatz mit VL-Stellung (42-2, 42-3) oder in einen uneingeleiteten Nebensatz mit V2-Stellung (»abhängiger Hauptsatz«; 42-4, 42-5). In allen Fällen wird das Personalpronomen (*ich* → *sie*) angepasst.

In 42-2 signalisiert der mit *dass* eingeleitete Nebensatz und der Konjunktiv I *hole*, dass ein Zitat der direkten Rede in die indirekte Rede umgesetzt worden ist. Der Konjunktiv I wird bereits recht häufig – und dies nicht nur in informellen Texten und in der gesprochenen Sprache – durch den Indikativ (42-3) ersetzt.

In 42-4 ist die Markierung des indirekten Zitats durch den Konjunktiv I *hole* angezeigt, der bereits ebenfalls häufig durch den Indikativ (42-5) ersetzt wird.

Der Konjunktiv II (auch in der Form *würde/würden* + Infinitiv) steht vor allem dann, wenn die Formen des Konjunktivs I mit den Indikativformen in der indirekten Rede zusammenfallen und eine deutliche Markierung des Konjunktivs nicht mehr gewährleistet wäre.

4.3.9 Satzwertige Infinitiv- und Partizipialkonstruktionen

Satzwertige Infinitiv- und Partizipialkonstruktionen sind dadurch gekennzeichnet, dass sie kein Verb in finiter Form aufweisen.

> **!** **Infinitiv- und Partizipialkonstruktionen** sind dann als **satzwertig** zu werten, wenn sie in Nebensätze umgeformt werden können. In Infinitiv- und Partizipialkonstruktionen bleibt die Subjektposition unbesetzt. Die Stellungsfelder infiniter Konstruktionen werden im Allgemeinen nicht bestimmt.

44 Satzwertige Infinitivkonstruktion im Nachfeld des HS

Hauptsatz = Trägersatz	satzwertige Infinitivkonstruktion im Nachfeld des HS
Eva investierte alles,	um den Wettbewerb zu gewinnen.

Die satzwertige Infinitivkonstruktion, die die Infinitivkonjunktion *um* mit Infinitivpartikel *zu* aufweist, kann in einen mit der Subjunktion *damit* eingeleiteten Nebensatz umgeformt werden:

Eva investierte alles, damit sie den Wettbewerb gewinnt.

Syntaktisch erfüllt sie die Funktion eines finalen Adverbialsatzes zum Hauptsatz:

Eva investierte dafür / zu dem Zweck (= um den Wettbewerb zu gewinnen, damit sie den Wettbewerb gewinnt) alles.

45 Satzwertige Partizipialkonstruktionen im Vorfeld des HS

	Satzwertige Partizipialkonstruktion im Vorfeld des HS	Hauptsatz = Trägersatz
45-1	Ihre Freizeit opfernd,	bereitete sich Eva auf den Wettbewerb vor.
45-2	In Düsseldorf angekommen,	hatte Eva nur noch den Sieg vor Augen.

Beispiel 45-1 weist mit *opfernd* ein **Partizip I** auf. Die Partizipialkonstruktion kann in einen *indem*-Nebensatz umgeformt werden:

Indem Eva ihre Freizeit opferte, bereitete sie sich auf den Wettbewerb vor.

Sie erfüllt die Funktion eines modalen Adverbialsatzes zum Trägersatz.

Beispiel 45-2 weist mit *angekommen* ein **Partizip II** auf. Die Partizipialkonstruktion kann in einen *nachdem*-Nebensatz umgeformt werden:

Nachdem Eva in Düsseldorf angekommen war, hatte sie nur noch den Sieg vor Augen.

Es handelt sich hier um einen temporalen Adverbialsatz zum Trägersatz.

4.3.10 Die syntaktischen Funktionen von Nebensätzen und satzwertigen Konstruktionen

Aus den vorherigen Kapiteln wurde ersichtlich, dass Nebensätze und satzwertige Konstruktionen als Satzglieder oder Attribute zum Trägersatz oder einem nicht verbalen Satzglied des Trägersatzes klassifiziert werden.

Im Folgenden soll eine Übersicht über potenzielle Funktionen der Nebensätze und satzwertigen Konstruktionen geboten werden.

46 Nebensätze und satzwertige Konstruktionen und ihre syntaktischen Funktionen

syntaktische Funktion		Beispiele	Umformtest
Nebensatz als Subjektsatz		Den Sieg davonzutragen ist ein schönes Gefühl.	Das ist ein schönes Gefühl.
		Dass sie gewonnen hat, ist ihr größter Erfolg.	Das ist ihr größter Erfolg.
Nebensatz als Prädikativsatz		Sie will bleiben, wie sie immer war.	Sie will so/das bleiben.
Nebensatz als Objektsatz	für ein Akkusativobjekt	Sie weiß, dass es ein großer Erfolg war.	Sie weiß das.
	für ein Genitivobjekt	Man beschuldigte sie, zu ehrgeizig zu sein.	Man beschuldigte sie dessen.
	für ein Präpositionalobjekt	Sie hat sich lange damit beschäftigt, ob sie am Wettbewerb teilnehmen sollte.	Sie hat sich lange damit beschäftigt.
Nebensatz als Adverbialsatz	temporal	Nachdem sie sich vorbereitet hatte, fühlte sie sich sicher.	Danach fühlte sie sich sicher.
	lokal	Sie wohnte, wo sie immer wohnte.	Sie wohnte dort.
	modal	Sie bereitete sich vor, als ob es um alles ginge.	Sie bereitete sich so vor.
	kausal	Weil sie sich vorbereiten wollte, zog sie aufs Land.	Deswegen zog sie aufs Land.
	final	Um sich vorzubereiten, zog sie aufs Land.	Zu diesem Zweck zog sie aufs Land.
	konditional	Wäre sie vorbereitet gewesen, hätte sie sich nicht unsicher gefühlt.	Unter der Bedingung hätte sie sich nicht unsicher gefühlt.

<table>
<tr><th colspan="2">syntaktische Funktion</th><th>Beispiele</th><th>Umformtest</th></tr>
<tr><td rowspan="2">Nebensatz als Adverbialsatz</td><td>konsekutiv</td><td>Sie zog aufs Land, sodass sie sich in Ruhe vorbereiten konnte.</td><td>–</td></tr>
<tr><td>konzessiv</td><td>Obwohl sie sich intensiv vorbereitete, fühlte sie sich unsicher.</td><td>Trotzdem/dennoch fühlte sie sich unsicher.</td></tr>
<tr><td colspan="2">Nebensatz als Attributsatz</td><td>Der Wettbewerb, der in Düsseldorf stattfindet, begeistert viele.</td><td>–</td></tr>
</table>

4.4 Wie analysiert man komplexe Sätze?

Anhand eines Beispiels aus der wissenschaftlichen Fachprosa wollen wir Ihnen am Ende des Kapitels aufzeigen, welche Aussagen Sie aus grammatischer Sicht zur Struktur des nachfolgenden Satzes machen können.

Wenn Sie die vorausgehenden Kapitel aufmerksam verfolgt haben, müssten Sie in der Lage sein, die Struktur des Satzes »wie eine Nuss zu knacken«.

Hier folgt zunächst einmal der Satz:

47 Analysebeispiel

Wenn Wahrheit nicht als Selbstzweck, sondern als Mittel für etwas bestimmt werden soll, ist nicht nur die Rede von Mittel und Zweck zu klären, sondern auch anzugeben, in welchem Zusammenhang welche Zwecke angenommen werden, zu deren Erreichung Wahrheit ein Mittel sein soll.

(aus: Peter Janich: Was ist Wahrheit? Eine philosophische Einführung. München 1996, S. 97)

Es handelt sich um einen **Aussagesatz,** der insbesondere durch die Interpunktion (Punkt) und – beim Vorlesen des Satzes – durch die fallende Intonation am Schluss ausgewiesen ist. Der Satzbau ist **komplex,** da mehrere finite Verben *(soll, ist, werden, soll)* vorhanden sind.

Eine schwierige Frage ist die, ob und auf welcher hierarchischen Ebene im komplexen Satz eine Satzreihe oder ein Satzgefüge vorliegt.

Wenn Sie den Satz genau betrachten, dann merken Sie, dass er sowohl parataktische als auch hypotaktische Teilsatzstrukturen aufweist. In diesem Punkt stimmt er mit der in Beispiel **10** erörterten Satzperiode von Thomas Mann überein.

Die oberste hierarchische Ebene bildet der Hauptsatz als Trägersatz der gesamten Konstruktion. In der Satzorganisation des Hauptsatzes können wir Folgendes beobachten:

HS ist nicht nur die Rede von Mittel und Zweck zu klären, sondern auch anzugeben

1. Es handelt sich eigentlich um zwei Hauptsätze, denn im zweiten Hauptsatz bleibt *ist* lediglich aus stilistischen Gründen ausgespart. Die volle Form, ohne Ellipse von *ist*, lautet: *ist nicht nur die Rede von Mittel und Zweck zu klären, sondern* ***ist*** *auch anzugeben.*
2. Die beiden Hauptsätze sind mit der zweigliedrigen kopulativen Konjunktion *nicht nur ... sondern auch* verbunden: *ist* ***nicht nur*** *die Rede von Mittel und Zweck zu klären,* ***sondern auch*** *anzugeben.*

Auf der **obersten hierarchischen Ebene** handelt es sich um eine **Satzreihe.** Die beiden durch die zweiteilige Konjunktion verbundenen Satzteile sind hypotaktisch strukturiert, da von den beiden Hauptsätzen jeweils Nebensätze abhängen, sodass auf **hierarchisch niederer Ebene** auch **Satzgefüge** vorhanden sind. Insgesamt können wir mit Fug und Recht behaupten, eine komplex strukturierte Satzperiode vor uns zu haben.

Um die Frage zu beantworten, auf welcher hierarchischen Ebene welche Satzorganisation vorliegt, muss der Satz als Ganzes in Haupt- und Nebensätze unter Beachtung der Konjunktionen und Subjunktionen gegliedert werden. Möglicherweise hilft Ihnen hierbei die folgende Anordnung:

48 Geschachtelte Anordnung der hierarchisch geordneten Satzstruktur

NS 1 Wenn Wahrheit nicht als Selbstzweck, sondern als Mittel für etwas bestimmt werden soll,
HS 1 ist nicht nur die Rede von Mittel und Zweck zu klären,
HS 2 sondern auch anzugeben,
NS 2 in welchem Zusammenhang welche Zwecke angenommen werden,
NS 3 zu deren Erreichung Wahrheit ein Mittel sein soll.

Im Folgenden wollen wir die einzelnen Teilsätze nach ihren formalen Merkmalen beschreiben. Wir gehen dabei zunächst auf signifikante Stellungseigenschaften ein.

49 Zur Topologie des Beispielsatzes (47)

		Vorfeld			linke Satzklammer	Mittelfeld	rechte Satzklammer	Nachfeld					
		linke Satzklammer	Mittelfeld	rechte Satzklammer				linke Satzklammer	Mittelfeld	rechte Satz klammer	Nachfeld		
											linke Satz klammer	Mittelfeld	rechte Satzklammer
NS 1		Wenn	Wahrheit nicht als Selbstzweck, sondern als Mittel für etwas	bestimmt werden soll,									
HS 1					ist	nicht nur die Rede von Mittel und Zweck	zu klären,						
HS 2	sondern	(Vorfeldellipse)			(ist)	auch	anzugeben,						
NS 2								in welchem Zusammenhang	welche Zwecke	angenommen werden,			
NS 3											zu deren Erreichung	Wahrheit	ein Mittel sein soll.

Anhand der Übersicht können die jeweiligen klammerschließenden und klammeröffnenden Elemente innerhalb der einzelnen Teilsätze gut erkannt werden. Gleiches gilt für die Stellung der einzelnen Nebensätze im Vorfeld bzw. im Nachfeld der entsprechenden Hauptsätze bzw. im Nachfeld eines übergeordneten Nebensatzes als Trägersatz. Da NS 2 im Nachfeld des HS 2 steht und NS 3 im Nachfeld von NS 2, kann man von **Extraposition** der beiden Nebensätze sprechen.

In formaler Hinsicht können weitere Aussagen getroffen werden:

HS 1	Es liegt V2-Stellung des finiten Verbs vor, da der *wenn*-Satz im Vorfeld die Funktion eines Satzglieds zu HS 1 einnimmt.
NS 1 *wenn*-Satz	Es handelt sich um einen **subjunktional eingeleiteten Nebensatz.** Die Subjunktion könnte durch *falls* ersetzt werden, sodass *wenn* in konditionaler (und nicht in temporaler) Bedeutung gebraucht ist.
NS 2	Das klammeröffnende Element des NS 2 bildet die Präpositionalphrase *in welchem Zusammenhang.* Es stellt sich die Frage nach dem Status des Pronomens *welchem,* das als Relativ- oder Interrogativpronomen verwendet werden kann. Handelt es sich bei dem Nebensatz *in welchem Zusammenhang welche Zwecke angenommen werden* um einen Relativsatz oder indirekten Fragesatz? Da der Nebensatz von einem Verb des Sagens *(anzugeben)* abhängt und da er in eine direkte Frage umgeformt werden kann *(In welchem Zusammenhang werden welche Zwecke angenommen?),* gehen wir von einem **indirekten Fragesatz** aus. Das Besondere an diesem indirekten Fragesatz ist, dass es zwei Phrasen mit *w*-Elementen gibt, die in beiden Fällen Interrogativpronomina darstellen. *In welchem Zusammenhang* fungiert nur deshalb als klammeröffnendes Element, weil es vor dem Satzglied *welche Zwecke* steht. Man könnte sich den indirekten Fragesatz auch folgendermaßen denken: *welche Zwecke in welchem Zusammenhang angenommen werden.* Der Unterschied besteht in der Informationsstruktur: In unserem Beispielsatz sind *welche Zwecke* die neue Information, das Rhema, und *in welchem Zusammenhang* das Thema, bei Umstellung aber verkehren sich Thema und Rhema.
NS 3	Das klammeröffnende Element des NS 3 bildet die Präpositionalphrase *zu deren Erreichung.* Sie beinhaltet das Relativprono-

men *deren*, im Genitiv Plural Maskulinum, das auf den Bezugsausdruck *welche Zwecke* referiert. Der Nebensatz *zu deren Erreichung Wahrheit ein Mittel sein soll* ist ein **Relativsatz,** der sich auf den Bezugsausdruck *welche Zwecke* bezieht.

Da der Nebensatz von einem Bezugsausdruck eines übergeordneten Nebensatzes abhängt, handelt es sich um einen Nebensatz, der hierarchisch auf einer niedrigeren Stufe als NS 2 angeordnet ist.

Neben der **formalen Beschreibung** ist die **funktionale Bestimmung** der einzelnen Nebensätze als Satzglieder oder Satzgliedteile zu ihren entsprechenden Trägersätzen von großer Bedeutung.

Vergegenwärtigen wir uns die hierarchischen Verhältnisse im Satz auf der Grundlage des folgenden Diagramms:

50 Hierarchische Gliederung des Beispielsatzes (47) im Diagramm

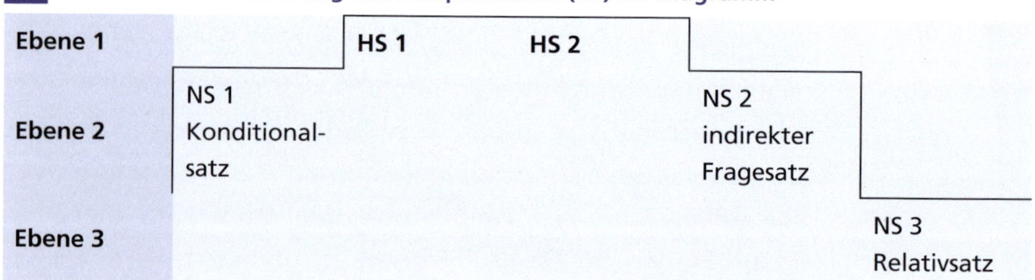

Zur Bestimmung der syntaktischen Funktion der Nebensätze hilft am besten der Umformtest (siehe Kap. 2.2), denn ein Satzglied lässt sich durch ein Wort oder eine Phrase ersetzen.

51 Umformtest zur Bestimmung der syntaktischen Funktion der Nebensätze

51-1 **Unter der Bedingung** (= Wenn Wahrheit nicht als Selbstzweck, sondern als Mittel für etwas bestimmt werden soll) ist nicht nur die Rede von Mittel und Zweck zu klären,

51-2 sondern auch **das** (= in welchem Zusammenhang welche Zwecke angenommen werden, zu deren Erreichung Wahrheit ein Mittel sein soll) anzugeben.

51-3 … sondern auch anzugeben, in welchem Zusammenhang **diese** Zwecke (= zu deren Erreichung Wahrheit ein Mittel sein soll) angenommen werden.

52 Analyse der syntaktischen Funktion der Nebensätze

Auf der Grundlage des Umformtests in 51-1 (›unter der Bedingung‹) wird ersichtlich, dass der *wenn*-Satz die syntaktische Funktion eines **konditionalen Adverbialsatzes zu HS 1** erfüllt.

Aus 51-2 wird erkennbar, dass das **Subjekt** zu **HS 2** durch **NS 2** und **NS 3** *in welchem … werden, zu deren Erreichung … sein soll* zum Ausdruck gebracht wird.

Da sich das Subjekt zu HS 2 aus zwei Nebensätzen bildet, muss nach der spezifischen Funktion von NS 3 gefragt werden. NS 3 ist zum einen zusammen mit NS 2 Subjekt von HS 2 (in 51-2) und alleine **Attributsatz** zu ***welche Zwecke*** **in NS 2** (in 51-3).

Die Analyse des komplexen Satzes ist noch nicht fertig. Wir haben bisher den Gesamtsatz nach formalen, funktionalen und topologischen Kriterien klassifiziert. Was fehlt, ist die **syntaktische Feinanalyse der einzelnen Teilsätze,** die wir im Folgenden nachholen möchten.

Es fällt auf, dass der Satz aus einem Text der wissenschaftlichen Fachprosa durch Passivkonstruktionen (so in NS 1 und NS 2) geprägt ist. In den Hauptsätzen ist darüber hinaus eine modale Passivumschreibung *(ist zu klären, ist anzugeben* in der Bedeutung *muss geklärt werden, muss angegeben werden)* zu finden.

Die modale Bedeutung zur Kennzeichnung einer Verpflichtung kommt auch im Modalverb *soll* in NS 1 und NS 3 zum Ausdruck.

Zu **HS 1** *(ist (nicht nur) die Rede von Mittel und Zweck zu klären)*

ist zu klären	= **formal:** modale Passivumschreibung (in der Bedeutung: *muss geklärt werden*), gebildet aus dem Modalitätsverb *ist,* der Infinitivpartikel *zu* und dem infiniten Vollverb *klären* = **funktional:** Prädikat

Das infinite Vollverb im Aktiv *(klären)* hat zwei Mitspielerrollen *(x klärt y),* d. h. ein Subjekt und ein Akkusativobjekt.

Im Passiv, auch in der modalen Passivumschreibung, wird das Akkusativobjekt zum Subjekt. Das Subjekt des Aktivsatzes könnte in eine Präpositionalphrase mit *von* umgesetzt werden. Im Beispielsatz wird aber aus kommunikativen Gründen auf die Nennung des Agens der Verbalhandlung verzichtet.

die Rede von Mittel und Zweck	= **formal:** komplexe Nominalphrase = **funktional:** Subjekt
von Mittel und Zweck	= **formal:** komplexe Präpositionalphrase (mit zwei durch *und* koordinierten Substantiven) = **funktional:** postnominales Präpositionalattribut zu *(die) Rede*

Zu **NS 1** als konditionaler Adverbialsatz zu HS 1 *((Wenn) Wahrheit nicht als Selbstzweck, sondern als Mittel für etwas bestimmt werden soll)*

bestimmt werden soll	= **formal:** Vorgangspassiv (mit infinitem Vollverb im Partizip II *bestimmt* und infinitem Hilfsverb *werden*) und Modalverb *soll* = **funktional:** Prädikat

Das Vollverb *bestimmen* im Aktiv wird dreiwertig gebraucht: *x bestimmt y als z* mit x als Subjekt, y als Akkusativobjekt und *(als)* z als Prädikatsnomen (Gleichsetzungsakkusativ). Wegen der Passivkonstruktion liegt das Akkusativobjekt des Aktivsatzes als Subjekt vor und der Gleichsetzungsakkusativ wird zum Gleichsetzungsnominativ (auf die Frage *als wer oder was soll etwas bestimmt werden?*).

Wahrheit = **formal:** Nominalphrase
= **funktional:** Subjekt

nicht als Selbstzweck, sondern als Mittel für etwas

Die komplexe Wortgruppe (die zwei mit Konjunktion eingeleitete Phrasen aufweist) wird in der Analyse **als ein Satzglied** aufgefasst, weil sie die Antwort auf die Frage gibt: *Als was soll Wahrheit bestimmt werden?*

Der **Gleichsetzungsnominativ** *Selbstzweck* und *Mittel für etwas* ist mit der vergleichenden Konjunktion *als* angeschlossen.

Er besteht daher aus zwei mit *als* eingeleiteten Konjunktionalphrasen, deren erste durch die Negationspartikel *nicht* negiert und die zweite durch die adversative Konjunktion *sondern* angeschlossen ist.

für etwas = **formal:** Präpositionalphrase
= **funktional:** postnominales Präpositionalattribut zu *(als) Mittel*

HS 2 besteht neben *sondern auch* nur aus *anzugeben.* Da *ist* elliptisch ist, liegt auch hier eine modale Passivumschreibung (in der Bedeutung *muss angegeben werden*) vor (gebildet aus dem Modalitätsverb *ist* und dem infiniten Vollverb *anzugeben* mit integrierter Infinitivpartikel *zu*).

= **funktional:** Prädikat

Das Vollverb im Aktiv (*angeben;* x gibt y (z) an) weist in der modalen Passivumschreibung die Umsetzung des Akkusativobjekts zum Subjekt auf.

NS 2 und **NS 3** sind Subjekt zu (*ist*) *anzugeben*

NS 2 *(in welchem Zusammenhang welche Zwecke angenommen werden)* als Teil des Subjekts zu HS 2

angenommen werden = **formal:** Vorgangspassiv (mit infinitem Vollverb im Partizip II *angenommen* und infinitem Hilfsverb *werden*)
= **funktional:** Prädikat

Das Vollverb im Aktiv (*annehmen*; x nimmt y an) weist im Passiv die übliche Umsetzung des Akkusativobjekts zum Subjekt auf.

welche Zwecke

Da wir NS 3 als Attributsatz zu *welche Zwecke* bestimmt haben, gehört zum Satzglied *welche Zwecke* der Attributsatz mit dazu. Der Umstelltest *Welche Zwecke, zu deren Erreichung Wahrheit ein Mittel sein soll, werden in welchem Zusammenhang angenommen?* ist, obwohl er stilistisch nicht elegant ist, grammatisch möglich.

Das zu analysierende Satzglied lautet also:

welche Zwecke, zu deren Erreichung Wahrheit ein Mittel sein soll
= **formal:** komplexe Nominalphrase (*welche* ist Interrogativpronomen)
= **funktional:** Subjekt

in welchem Zusammenhang = **formal:** Präpositionalphrase (mit *welchem* als Interrogativpronomen)
= **funktional:** Lokaladverbial *(wo?)*

NS 3 *(zu deren Erreichung Wahrheit ein Mittel sein soll)* als Teil des Subjekts zu HS 2 und Attributsatz zu *welche Zwecke*

sein soll = **formal:** Verbalkomplex (mit infinitem Kopulaverb *sein* und Modalverb *soll*)
= **funktional:** Prädikat

Wahrheit = **formal:** Nominalphrase
= **funktional:** Subjekt

ein Mittel = **formal:** Nominalphrase
= **funktional:** Prädikativ (Gleichsetzungsnominativ)

zu deren Erreichung = **formal:** Präpositionalphrase
= **funktional:** Finaladverbial *(wozu? wofür?)*

Die Präpositionalphrase *zu deren Erreichung*, die im NS 3 als Finaladverbial fungiert, enthält mit dem Relativpronomen *deren* das Bezugselement zum Kern *Zwecke*. Hinsichtlich seiner Form (Genitiv Plural Maskulinum) ist es mit dem folgenden Substantiv *Erreichung* (Dativ Singular Femininum) nicht kongruent.

deren = **formal:** Pronominalphrase
= **funktional:** pränominales Genitivattribut zu *(zu) Erreichung*

4.5 Übungsaufgaben

Übung 1: Satzarten

Analysebeispiel 1

1-1 Was für ein schöner Tag ist das heute! 1-2 Hatte es gestern nicht noch geregnet? 1-3 Genießt endlich den Sonnenschein und lasst es euch gut gehen! 1-4 Wenn sich Eva doch endlich melden würde! 1-5 Dass sie immer so unpünktlich ist! 1-6 Die traut sich was! 1-7 Wäre sie doch schon hier! 1-8 Dann könnten wir endlich losgehen. 1-9 Rufst du sie noch einmal an? 1-10 Gib mir mal schnell ihre Telefonnummer! 1-11 Dass immer ich alles machen muss! 1-12 Eva, wann kommst du?

Ü-1a Bestimmen Sie in den Beispielen **1-1** bis **1-12** die Stellung des finiten Verbs!

Ü-1b Geben Sie zu den Beispielen **1-1** bis **1-12** die entsprechende Satzart an!

Ü-1c Nennen Sie die signifikanten Kriterien, die für Sie bei der Bestimmung der Satzarten in den obigen Beispielen eine Rolle gespielt haben!

Übung 2: Einfacher und komplexer Satz

Analysebeispiel 2

Josip mag nicht mehr denken. Er sieht forschend nach den Wegen. Es kommt niemand. Er lacht. Er hat jetzt seine kleinen Freuden. Er ist schon ein Mann, aber es macht ihm noch immer Vergnügen, die platten Steine aus dem Sand zu suchen. Er geht bedächtig im feuchten, nachgebenden Sand. Er wiegt den Stein prüfend in den Händen; dann schwingt er, sich beugend, den Arm, und in schwirrendem Flug saust das übermütige Stück über die Wellen, springt auf und weiter und springt wieder auf. Dreimal. Wenn er es öfter macht, springen die Steine aber achtmal auf. Sie dürfen nur nicht plump sein.

(aus: Ingeborg Bachmann: Die Fähre. In: Sämtliche Erzählungen. München 1978, S. 11)

Ü-2a Trennen Sie im Beispiel **2** die einfachen Sätze von den komplexen Sätzen!

Ü-2b Welcher Abschnitt entspricht nicht der gängigen Definition von Sätzen?

Ü-2c Unterscheiden Sie innerhalb der komplexen Sätze zwischen Satzreihen und Satzgefügen!

Ü-2d Welche nebenordnenden Konjunktionen und Subjunktionen sind in welcher Funktion gebraucht?

Übung 3: Haupt- und Nebensätze

Analysebeispiel 3

Sie fand die alte Frau immer öfter am Fenster, wenn sie kam, und sie saßen nicht mehr beisammen, wenn Franziska kam, um den Sherry zu trinken und kleines Gebäck zu knabbern, und es ging also weiter mit diesen Hunden, während zugleich doch Schwerhörigkeit zuzunehmen begann, und Franziska war ratlos, denn es musste doch etwas geschehen, und Leo, dem sie zwar alles fernhielt, würde eines Tages auch nicht darum herumkommen, sich mit seiner Mutter beschäftigen zu müssen.

(aus: Ingeborg Bachmann: Das Gebell. In: Sämtliche Erzählungen. München 1978, S. 385)

Ü-3a Trennen Sie nach formalen Kriterien (Stellung des finiten Verbs, Vorhandensein von Subjunktionen etc.) im komplexen Beispiel **3** Hauptsätze von den Nebensätzen!

Ü-3b Um welche Nebensätze handelt es sich? Bieten Sie eine formale Beschreibung und ermitteln Sie ihre syntaktische Funktion!

Ü-3c Bestimmen Sie alle Temporaladverbiale, die sich im obigen Analysebeispiel finden lassen! Benutzen Sie in Zweifelsfällen ein Nachschlagewerk Ihrer Wahl!

Übung 4: Besondere Nebensätze

Analysebeispiel 4

4-1 Und eines Morgens wacht er auf, an einem Tag, den er vergessen wird, und liegt plötzlich da, ohne sich erheben zu können, getroffen von harten Lichtstrahlen und entblößt jeder Waffe und jeden Muts für den neuen Tag.

4-2 Wäre ich nicht in die Bücher getaucht, in Geschichten und Legenden, in die Zeitungen, die Nachrichten, wäre nicht alles Mitteilbare aufgewachsen in mir, wäre ich ein Nichts, eine Versammlung unverstandener Vorkommnisse.

(aus: Ingeborg Bachmann: Das dreißigste Jahr. In: Sämtliche Erzählungen. München 1978, S. 94 und 103)

Ü-4a Beschreiben Sie die Nebensätze und satzwertigen Konstruktionen in Beispiel **4-1**! Aufgrund welcher Kriterien können Sie Konstruktionen als satzwertig bestimmen?

Ü-4b Ermitteln Sie die jeweiligen Abhängigkeitsverhältnisse in **4-1** und geben Sie die syntaktische Funktion der Nebensätze und satzwertigen Konstruktionen an!

Ü-4c Beschreiben Sie nach formalen Kriterien Haupt- und Nebensätze in Beispiel 4-2! Welche syntaktische Funktion haben die Nebensätze?

Übung 5: Vollständige Satzanalyse

Analysebeispiel 5

5-1 Einmal ward die Königin krank, 5-2 und als sie fühlte, 5-3 dass sie sterben müsse, 5-4 rief sie den König 5-5 und bat ihn, 5-6 er möge nach ihrem Tod doch niemand heirathen, 5-7 der nicht eben so schön wäre wie sie 5-8 und eben so goldne Haare hätte; 5-9 und nachdem ihr der König das versprochen hatte, 5-10 starb sie.

(aus: Allerlei-Rauh. In: Märchen der Gebrüder Grimm. Zürich 1985, S. 234)

Ü-5a Beschreiben Sie die Gesamtstruktur des Satzes **5-1** bis **5-10** unter Einbezug sämtlicher Nebensätze und geben Sie die Stellung der finiten Verben an!

Ü-5b Bieten Sie eine topologische Analyse des Gesamtsatzes nach Beispiel **49**!

Ü-5c Bestimmen Sie die syntaktische Funktion der Nebensätze!

Ü-5d Bieten Sie eine syntaktische Feinanalyse aller Teilsätze mit Bestimmung der Satzglieder und Attribute!

5 Grammatik wozu?

Freiheit ist die Einsicht in die Notwendigkeit.
Hegel

5.1 Was dieses Kapitel soll und wie es zu gebrauchen ist

Vom Sinn grammatischen Wissens

Grammatik gilt als das unverrückbare, obligatorische **Grundgerüst der Sprache.** Sie wird oft als eine Art Zwangsjacke gesehen, in die man sich unter Verlust des eigenen Ausdruckswillens fügen muss, wenn man nicht fehlerhaftes Deutsch riskieren möchte. Für die meisten Schülerinnen und Schüler und auch die meisten übrigen Sprecherinnen und Sprecher ist die Grammatik ein Hassobjekt, das nutzlose und willkürliche Regeln enthält, die zwar in der Schule erlernt werden müssen, aber am besten schnell wieder vergessen werden.

Wir wollen in diesem Kapitel zeigen, dass dies eine sehr betrübliche Fehleinschätzung ist, und bitten Sie, uns durch die folgenden kurzen Überlegungen zu begleiten. Als kompetente Sprecherinnen und Sprecher des Deutschen beherrschen Sie Ihre Sprache, ohne auch nur darüber nachzudenken. Zum Beispiel erkennen Sie automatisch, dass ein Satz wie

> *Sie probiert ein neue Kleid

falsch ist, und in Sekundenbruchteilen können Sie ihn korrigieren, ohne überlegen zu müssen. Dennoch besteht ein Unterschied zwischen unbewusstem Können und bewusstem Kennen. **Nur wenn Sie wissen, was Sie über Ihre Sprache wissen, können Sie souverän mit ihr umgehen.** Und als Studierende müssen Sie das (ebenso wie später im Berufsalltag). Sie müssen sprachlich komplexe Texte mit hoher Informationsdichte nicht nur lesen, sondern auch verstehen und wiedergeben. Sie müssen Argumente und Thesen kritisch analysieren und kommentieren. Sie müssen Ihre eigenen Gedanken und Ideen überzeugend formulieren – im Gespräch ebenso wie beim Schreiben. Dazu brauchen Sie **auch** Grammatikwissen!

Die Grammatik und die bewusste und aktive Beherrschung ihrer zentralen Gesetzmäßigkeiten machen die Sprache erst zu einem **flexiblen Instrument zum Ausdruck unserer Gedanken und Absichten.** Denn: Sprachliche Kommunikation ist – dies ist so trivial wie grundlegend – zeichenbasiert, wobei jedes Zeichen eine arbiträre Zuordnung von Form und Inhalt ist. Weiterhin ist jeder Text eine Auswahl, eine bewusste Entscheidung für eine bestimmte Art, Menge und Anordnung der Sprachzeichen, die, wäre sie anders, eine andere Textbedeutung und eine andere Sprechabsicht zum Ausdruck bringen würde.

Die Grammatik ist das **Perspektivierungs- und Justierungsinstrument,** mit dem es uns gelingt, diese Anordnung zu erreichen. Sie ermöglicht es uns, die Sprache auf unsere jeweiligen Absichten und auf unsere spezifische Situation hin zuzuspitzen und unsere Gedanken »auf die Reihe zu bringen«, d. h. sie aus ihrem mehrdimensionalen kognitiven Raum ins lineare Medium des Zeichengebrauchs (sei er mündlich oder schriftlich) zu übertragen.

Grammatische Informationen, wie z. B. die jeweils gewählte Satzstellung oder die Auswahl von Artikeln, Tempora und Modi, stellen keine überflüssigen Informationen dar, sondern sie verankern das Gesagte in der Sprechsituation, indem sie Referenz, d. h. den Verweis auf außersprachliche Gegenstände und Sachverhalte, und Situationsbezug herstellen. Sie enthalten Hinweise zur inhaltlichen Gliederung der linearen Sprachkette und damit zum Sinn des Gesagten und sie bringen den Blickwinkel der Sprecherin / des Sprechers zum Ausdruck, unter dem sie/er einen Sachverhalt darstellen will.

Wir können zwar unter bestimmten Umständen auf diese perspektivierenden Zeichen verzichten, zum Beispiel beim sogenannten Telegrammstil, doch gehen dadurch wichtige Informationen verloren, die, wenn sie nicht durch die Situation ergänzt werden, zu unverständlichen Äußerungen führen. Ein nicht erfundenes Beispiel hierfür ist eine Äußerung wie die unten stehende, die handschriftlich von einer nicht muttersprachlichen Reinigungskraft auf einem Zettel auf dem Küchentisch hinterlassen wurde.

???Dach Spinnen kann nicht.

Ohne Kontext ist diese Äußerung fast unverständlich. Allen Beteiligten in der Situation war jedoch völlig klar, was gemeint war, nämlich:

Die Spinnweben unter dem Dach kann ich nicht entfernen
(weil ich nicht so hoch hinaufkomme)
(weil ich Angst vor Spinnen habe).

Ohne Grammatik gäbe es keine zuverlässige sprachliche Kommunikation. Daher wurde sie von den mittelalterlichen Grammatikern in den Kontext der

»ars obligatoria« gestellt und als notwendige, unverzichtbare Kunst betrachtet. Damit ist gemeint, dass deklaratives grammatisches Wissen und die Fähigkeit, dieses Wissen bewusst anzuwenden, kein Selbstzweck sind, sondern eine »Kunst«, die eine Voraussetzung der angemessenen sprachlichen Kommunikation darstellt.

Aufgabe der Beispielanalysen

Die folgenden Beispielanalysen sollen diesen Beweis führen. Sie sollen zeigen, dass und wie die Perspektivierungs- und Einordnungsleistung von grammatischen Zeichen im Text erreicht wird und wie Sie als Rezipient/-in eines Textes durch kundige und bewusste Analyse die hinter der getroffenen Auswahl stehenden Absichten erkennen und bewerten können. Umgekehrt ist Ihnen dieses Wissen natürlich auch bei der Produktion von Texten nützlich:

Je souveräner und reflektierter Sie die Kunst der notwendigen Auswahl beherrschen, desto mehr Freiheit haben Sie, durch Ihre Sprache genau das zu sagen, was Sie sagen wollen.

Es geht im Folgenden also darum, exemplarisch an einigen Originaltexten unterschiedlicher Herkunft, d. h. keineswegs nur an literarischen Texten, sondern auch an Texten aus der Alltagswelt, einige ausgewählte Effekte dieser Perspektivierungsfunktionen grammatischer Zeichen und Regeln nachzuvollziehen. Wichtig ist uns hierbei, zu zeigen, dass benennbare Effekte exakt auf bestimmte Elemente im Text zurückgeführt werden können. Die Wirkung eines Textes und die unterstellte Absicht der Verfasserin oder des Verfassers müssen also **nicht aus impressionistischen Anmutungen,** quasi »aus dem Bauch heraus«, abgeleitet werden, sondern sind **konkret aus den Sprachzeichen** – und zwar in besonderem Maße aus den grammatischen Sprachzeichen – herauszulesen.

Bitte beachten Sie auch, dass hier keine Wertung der stilistischen Qualität oder linguistischen Richtigkeit der Texte vorgenommen wird, sondern eine deskriptive (und hochgradig selektive) Analyse der Wirkung grammatischer Optionen. Dies hindert uns natürlich nicht, an bestimmten Stellen mehrere Alternativen zu diskutieren und gegebenenfalls die Frage zu stellen, ob eine getroffene Auswahl der Norm entspricht oder wirklich das leistet, was sie – vermutlich – leisten soll. Bevor wir mit den Analysen beginnen können, verdient ein weiterer Punkt Beachtung.

Kontexte und Textsorten

Jede sprachliche Äußerung ist in einen sprachlichen Kontext und in einen außersprachlichen Kontext eingebunden. Diese je individuelle Situierung sprachlicher Äußerungen bestimmt ihre Interpretation in einem großen Ausmaß. Das gilt in auffälliger Weise für die lexikalische Bedeutung von Wörtern, die auf Gegenstände und Sachverhalte verweisen. So sind die verschiedenen Interpretationsmöglichkeiten eines Substantivs wie *Maus* oder eines Verbs wie *gehen* vielfältig – beide Wörter sind hochgradig polysem, d. h. mehrdeutig. Innerhalb einer Äußerung ergibt sich jedoch durch die Wirkung des sprachlichen und außersprachlichen Kontexts eine meist eindeutige Entscheidung für eine bestimmte Lesart. Die folgenden Sätze zeigen, wie das Substantiv *Maus* durch den sprachlichen Kontext eine eindeutige Interpretation erhält:

> Ihre Großmutter konnte nicht verstehen, dass sie sich eine **Maus** im Käfig hielt und diese auch noch Luise nannte.
>
> → das Tier
>
> Diese **Maus** ist ergonomisch geformt und daher für lange Nutzungszeiten besser geeignet.
>
> → das Eingabegerät am PC

Für die Wirkung des außersprachlichen Kontexts zur Monosemierung (Vereindeutigung) des Verbs *gehen* stellen Sie sich bitte folgende Szenen vor.

1: Zwei Cafébesucher sitzen an einem Tisch und beobachten, wie eine dritte Person den Raum betritt, sich umsieht, einige Schritte in verschiedene Richtungen macht und sich dann wieder der Tür zuwendet. Eine der beiden sitzenden Personen sagt:

> **Die geht wieder.**
>
> → sich von einem Punkt entfernen

2: Eine Person hält einer anderen eine Uhr hin und sagt:

> **Die geht wieder.**
>
> → funktionieren

Auch grammatische Bedeutungen und Funktionen, wie wir sie im Laufe der letzten Kapitel besprochen haben, sind je nach Kontext unterschiedlich zu bewerten. So hat das Tempus »Präsens« in folgenden Textpassagen sehr unterschiedliche Bedeutungen.

Passage 1:

> Der letzte Ausscheidungslauf **beginnt.** Die Läufer **machen** sich fertig, **spucken** ein letztes Mal in den Sand und **laufen** los.
>
> → aktuelles Präsens

Passage 2:

> Der Raubwürger **ist** eine fleischfressende einheimische Vogelart, die in verstädterter Umgebung auch Bratwürste und Frikadellen **aufnimmt.**

→ generisches Präsens

Passage 3:

> Wir befinden uns im Jahre 50 v. Chr. Ganz Gallien **ist** von den Römern besetzt ... ganz Gallien? Nein! Ein von unbeugsamen Galliern bevölkertes Dorf **hört** nicht **auf,** dem Eindringling Widerstand zu leisten.
>
> **(aus: René Goscinny und Albert Uderzo, Asterix. Der Gallier, Bd. 1. Berlin 1976, S. 3)**

→ historisches Präsens

In allen drei Passagen wird das Präsens verwendet, das jedoch in Abhängigkeit von der sprachlichen Umgebung in allen drei Fällen eine von den anderen deutlich verschiedene Bedeutung bzw. Funktion hat. Die erste Passage illustriert die Verwendung der grammatischen Form »Präsens« zum Ausdruck eines aktuellen Gegenwartsbezugs. Das beschriebene Ereignis wird durch das Präsens als im Augenblick des Sprechens stattfindend dargestellt. Das generische Präsens, das in der Beschreibung in Passage 2 eingesetzt wird, hat keinen spezifischen Gegenwartsbezug. Es beschreibt eine Situation bzw. ein Geschehen als zeitunabhängig und beliebig wiederkehrend. Dadurch wird die beschriebene Situation als allgemeingültiges Wissen präsentiert. Das sogenannte historische Präsens in der dritten Passage hat die Funktion, eine Erzählung lebendiger – eben »gegenwärtiger« – zu machen, indem es eindeutig als vergangen gekennzeichnete Ereignisse mit einem gegenwärtigen Zeitbezug versieht.

Die Mehrdeutigkeit und mehrfache Verwendbarkeit sprachlicher Zeichen (lexikalischer wie grammatischer) heißt jedoch nicht, dass Bedeutungen und Funktionen völlig beliebig den sprachlichen Ausdrücken zugewiesen werden könnten. Vielmehr verhält es sich so, dass jedes Sprachzeichen ein bestimmtes **Spektrum an Bedeutungsmöglichkeiten** hat, die dann jeweils im Verwendungszusammenhang – im Kontext – aktualisiert werden.

Aufgrund der Abhängigkeit vom Kontext wirkt also ein und dasselbe Zeichen im Rahmen seiner gegebenen Auswahlmöglichkeiten in verschiedenen Umgebungen unterschiedlich. Dies ist vergleichbar mit der Wirkung von Farben und Hintergründen. So wirkt ein blaues Quadrat vor einem weißen Hintergrund völlig anders als vor einem schwarzen, obwohl es sich jedes Mal um ein und dasselbe blaue Quadrat handelt.

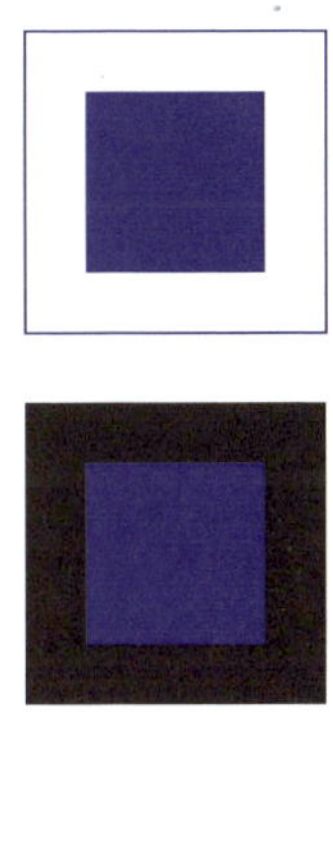

Ein wichtiger Hintergrund für die Wirkung von Sprachzeichen ist die **Textsorte.** Eine Textsorte ist ein typisches, kulturell geprägtes und vermitteltes Textmuster für eine bestimmte Kommunikationssituation. Für den Gebrauch und die Gestaltung einer Textsorte gelten bestimmte kommunikative (und damit auch sprachliche) Regeln, die den Sprechenden geläufig sind (was – wie wir wissen – nicht bedeutet, dass sie ihnen auch bewusst sind). So können die meisten erwachsenen Sprecherinnen und Sprecher des Deutschen ohne Weiteres ein Kochrezept von einem Gedicht, einen Zeitungsartikel von einer Gemeindeordnung, einen Werbetext von einer Gebrauchsanleitung unterscheiden. Schwieriger wird es, wenn die Eigenschaften und Merkmale genannt werden sollen, die ein Kochrezept zu einem Kochrezept und einen Zeitungsartikel zu einem Zeitungsartikel machen. Dabei sind die außersprachlichen Merkmale meist leichter zu benennen: Wir alle wissen, wo ein Kochrezept normalerweise steht, wie es normalerweise aussieht und welche Inhalte (welche außersprachlichen Gegenstände) darin dargestellt werden.

Diese außersprachlichen Textsortenmerkmale, die Bestandteil unseres kulturellen Wissens sind, liefern wichtige Interpretationshinweise für die sprachlichen Mittel. So weiß man, dass in einem Kochrezept, eben weil es dieser Textsorte zugehört, das Präsens eine generische (und keine aktuelle oder historische) Funktion hat (z. B. *Der Kuchen ist fertig, wenn bei der Holzstäbchenprobe kein Teig hängen bleibt*).

Textsorten sind also so etwas wie standardisierte Kontexte und damit standardisierte Interpretationshinweise. Da ihre Gesamtzahl unbestimmt groß ist und über die Grundklassifikation keine Einmütigkeit herrscht, haben wir die Auswahl der Textsorten dieses Kapitels nicht textsortensystematisch, sondern aufgabenorientiert vorgenommen. Wir haben uns bemüht, auf kleinem Raum und mit nur vier Texten ein möglichst weites Spektrum zu bieten, das es erlaubt, eine große Anzahl von grammatischen Merkmalen in ihrer sinnkonstitutiven Funktion zu erläutern. Die Auswahl ist daher wie folgt:

- Text 1: ein journalistischer Text
- Text 2: ein lyrischer Text
- Text 3: ein Sachtext
- Text 4: ein Verwaltungstext

5.2 Journalistischer Text

Der hier analysierte Text ist der Beginn des Artikels »Betreute Beziehungen« von Katharina Körting, der in *der Freitag* vom 12. Januar 2023, S. 14, erschienen ist. Der Untertitel lautet: »Kommunikation. Wohlfühl-Coaching löst keine Konflikte und verschleiert Machtverhältnisse«. Um einen Eindruck von der Wirkung des Textes in der elektronisch verfügbaren Version zu geben, haben wir auf Seite 150 die webbasierte Variante mit anderer Überschrift und anderem Untertitel abgedruckt. Hier folgt nun das für die Analyse aufbereitete Textsegment.

ABSCHNITT 1

1-1 Pink Floyd skandierten einst: »We don't need no education!«
1-2 Erinnert sich jemand?
1-3 Es scheint Lichtjahre her.
1-4 Verweigerung ist out.
1-5 Jetzt ist Erziehung angesagt, auch für Erwachsene.
1-6 Gegenläufig zum Mobbing-Style der Unsozialen Medien rennt man im kommunikativen Real Life gegen Wohlfühl-Fassaden.
1-7 Wann hat das eigentlich begonnen?
1-8 Seit wann gilt es, Bürgerinnen und Mitarbeitende »mitzunehmen«?
1-9 Seit wann wollen Führungskräfte in erster Linie geliebt werden?
1-10 Seit wann ist Verantwortung nicht mehr »Macht«?
1-11 Schwer zu sagen, die Edukarisierung kam schleichend.
1-12 Aus Angestellten wurden Mitarbeiter:innen, aus Befehlsempfängern mit durchaus divergierenden Interessen fokussierte Teams, aus Chefs Teamleiter, die herzlich »einladen« zu Hierarchie, Wettbewerb und Selbstausbeutung, gern per Du, gern »kreativ«, gerne die »liebe Kollegin«.
1-13 Befehle hüllen sich wallend in Empfehlungen, alle haben einander lieb, man muss es nur oft genug erklären.

ABSCHNITT 2

2-1 Längst stehen sie überall, die Flipcharts der Erleuchtung.
2-2 Für jeden Mikrobereich drohen mehrteilige Workshops.
2-3 Bei jeder Gelegenheit, sei sie beruflich, ehrenamtlich oder privat, wird man mit bunten Kärtchen traktiert, auf denen man offenherzig etwas teilen soll.
2-4 Alles ist erlaubt – außer negativ.
2-5 Oder gibt es da draußen wirklich eine Person, die noch nicht mit Moderationskoffern in Berührung gekommen wäre?
2-6 Wie des Zauberlehrlings Besen vermehren sie ihre furchtbar gut gemeinte Herrschaft.

ABSCHNITT 3

3-1 So dringt eine »Workshop«-, »Wertschätzungs«- und »Feedback-Kultur« in alle Ritzen.
3-2 Führung will nur mehr als Leitung erscheinen, besser noch Beg-leitung.
3-3 Alles soll auf Augenhöhe zwar nicht passieren, aber so wirken.
3-4 Kaum eine wird noch aufgefordert oder gar angewiesen.

der Freitag Anmelden | Digitale Zeitung | Abonnieren

Menü | der Freitag Plus | F+ | Politik | Wirtschaft | Kultur | Grünes Wissen | Debatte

Coaching ist Botox für Beziehungen: Sieht frisch aus, wirkt aber toxisch

Katharina Körting

8–10 Minuten

Exklusiv für Abonnent:innen | Ausgabe 02/2023

Kommunikation Ob privat oder beruflich: Kaum eine Beziehung entkommt heute noch der kostenpflichtig herbeigecoachten paarweisen Optimierung. Die muss man sich aber erst mal leisten können

Pink Floyd skandierten einst: „We don't need no education!"

Erinnert sich jemand? Es scheint Lichtjahre her. Verweigerung ist out. Jetzt ist Erziehung angesagt, auch für Erwachsene. Gegenläufig zum Mobbing-Style der Unsozialen Medien rennt man im kommunikativen Real Life gegen Wohlfühl-Fassaden. Wann hat das eigentlich begonnen? Seit wann gilt es, Bürgerinnen und Mitarbeitende „mitzunehmen"? Seit wann wollen Führungskräfte in erster Linie geliebt werden? Seit wann ist Verantwortung nicht mehr „Macht"? Schwer zu sagen, die Edukarisierung kam schleichend. Aus Angestellten wurden Mitarbeiter:innen, aus Befehlsempfängern mit durchaus divergierenden Interessen fokussierte Teams, aus Chefs Teamleiter, die herzlich „einladen" zu Hierarchie, Wettbewerb und Selbstausbeutung, gern per Du, gern „kreativ", gerne die „liebe Kollegin". Befehle hüllen sich wallend in Empfehlungen, alle haben einander lieb, man muss es nur oft genug erklären.

Längst stehen sie überall, die Flipcharts der Erleuchtung. Für jeden Mikrobereich drohen mehrteilige Workshops. Bei jeder Gelegenheit, sei sie beruflich, ehrenamtlich oder privat, wird man mit bunten Kärtchen traktiert, auf denen man offenherzig etwas teilen soll. Alles ist erlaubt – außer negativ. Oder gibt es da draußen wirklich eine Person, die noch nicht mit Moderationskoffern in Berührung gekommen wäre? Wie des Zauberlehrlings Besen vermehren sie ihre furchtbar gut gemeinte Herrschaft.

So dringt eine „Workshop"-, „Wertschätzungs"- und „Feedback-Kultur" in alle Ritzen. Führung will nur mehr als Leitung erscheinen, besser noch Beg-leitung. Alles soll auf Augenhöhe zwar nicht passieren, aber so wirken. Kaum eine wird noch aufgefordert oder gar angewiesen. Untergebene, die nicht mehr so heißen, werden von Vorgesetzten, die sich coole englische Kürzel geben, in gewaltfreien Ich-Botschaften adressiert: „Ich wünsche mir, dass du spurst." Und merken gar nicht, wie viel Lüge in der permanenten Umgänglichkeit steckt. Je härter die Bedingungen, so scheint es, desto softer die Sprache, desto kultivierter das Miteinander. Je mehr Menschen ausgeschlossen sind aus der von gedeckten Konten geschützten schönen neuen Goodwill-Welt, desto inklusiver sprechen die in ihr Befangenen. Nicht nur die berufliche, auch die familiär-freundschaftliche Sphäre ist betroffen.

Manipulative Verbindlichkeit

Die Verwandlung des Sollens (gegen das man sich wehren könnte) ins vermeintliche Selber-wollen lautet dort zum Beispiel so: „Magst du den Tisch decken?" Ungern, aber wie sollte man zum Mögen Nein sagen? Auch auf „Wäre das in Ordnung für dich?" antwortet nahezu jede quasi automatisch „gern". Die spanische Autorin Cristina Morales, einen erfrischend unzeitgemäßen anarchischen Furor pflegend, entlarvt solcherart nur scheinbar egalitäre, tatsächlich zutiefst herablassende Kommunikation in ihrem Roman *Leichte Sprache (der Freitag* 41/2022) als „die extreme, unnötige und infantilisierende Freundlichkeit der Macht".

...

(aus: der Freitag, 12. Januar 2023, S. 14. https://www.freitag.de/autoren/katharina-koerting/coaching-ist-botox-fuer-beziehungen-sieht-frisch-aus-wirkt-aber-toxisch [aufgerufen 15. August 2023])

3-5 Untergebene, die nicht mehr so heißen, werden von Vorgesetzten, die sich coole englische Kürzel geben, in gewaltfreien Ich-Botschaften adressiert:
3-6 »Ich wünsche mir, dass du spurst.«
3-7 Und merken gar nicht, wie viel Lüge in der permanenten Umgänglichkeit steckt.
3-8 Je härter die Bedingungen, so scheint es, desto softer die Sprache, desto kultivierter das Miteinander.
3-9 Je mehr Menschen ausgeschlossen sind aus der von gedeckten Konten geschützten schönen neuen Goodwill-Welt, desto inklusiver sprechen die in ihr Befangenen.
3-10 Nicht nur die berufliche, auch die familiär-freundschaftliche Sphäre ist betroffen.
3-11 Die Verwandlung des Sollens (gegen das man sich wehren könnte) ins vermeintliche Selberwollen lautet dort zum Beispiel so:
3-12 »Magst du den Tisch decken?«
3-13 Ungern, aber wie sollte man zum Mögen Nein sagen?
3-14 Auch auf »Wäre das in Ordnung für dich?« antwortet nahezu jede quasi automatisch »gern«.
3-15 Die spanische Autorin Cristina Morales, einen erfrischend unzeitgemäßen anarchischen Furor pflegend, entlarvt solcherart nur scheinbar egalitäre, tatsächlich zutiefst herablassende Kommunikation in ihrem Roman *Leichte Sprache* (*der Freitag* 41/2022) als »die extreme, unnötige und infantilisierende Freundlichkeit der Macht«.

5.2.1 Einführung in die Analyse des journalistischen Textes

Bei diesem Text handelt es sich um einen Meinungsbeitrag im Resort Debatte. Es wird ein allgemeines gesellschaftliches Thema aufgegriffen, und zwar die Veränderung des kommunikativen Stils in zwischenmenschlichen Verhältnissen beruflicher und privater Natur. Die Autorin trägt Beobachtungen, Reflexionen und Kritik vor, wobei berichtende bzw. beschreibende Abschnitte mit dramatisierenden Zuspitzungen und kritischer Bewertung sowie mit reflektierenden Passagen abwechseln. Die zentrale Intention dieses Beitrags besteht somit, wie resortspezifisch zu erwarten, aus folgenden Komponenten:

- Präsentation von Beobachtungen, die den Sachverhalt (aus der Perspektive der Autorin) definieren und darstellen,
- Kundgabe der eigenen Meinung zum gesetzten Thema und
- Reflexionen und offene Fragen, die eine Beteiligung der Leserschaft hervorrufen, also eine Debatte anregen sollen.

Bereits bei der ersten Lektüre lässt sich jedem der drei zu analysierenden Abschnitte eine Hauptintention bzw. Hauptfunktion zuordnen. Der erste Abschnitt (**1-1** bis **1-13**) präsentiert das Thema und die Vorgeschichte »Wie sich die Einstellung zu Coaching und Kommunikationsverhalten in den letzten Jahrzehnten geändert hat«. Der zweite Abschnitt (**2-1** bis **2-6**) fasst die heute vorherrschende Situation unter einem kritischen Blickwinkel pointiert zusammen.

Der dritte Abschnitt (**3-1** bis **3-15**) illustriert und vertieft dies anhand detailreicher Schilderungen von Szenen aus Arbeitswelt und Privatleben. Bezogen auf die je dominierende Funktion des Abschnitts kann man die drei Abschnitte mit 1. Narration, 2. Kritische Einordnung und 3. Deskription betiteln.

Diesen ersten Eindruck wollen wir im Folgenden durch die Textanalyse überprüfen. Unser Ausgangspunkt ist, wie schon mehrfach hervorgehoben, folgender: Die verwendeten sprachlichen Mittel dienen den Intentionen der Autorin bzw. den Funktionen des Textes. Anders gewendet heißt dies: Anhand der sprachlichen Mittel sind die Intentionen und Funktionen zu erkennen. Allerdings liegt **keine schlichte Eins-zu-eins-Entsprechung** vor, bei der einer bestimmten Form ausschließlich und genau eine bestimmte Funktion zukäme. Intentionen bzw. Funktionen werden nicht durch jeweils ein isoliertes Kennzeichen ausgedrückt, sondern durch ein ganzes Netz von Markierungen, die sich gegenseitig beeinflussen und die sich wechselseitig zum Kontext werden. Neben der Identifizierung bestimmter sprachlicher Mittel muss also auch das jeweils bedeutungstragende Zusammenwirken mehrerer sprachlicher Mittel untersucht werden.

Auf den folgenden Seiten werden einige ausgewählte, markante Verwendungsweisen grammatischer, aber auch lexikalischer Mittel analysiert, um zu zeigen, dass die oben beschriebenen Effekte bzw. Funktionen zu großen Anteilen eben durch die gezielte Auswahl spezifischer sprachlicher Optionen zustande kommen. Die Analyse geschieht unter anderem durch die Bildung von minimalen Kontrasten auf syntaktischer Ebene, d.h. grammatischen und/oder lexikalischen Minimalpaaren im Satzzusammenhang. Die Aspekte, auf die vor allem eingegangen wird, sind die Verwendung der Tempora und anderer temporaler Markierungen (5. 2. 2), Mittel des direkten und indirekten Sprechens (5. 2. 3) und subjektive Wertungen (5. 2. 4).

5. 2. 2 Die Verwendung von Tempora und anderen temporalen Markierungen

Die Verwendung der Tempora lässt sich den benannten dominierenden Funktionen in den drei Abschnitten klar zuordnen und unterscheidet sich entsprechend. Das Präsens ist das bei Weitem häufigste Tempus und tritt insgesamt 36-mal in allen Abschnitten auf. Die Vergangenheitstempora Präteritum und Perfekt sind auf den ersten Abschnitt beschränkt. Hier tritt das Präteritum dreimal auf (in **1-1**, **1-11** und **1-12**); zweimal liegt es elliptisch vor (in **1-12**). Das Perfekt erscheint nur ein einziges Mal (in **1-7**). Andere Tempusformen werden nicht verwendet; auf tempuslose Äußerungen (d.h. solche ohne finites Verb) sowie auf Konjunktivformen kommen wir noch zu sprechen.

Durch die pointierte Verwendung der Vergangenheitstempora, insbesondere des Erzähltempus Präteritum und z. T. unterstützt durch lexikalische und syntaktische Mittel, erhält Abschnitt 1 die erwähnte narrative Funktion, mit der in das Gesamtthema eingeführt wird. Das Präteritum als **Erzähltempus** erscheint im ersten Satz.

1-1 Pink Floyd skandierten einst: »We don't need no education!«

Es rückt die Szene in einen vom Kommmunikationszeitpunkt, d. h. vom Zeitpunkt des Sprechens bzw. Äußerns des Satzes, entfernten, in der Vergangenheit liegenden Zeitraum, der abgeschlossen und nicht mit der Gegenwart verbunden ist. Diese Funktion, die hier durch das Temporaladverb *einst* verstärkt wird, zeigt sich deutlich im Kontrast mit dem Perfekt beim Vergleich von **1-1** und **1-1a**:

1-1a Pink Floyd haben einst skandiert: »We don't need no education!«

Der **Distanzierungseffekt** in eine von der Gegenwart getrennte Vergangenheit ist im Vergleich zu **1-1** nicht mehr vorhanden, da das Perfekt – zumindest im norddeutschen Sprachraum – als ein Tempus wahrgenommen wird, dessen temporale Erstreckung von der Vergangenheit bis in die Gegenwart hineinreicht. Man spricht hier auch von der resultativen Funktion des Perfekts. Im Süden des deutschen Sprachraums hingegen gilt das Perfekt als prototypisches Vergangenheitstempus, das die distanzierende Funktion des Präteritums (das im Süden in der gesprochenen Sprache kaum gebraucht wird) übernommen hat.

Verstärkt wird die in **1-1** gegebene Rückschau in eine entfernte Vergangenheit zusätzlich durch den Folgesatz **1-2**, was zunächst überraschend scheint, da es sich hier um eine direkte Frage im Präsens handelt.

1-1 Pink Floyd skandierten einst: »We don't need no education!«
1-2 Erinnert sich jemand?

Die Frage in **1-2** hat zwei Funktionen. Zunächst zielt sie auf die unmittelbare Einbeziehung aller potenziell Rezipierenden, die durch das Indefinitpronomen *jemand* adressiert sind. Sie sind aufgefordert, diese Frage für sich zu beantworten und sich damit als aktiv an der Kommunikation Beteiligte zu verstehen. Zum andern handelt es sich in **1-2** um eine rhetorische Frage, d. h., es liegt eine negative Antwortpräferenz zugrunde (also: »Niemand erinnert sich.«). Damit wird die Bewertung des Ereignisses aus **1-1** als lang vergangen und vergessen bekräftigt. Satz **1-3** *Es scheint Lichtjahre her* unterstreicht dies durch das Substantiv *Lichtjahre*.

Die Verwendung des Präteritums als deiktischer, d. h. von der Sprechzeit ausgehender Verweis in eine unverbundene Vergangenheit liegt analog zu **1-1** auch in den beiden anderen Belegen (**1-11** und **1-12**) vor. Auch hier ergibt sich (insbesondere für Sprecherinnen und Sprecher aus dem norddeutschen Raum) ein Kontrast zwischen Präteritum und Perfekt, der, wie schon illustriert, durch Minimalpaarbildung hervorgehoben werden kann. Die beiden Fälle von Verbellipsen in **1-12** sind durch eckige Klammern ergänzt.

1-11 Schwer zu sagen, die Edukarisierung kam schleichend.

1-12 Aus Angestellten wurden Mitarbeiter:innen, aus Befehlsempfängern mit durchaus divergierenden Interessen [wurden] fokussierte Teams, aus Chefs [wurden] Teamleiter, die herzlich »einladen« zu Hierarchie, Wettbewerb und Selbstausbeutung, gern per Du, gern »kreativ«, gerne die »liebe Kollegin«.

1-11a Schwer zu sagen, die Edukarisierung ist schleichend gekommen.

1-12a Aus Angestellten sind Mitarbeiter:innen geworden, aus Befehlsempfängern mit durchaus divergierenden Interessen [sind] fokussierte Teams [geworden], aus Chefs [sind] Teamleiter [geworden], die herzlich »einladen« zu Hierarchie, Wettbewerb und Selbstausbeutung, gern per Du, gern »kreativ«, gerne die »liebe Kollegin«.

Während das Präteritum das erzählte Geschehen in eine nicht mehr mit der Gegenwart verbundene Vergangenheit rückt, hat das Perfekt den geradezu gegenteiligen Effekt, **das vergangene Geschehen als in der Gegenwart relevant** zu markieren und an den Sprechzeitpunkt heranzuholen.

Als Zwischenfazit können wir Folgendes festhalten: Obwohl das Präteritum und das Perfekt als im Prinzip bedeutungsähnliche Vergangenheitstempora gelten, können ihre textuellen Verwendungsmöglichkeiten und Interpretationsspielräume regional starke Unterschiede aufweisen.

Wie erwähnt, enthält der Text nur wenige Sätze im Präteritum gegenüber dem dominanten Präsens. Auch dies ist einer bestimmten Wirkabsicht zuzuschreiben. Durch die kontrastierende, sparsame Einbettung einiger Sätze im Präteritum in eine im Präsens gehaltene Umgebung ergibt sich mit entsprechender Verstärkung durch lexikalische Mittel eine weitere, sehr deutlich wahrnehmbare Bedeutungsschicht im ersten Abschnitt: der Ausdruck der kritischen Haltung der Autorin gegenüber den neuen Gepflogenheiten und ein nahezu elegisch wirkendes Bedauern über den Verlust früherer rebellischer Widerstände gegen die Anpassung an das gesellschaftliche System. Um diesen Effekt an grammatisch-lexikalischen Beobachtungen festmachen zu können, betrachten wir die Sätze **4** bis **6** in Abschnitt **1**, die direkt an die Präsentation des »betrauerten Vergangenen« in **1-1** bis **1-3** anschließen.

1-4 Verweigerung ist out.
1-5 Jetzt ist Erziehung angesagt, auch für Erwachsene.
1-6 Gegenläufig zum Mobbing-Style der Unsozialen Medien rennt man im kommunikativen Real Life gegen Wohlfühl-Fassaden.

Die drei im Präsens formulierten Aussagen beschreiben den aktuellen Zustand (unterstützt vom Temporaladverb *jetzt*), der durch lexikalische Mittel mit dem Vergangenen kontrastiert wird: *ist out* in **1-4** wird gegen *ist angesagt* in **1-5** gesetzt, wobei Letzteres, also *ist angesagt,* als synonym zu *ist in* zu verstehen ist, allerdings mit der zusätzlichen, intendierten Komponente des Befehls, der »Ansage«. Die als abwertend zu verstehende Komposition *Wohlfühl-Fassaden,* gegen die man *rennt,* beschreibt die aktuellen Umgangsregeln als unaufrichtig (»Fassaden«) und die Lage der Einzelperson als eine des machtlosen Eingesperrtseins (»gegen eine Wand rennen«).

Die stakkatoartig angelegte Klimax mit zunehmend längeren Sätzen unterstreicht das steigende Unbehagen am Jetzt-Zustand, das schließlich in der Frage in **1-7** mündet, die die einzige Verwendung des Perfekts im analysierten Textausschnitt aufweist.

1-7 Wann hat das eigentlich begonnen?

Hier nimmt die Verfasserin den direkten Kontakt zum Publikum wieder auf und stellt sich und ihren Leserinnen und Lesern die Frage nach dem Beginn der diagnostizierten Wandlung. Dieser Satz bringt in geradezu typischer Weise eine markante Funktion des Perfekts zum Ausdruck: die **dramatisierende (vergegenwärtigende) Zuspitzung** auf den Kulminationspunkt in Erzählungen. Das Perfekt erhöht die Aufmerksamkeit, indem es Spannung erzeugt. Eine Substitution durch das Präteritum zerstört diesen Effekt:

1-7a Wann begann das eigentlich?

Auch eine Umformung ins Präsens entbehrt der dramatischen Zuspitzung, die durch das Perfekt erzielt wird (das Frageelement muss hier von *wann* zu *seit wann* verändert werden):

1-7b Seit wann ist das eigentlich so?

Die Modalpartikel *eigentlich* in **1-7**, die wie alle Modalpartikeln eher im mündlichen und umgangssprachlichen Gebrauch verortet ist, verstärkt die dramatisierende Funktion, indem (zusammen mit der direkten Frage) **eine konkrete Kommunikationssituation simuliert** wird: Die Autorin wendet sich »spontan« und in umgangssprachlicher Weise, sozusagen aus dem situativen Kontext heraus, an ihr Publikum und animiert es so zur direkten Anteilnahme. Zugleich führt die Frage weiter zur anschließenden Passage, die mit drei Fragen, auch diese steigernd gereiht, die Suche nach einer Antwort noch dringlicher erscheinen lässt.

1-8 Seit wann gilt es, Bürgerinnen und Mitarbeitende »mitzunehmen«?
1-9 Seit wann wollen Führungskräfte in erster Linie geliebt werden?
1-10 Seit wann ist Verantwortung nicht mehr »Macht«?

Alle drei präzisierenden Fragen stehen im Präsens, sind mit *seit wann* eingeleitet und nehmen die oben besprochene Funktion des Perfekts in **1-7** wieder auf: Sie beziehen sich auf etwas, das in der Vergangenheit begonnen hat und Auswirkungen bis in die Gegenwart zeigt. Man spricht hier auch von einer resultativen Bedeutung des Perfekts. Der Inhalt der Fragen zählt diese Auswirkungen auf und bringt auf diese Weise Themen ins Spiel, die dann in den Abschnitten **2** und **3** im Einzelnen entfaltet werden.

Diese in den drei Fragen zum Ausdruck kommende resultative Komponente bei der Beschreibung eines andauernden Zustands ist auch in zahlreichen Fällen in den Folgeabschnitten zu finden. Sie wird oft erzeugt durch die Kombination des Präsens mit entsprechenden lexikalischen Mitteln wie in den folgenden Beispielen:

2-1 Längst stehen sie überall, die Flipcharts der Erleuchtung.
2-4 Kaum eine wird noch aufgefordert oder gar angewiesen.
2-5 Untergebene, die nicht mehr so heißen, werden von Vorgesetzten, die sich coole englische Kürzel geben, in gewaltfreien Ich-Botschaften adressiert:

Die unterstrichenen, temporal gefärbten Adverbien *(noch, nicht mehr)* erzeugen in Verbindung mit den gewählten verbalen Konstruktionen eine resultative Bedeutungskomponente. Den verbalen Konstruktionen ist gemeinsam, dass sie kein Agenssubjekt zulassen, sondern entweder Zustände (wie das Simplexverb *heißen*) oder auf ein Patienssubjekt bezogene Vorgänge (*werden*-Passiv in *wird aufgefordert, wird angewiesen, werden adressiert*) beschreiben. Analoge Passivverwendungen finden sich auch in **2-3** (das *werden*-Passiv in … *wird man … traktiert*) und in **3-10**, hier im Zustandspassiv *ist betroffen*.

Der beschriebene Wandel wird somit nicht bestimmten Personen oder Institutionen zugesprochen, sondern als eine allgemeine gesellschaftliche Entwicklung dargestellt. Dies wird im Wesentlichen durch **die Kombination der temporalen Markierungen an den Verbalgruppen im Verbund mit lexikalischen Mitteln (Adverbien)** erreicht. Auch die Darstellung des jeweiligen Sachverhalts als Zustand, Vorgang oder als passivisch perspektivierte Handlung spielt hier eine wichtige Rolle. Die persönliche Haltung der Autorin wird insbesondere durch syntaktische Konstruktionen (Fragesätze, Satzreihungen) und durch lexikalische Mittel (Modalpartikeln, nicht-usuelle Komposita) zum Ausdruck gebracht.

Neben der temporalen Struktur ist die Perspektive der Sprechenden und der besprochenen Personen eine zentrale Bedeutungsebene in jedem Text. Für Meinungstexte wie den vorliegenden gilt dies umso mehr, daher wird sie im folgenden Abschnitt behandelt.

5.2.3 Redewiedergaben und ihre Markierung

Der hier analysierte Text weist zahlreiche **Perspektiven- bzw. Standpunktwechsel** auf, die als **Sprecherwechsel** gekennzeichnet sind. Zum Ausdruck gebracht wird dies durch einen Wechsel zwischen monologischen und dialogischen Passagen und durch verschiedene Methoden der (in)direkten Redewiedergabe bzw. des Zitats.

Wie oben bei der Analyse der direkten Fragen in **1-2** und **1-7** bis **1-10** erläutert, zielt die Herstellung eines (fingierten) Dialogs zwischen Autorin und Publikum durch direkte Adressierungen in Form von Fragen auf eine Steigerung der Beteiligung und des Interesses. Eine weitere markante Stelle mit einer direkten Frage ist **2-5**:

2-5 Oder gibt es da draußen wirklich eine Person, die noch nicht mit Moderationskoffern in Berührung gekommen wäre?

Hier wird durch die mit *oder* eingeleitete Alternativfrage ein Dialog mit dem Publikum simuliert, indem nach einer »Person da draußen« gefragt wird, die Einspruch gegen die von der Autorin präsentierte Einschätzung (»Alle sind schon mit Moderationskoffern in Berührung gekommen«) erheben könnte und sollte. Es handelt sich jedoch um eine rhetorische Frage, deren präferierte Antwort (»Nein, gibt es nicht«) durch den Kontrast mit **2-5a**, der die zugrunde liegende einfache Entscheidungsfrage enthält, klar hervortritt:

2-5a Gibt es eine Person, die noch nicht mit Moderationskoffern in Berührung gekommen ist?

Die Kennzeichnung von **2-5** als **rhetorische Frage** wird durch mehrere sprachliche Mittel bewirkt. Neben der Distanzierung einer möglicherweise existierenden Gegenmeinung durch das Adverbial *da draußen* ist es auf lexikalischer Ebene das Modalwort *wirklich*, das die negative Antwortpräferenz der Autorin stark fokussiert (»Eine solche Person gibt es wirklich nicht«). Hinzu kommt der Konjunktiv Plusquamperfekt *in Berührung gekommen wäre* im Relativsatz. Hier zeigt sich die sogenannte Irrealisfunktion des Konjunktivs Plusquamperfekt: Eine in der Vergangenheit lokalisierte Situation (»Eine Person ist noch nicht mit Moderationskoffern in Berührung kommen«) ist nicht zutreffend (nicht faktisch, nicht real), obwohl eine solche Situation hypothetisch möglich wäre und deshalb überhaupt Gegenstand des Gesprächs ist.

Die Funktion dieser rhetorischen Frage liegt neben der Adressierung des Publikums in der Vorbereitung der folgenden detaillierten Beschreibungen. Die vom Publikum indirekt bestätigte Auffassung der Autorin (von der unguten Herrschaft der Moderationskoffer über den Diskurs) ergibt die Legitimation zur weiteren Ausführung. Diese erfolgt vor allem in Abschnitt **3**.

In diesem Abschnitt finden sich mehrere Passagen, die als direkte wörtliche Rede markiert sind, wie z. B. **3-6**:

3-4 Kaum eine wird noch aufgefordert oder gar angewiesen.

3-5 Untergebene, die nicht mehr so heißen, werden von Vorgesetzten, die sich coole englische Kürzel geben, in gewaltfreien Ich-Botschaften adressiert:

3-6 »Ich wünsche mir, dass du spurst.«

Der Satz *Ich wünsche mir, dass du spurst* wird als Zitat niemandem konkret zugeschrieben, sondern er illustriert die Haltung und die unterschwellige Botschaft, die die Autorin als Essenz der verdeckt hierarchischen Berufskommunikation ausmacht, nämlich: unter vorgeschützter Empathie verborgene Machtausübung. Die Vorgängeräußerungen (**3-4** und **3-5**), die diese Situation beschreiben, erlauben es der Autorin, daraus eine typische Situation mit einem typischen, **fingierten Zitat** zu destillieren, das die Lage verbildlicht und auf den Punkt bringt. Das Zitat ist zwar in Anführungszeichen gesetzt, hat aber keine Quellenangabe und kann und soll auch niemandem konkret zugeordnet werden. Es ist die dialogisch verbildlichte Essenz der Analyse.

Dass dieser Effekt durch die gezielte Auswahl und Kombination der beschriebenen grammatischen und lexikalischen Mittel erzeugt wird, lässt sich durch einen **Umformtest** ermitteln, der andere grammatische und lexikalische Formen wählt. Die folgende Umformung gibt den Inhalt von **3-6** als Nebensatz von **3-5** und ohne die Verwendung direkter Rede wieder:

3-5/3-6a Untergebene, die nicht mehr so heißen, werden von Vorgesetzten, die sich coole englische Kürzel geben, in gewaltfreien Ich-Botschaften adressiert, die den Befehl indirekt und als persönlichen Wunsch formulieren.

Dadurch wird die Aussage distanzierter und allgemeiner und zugleich nichtssagend und sehr viel weniger plastisch und einprägsam.

Derartige »Scheinzitate« treten im Text mehrfach auf. Die folgende Tabelle fasst die Passage **3-11** bis **3-14**, die demselben Muster der Verdeutlichung durch Einflechtung fingierter, direkter Zitate folgt, zusammen.

1 Formen und Funktionen von »Redewiedergaben«

Textausschnitt 3-11 **bis** 3-14: 3-11 Die Verwandlung des Sollens (gegen das man sich wehren könnte) ins vermeintliche Selberwollen lautet dort zum Beispiel so: 3-12 »Magst du den Tisch decken?« 3-13 Ungern, aber wie sollte man zum Mögen Nein sagen? 3-14 Auch auf »Wäre das in Ordnung für dich?« antwortet nahezu jede quasi automatisch »gern«.		
Beschreibung des Phänomens die Illustration der verdeckt hierarchischen Kommunikation im Alltagsleben	**gramm. Form u. Funktion** explizite Einführung einer fingierten dialogischen Passage in 3-11; diese folgt als direkte Rede (in 3-12 und 3-14) und als Mischform (3-13)	**Kommentar** Verdeutlichung, Vergegenwärtigung
Textausschnitt 3-11 Die Verwandlung des Sollens (gegen das man sich wehren könnte) ins vermeintliche Selberwollen lautet dort zum Beispiel so:		
Beschreibung des Phänomens Einleitung der folgenden Passage; Kennzeichnung als beispielhaftes, d. h. nicht reales Zitat	**gramm. Form u. Funktion** keine explizite Benennung einer sprechenden Person; abstraktes Subjekt: *die Verwandlung des Sollens (gegen das man sich wehren könnte) ins vermeintliche Selberwollen*	**Kommentar** Einleitung der folgenden direkten Rede; durch das komplexe Subjekt wird die im Anschluss illustrierte Kommunikation als unlauter gekennzeichnet
Textausschnitt 3-12 »Magst du den Tisch decken?«		
Beschreibung des Phänomens wörtliches Zitat	**gramm. Form u. Funktion** Frage mit Modalverb; indirekter Sprechakt der Aufforderung; Indikativ Präsens; Subjekt *Du* benennt generell jede Person, die aufgefordert werden kann	**Kommentar** Darstellung der verdeckten Machtausübung im privaten Bereich
Textausschnitt 3-13 Ungern, aber wie sollte man zum Mögen Nein sagen?		
Beschreibung des Phänomens Fortführung des Zitats mittels Mischform zwischen direkter und indirekter Rede	**gramm. Form u. Funktion** keine explizite Markierung durch Anführungszeichen, erscheint als eine Art innerer Monolog	**Kommentar** Formen der direkten und indirekten Rede komplex gemischt

Textausschnitt 3-14 Auch auf »Wäre das in Ordnung für dich?« antwortet nahezu jede quasi automatisch »gern«.		
Beschreibung des Phänomens verkürzte Wiedergabe einer vorgestellten Dialogsequenz	**gramm. Form u. Funktion** Frage mit Konjunktiv II als direktes Zitat, das als indirekter Befehl gekennzeichnet wird; Antwort ebenfalls als Zitat	**Kommentar** stilisierter Dialog

Zur Verwendung der Konjunktive

Im Zusammenhang mit Redewiedergaben und Perspektivierungen ist ein Blick auf die Konjunktive angebracht, da die Verbmodi hier eine zentrale Funktion übernehmen. Wie in Kap. 1.1.3 dargestellt, ist eine der Funktionen des Konjunktivs die Markierung der indirekten Rede. Hier kommen alle Formen des Konjunktivs (also Konjunktiv I, Konjunktiv II und die *würde*-Umschreibung) zum Einsatz, wobei die Regel gilt, dass Konjunktiv II und die *würde*-Umschreibung insbesondere als Ersatz für nicht vom Indikativ unterscheidbare Formen des Konjunktivs I eintreten (Kap. 1.1.3, S. 18). Die Frage nach den genauen Bedingungen der Wahl einer der drei Formen ebenso wie die Frage nach eventuellen Bedeutungsunterschieden zwischen ihnen sind kontrovers diskutierte Gegenstände in der sprachwissenschaftlichen Forschung. An dieser Stelle sei auf einen interessanten, wenn auch auf den ersten Blick minimalen **Funktionsunterschied zwischen Konjunktiv I und Konjunktiv II** hingewiesen. Dieser zeigt sich im Bedeutungsspektrum der Verbmodi in folgendem Satzpaar:

a. Sie sagte, er habe das Paket aufgegeben.
b. Sie sagte, er hätte das Paket aufgegeben.

In Beispiel a. wird der Konjunktiv I, in Beispiel b. der Konjunktiv II zur Markierung der indirekten Rede verwendet. Beides ist möglich und – da ein Matrixsatz vorliegt – wäre im Prinzip auch der Indikativ verwendbar:

c. Sie sagte, er hat das Paket aufgegeben.

Ohne Matrixsatz ist zur Kennzeichnung der Indirektheit der Redewiedergabe der Konjunktiv unerlässlich. Hier finden sich ebenfalls Konjunktiv I und II:

d. Er habe das Paket aufgegeben.
e. Er hätte das Paket aufgegeben.

Diese beiden Sätze weisen jedoch einen erheblichen Bedeutungsunterschied auf. In d. wissen wir, welcher Modus in der ursprünglichen direkten Rede stand:

nämlich der Indikativ, also *Er hat das Paket aufgegeben.* In Beispiel e. wissen wir genau dies nicht. Im Ausgangssatz könnte sowohl der Indikativ als auch der Konjunktiv II gestanden haben: *Er hat/hätte das Paket aufgegeben.*

Der Konjunktiv I markiert die Äußerung als das Zitat einer ursprünglich indikativischen Äußerung einer anderen Person, für deren Inhalt die aktuell sprechende Person nicht verantwortlich ist. Letztere sagt also: »Nicht ich, sondern jemand anderes hat das behauptet.« Nur durch den Konjunktiv I wird ausgedrückt, dass **in der direkten Rede** eine Aussage im **Indikativ** gemacht wurde. Weder die Ersetzung durch den Konjunktiv II noch durch die *würde*-Umschreibung bringt dies zum Ausdruck: Werden sie verwendet, so ist nicht ausgeschlossen, dass bereits in der direkten Rede ein Konjunktiv II oder eine *würde*-Umschreibung standen. Kurz: Die Verwendung des Konjunktivs I in der indirekten Rede ist eine eindeutigere Wiedergabe der Form des Zitats als die anderer Konjunktive. Sie differenziert die Position der aktuell sprechenden Person von der der zitierten Person eindeutiger als die Ersatzformen.

Auf unseren Text bezogen, ist nun auffällig, dass es, obwohl wir zahlreiche Redewiedergaben haben, keine einzige Verbform im Konjunktiv I gibt. Dies hat direkt mit der Textfunktion zu tun. Es geht nicht um bestimmte Personen (wie es z. B. in einem Interview der Fall wäre), sondern um die Analyse eines gesellschaftlichen Phänomens. Die Zitate sind hier Mittel der Vergegenwärtigung, nicht substanzielle Information bzw. Neuigkeiten an sich.

Die direkte Rede in 2-6 oder auch in 3-12 dient nicht der Wiedergabe dessen, was eine bestimmte Person faktisch zu einer gegebenen Gelegenheit gesagt hat, sondern zur Illustration, was man üblicherweise in derartigen manipulativen Situationen sagt. Eine Übersetzung in eine indirekte Redewiedergabe durch den Konjunktiv I würde den Textsinn völlig zerstören, was hier noch einmal kurz durch ein Minimalpaar demonstriert sei, bei dem die direkte Rede (3-12) als indirekter Fragesatz in den Vorgängersatz (3-11) eingebettet wird, sodass 3-11/3-12a entsteht:

3-11 Die Verwandlung des Sollens (gegen das man sich wehren könnte) ins vermeintliche Selberwollen lautet dort zum Beispiel so:
3-12 »Magst du den Tisch decken?«

3-11/3-12a Die Verwandlung des Sollens (gegen das man sich wehren könnte) ins vermeintliche Selberwollen zeigt sich zum Beispiel in der Frage, <u>ob man den Tisch decken möge/wolle</u>.

Die Umformung in eine eingebettete indirekte Frage mit dem Konjunktiv I des Finitums *(möge* oder *wolle)*, die die Distanzierung der Autorin vom Gesagten ausdrückt, ist hier völlig unangebracht. Es gibt keine Originalaussage, von der

eine Distanzierung vorgenommen werden könnte. Stattdessen wurde die direkte Rede aus der Imagination möglicher Szenen heraus erfunden. Sie soll vergegenwärtigen und nicht distanzieren.
Kurz erwähnt sei, dass im Text insgesamt viermal eine Konjunktiv II-Form auftritt, die jedoch in keinem Fall mit der Redewiedergabe und der Ersatzregel zu tun hat, sondern mit der **Hauptfunktion des Konjunktivs II**, der Distanzierung vom Grad der Faktizität. Einer der Fälle wurde schon besprochen (der Konjunktiv Plusquamperfekt *gekommen wäre* in **2-5**), die übrigen drei Sätze mit Konjunktiv II sind Folgende:

3-11 Die Verwandlung des Sollens (gegen das man sich wehren könnte) ins vermeintliche Selberwollen lautet dort zum Beispiel so:
3-13 Ungern, aber wie sollte man zum Mögen Nein sagen?
3-14 Auch auf »Wäre das in Ordnung für dich?« antwortet nahezu jede quasi automatisch »gern«.

In **3-11** und **3-13** handelt es sich um die Funktion des Konjunktivs II als Potentialis oder Irrealis. Da in beiden Fällen Modalverben vorliegen *(könnte, sollte)*, deren Konjunktiv II-Formen stark lexikalisiert sind, ist die Grundfunktion des Konjunktivs II hier nur undeutlich wahrzunehmen und man kann pauschal von einer abschwächenden Wirkung bezogen auf die Bedeutung des Modalverbs sprechen. Der Konjunktiv II drückt hier also vorsichtige Distanzierung zur Faktizität aus.

In der Frage in **3-14** liegt der höfliche Konjunktiv II vor, der als stereotype Realisierung von potenziell kritischen Sprechakten gelten kann. Typische Beispiele sind hier: *Dürfte ich Sie bitten, x zu tun; man könnte sagen, dass x; ich würde vorschlagen, x zu tun* usw.

Auf die Gefahr einer Überinterpretation hin kann die geballte Verwendung des Konjunktivs II in dieser Passage weitergehend interpretiert werden, was vor allem angesichts der Tatsache, dass der Konjunktiv II ansonsten, mit Ausnahme von **2-5**, im gesamten analysierten Text nicht auftritt, legitim erscheint. Die hier dargestellten Situationen sind interaktive Aushandlungsprozesse, die prototypisch die Wehrlosigkeit der untergebenen Person gegen autoritäre, aber höflich formulierte Übergriffe zum Ausdruck bringen: Der Konjunktiv II unterstreicht dies durch die Markierung von nur abgeschwächten Handlungsmöglichkeiten.

Diesen Abschnitt abschließend, sei eine weitere Funktion direkter Zitate besprochen. Neben den genannten fingierten, direkten Reden, deren Funktion die Verbildlichung ist, finden sich an zwei Stellen direkte, originale wörtliche Zitate, die von im Text benannten Individuen geäußert wurden. Das ist zum einen der erste Satz des Artikels **1-1**, zum anderen der letzte Satz des analysierten Abschnitts **3-15**:

1-1 Pink Floyd skandierten einst: »We don't need no education!«

3-15 Die spanische Autorin Cristina Morales, einen erfrischend unzeitgemäßen anarchischen Furor pflegend, entlarvt solcherart nur scheinbar egalitäre, tatsächlich zutiefst herablassende Kommunikation in ihrem Roman *Leichte Sprache* (*der Freitag* 41/2022) als »die extreme, unnötige und infantilisierende Freundlichkeit der Macht«.

Hier liegt die **klassische Form der direkten Redewiedergabe** vor: Das wörtliche Zitat erscheint als originale Rede der ursprünglich sprechenden Person(en). Letztere werden im redeeinleitenden Satz explizit namentlich genannt. Hier ist somit historische Echtheit, Authentizität dargestellt. In **3-15** wird das Zitat durch die einleitenden Bemerkungen zur Autorin *(Die spanische Autorin Cristina Morales, einen erfrischend unzeitgemäßen anarchischen Furor pflegend …)* als eine Aussage markiert, die auch der Haltung der Autorin des Artikels entspricht. Das Pink-Floyd-Zitat, mit dem der gesamte Text eingeleitet wird, erscheint wie die Nennung eines Mottos, das die Autorin positiv bewertet. Kurz: Die Autorin bringt ihre eigene Haltung durch echte Zitate von öffentlich bekannten Personen zum Ausdruck, indem sie diese wörtlich und formal korrekt zitiert und im Kontext Zustimmung zu deren Inhalt signalisiert. Dies ist eine geradezu konträre Funktion zu den oben beschriebenen »fingierten Zitaten«, die stereotype Aussagen als negativ kennzeichnen.

Die Analyse des Zusammenwirkens monologischer und dialogischer Ausdrucksweise, direkter und indirekter Redewiedergabe und der ihnen zugeordneten Ausdrucksmittel ergibt, dass der Text eine sehr ausgefeilte und kunstvolle Form der Einbeziehung kommunikativer Äußerungen anderer präsentiert. Ferner wird deutlich, dass Zitate sehr unterschiedliche Funktionen im Text übernehmen können.

5.2.4 »Subjektive« Markierungen

Der Text zeichnet sich durch eine geschickte Verwendung von Mitteln aus, die einerseits **subjektiv-emotive Wertung** im Sinne einer positiven oder negativen Einstellung zum beschriebenen Sachverhalt, andererseits eine **Bewertung der Faktizität** des beschriebenen Sachverhalts zum Ausdruck bringen, also in den Bereich der Funktionen der Verbmodi gehören. Einige dieser Mittel wurden in den obigen Abschnitten schon angesprochen, da sie nicht immer von anderen Funktionen zu trennen sind. In diesem Abschnitt sind weitere wichtige Beobachtungen zusammengefasst.

Subjektiv-emotive Wertungen entstehen auf lexikalischer Ebene durch die Erzeugung dialogischer Nähe (siehe die oben behandelten Fragesätze) und durch syntaktische Mittel, die eine Nähe zur gesprochenen Sprache aufweisen.
Die lexikalischen Mittel zum Ausdruck der Haltung der Verfasserin beinhalten die konkrete Wortwahl und die spontane Bildung von Komposita. Beispiele sind 2-6: *furchtbar gut gemeinte Herrschaft;* 1-6: *Mobbing-Style der Unsozialen Medien und Wohlfühl-Fassaden;* 1-11: *Edukarisierung;* 2-1: *Flipcharts der Erleuchtung;* 2-2: *Für jeden Mikrobereich drohen mehrteilige Workshops.* Als sehr originell hervorzuheben ist die Bildung *Beg-leitung* in

3-2 Führung will nur mehr als Leitung erscheinen, besser noch Beg-leitung.

Die fehlerhafte Silbentrennung (eigentlich *Be-gleitung*) aktiviert spielerisch das englische Verb *beg* ›bitten‹ sowie das deutsche Verb *leiten* und macht damit den im Text dargestellten Anspruch der neuen Führungskräfte, hierarchische Machtausübung bzw. Leitungsaufgaben nur durch sanftes Bitten und durch Ermutigung zu vollziehen, auf subtile Weise lächerlich.

Zu beachten ist auch die differenzierte **Verwendung von Anführungszeichen um isolierte Wörter oder Phrasen.** Sie markiert einerseits, dass hier die Wortwahl anderer vorliegt und es sich somit um ein Kurzzitat handelt. Andererseits signalisiert sie jedoch spottende Distanzierung und Kritik. Beispiele sind 1-8: *Bürgerinnen und Mitarbeitende »mitzunehmen«,* 1-10: *»Macht«,* 3-1: *»Workshop«-, »Wertschätzungs«-* und *»Feedback-Kultur«.*

Syntaktisch unvollständige Sätze dienen, auch durch die Nähe zur gesprochenen und damit tendenziell unmoderierten Sprache, dem Ausdruck der inneren Beteiligung der Autorin, wie z. B. in

2-4 Alles ist erlaubt – außer negativ.

In 3-13 wird mit dem unvollständigen Syntagma *Ungern, aber wie sollte man zum Mögen Nein sagen?* eine indirekte Antwort auf die vorher gestellte Frage gegeben.

3-12 »Magst du den Tisch decken?«
3-13 Ungern, aber wie sollte man zum Mögen Nein sagen?

Die hier durchgeführte Verflechtung zwischen direkter und indirekter Rede betont das Unbehagen der Autorin. Während 3-12 als fingiertes Zitat in Anführungszeichen steht, hat das *ungern* in 3-13, das eine potenzielle Antwort darauf wäre, keine Anführungszeichen. Es handelt sich also nicht mehr um ein fingiertes Zitat, der vorgestellte Dialog wird unterbrochen. Die Autorin übernimmt die Antwort, die einerseits als nur gedachte und nicht ausgesprochene Replik auf die Aufforderung erscheint und die andererseits Ausdruck des Unmuts der Autorin gegen diese Manipulation ist.

Auch 3-7, das auf die schon analysierte Passage 3-4 bis 3-6 folgt, ist ein Beispiel für unvollständige Sätze und auch hier wird eine Nähe zu gesprochener Sprache und zu spontaner Mündlichkeit hergestellt:

3-4 Kaum eine wird noch aufgefordert oder gar angewiesen.
3-5 Untergebene, die nicht mehr so heißen, werden von Vorgesetzten, die sich coole englische Kürzel geben, in gewaltfreien Ich-Botschaften adressiert:
3-6 »Ich wünsche mir, dass du spurst.«
3-7 Und merken gar nicht, wie viel Lüge in der permanenten Umgänglichkeit steckt.

3-7 nimmt als elliptisches Subjekt die *Vorgesetzten* in 3-5 auf und diagnostiziert deren psychische Verfasstheit, die im scharfen Gegensatz zur vorgetragenen Haltung dieser Personen steht. Die im fingierten Zitat in 3-6 typisierte Redesituation fließt in 3-7 über in eine subjektiv gefärbte, emotional deutlich beteiligte Wertung und Verallgemeinerung durch die Autorin. Dies geschieht mittels einer über Äußerungsgrenzen hinweg fließenden, unvollständigen Syntax.

Diese Art der Strukturierung von Inhalten zielt nicht nur auf eine lebhafte Beteiligung der Rezipierenden, sondern bringt zugleich eine deutliche Meinung und Wertung der Autorin zum Ausdruck. Mit dem stellenweise eingesetzten **gezielten Anschein der Mündlichkeit und der Umgangssprachlichkeit** wird der Eindruck von Spontaneität und Direktheit erweckt, der sich mit den vorher beschriebenen Effekten verbindet. Auch hier haben wir gesehen, dass der Eindruck von Mündlichkeit und Umgangssprachlichkeit direkt auf den gezielten Einsatz bestimmter sprachlicher Mittel zurückgeführt werden kann.

Abschließend sei kurz die Modalisierung im Bereich der Faktizitätsbewertung erwähnt, also die Kennzeichnung der subjektiven **Einschätzung des Tatsache-Seins** des dargestellten Sachverhalts durch die Autorin. Dabei wird nicht mehr auf die Verbmodi und die Funktion der Zitierweisen eingegangen (siehe hierzu oben), sondern nur auf diejenigen Stellen, die explizit unsichere Faktizität markieren. Dies geschieht vor allem durch das Verb *scheinen* in 1-3 (hier als Vollverb) und 3-8 (hier parenthetisch über die feste Wendung *so scheint es*) und über das Adjektiv *scheinbar* in 3-15, das hier das Adjektiv *egalitär* modifiziert.

1-3 Es scheint Lichtjahre her.
3-8 Je härter die Bedingungen, so scheint es, desto softer die Sprache, desto kultivierter das Miteinander.
3-15 Die spanische Autorin Cristina Morales, einen erfrischend unzeitgemäßen anarchischen Furor pflegend, entlarvt solcherart nur scheinbar egalitäre, tatsächlich zutiefst herablassende Kommunikation in ihrem Roman *Leichte Sprache* (*der Freitag*

41/2022) als »die extreme, unnötige und infantilisierende Freundlichkeit der Macht«.

Darüber hinaus sind syntaktische Konstruktionen anzutreffen, die unsicheren Faktizitätsgrad markieren; hier zum Beispiel in einem syntaktisch unvollständigen Matrixsatz:

1-11 Schwer zu sagen, die Edukarisierung kam schleichend.

Mit der Wendung *schwer zu sagen* bringt die Autorin ihre eigene Unsicherheit bezüglich des Einsetzens des beschriebenen Wandels (also der *Edukarisierung*) zum Ausdruck.

Mit diesen wenigen Anmerkungen ist die Fülle der Mittel, die in diesem Text verwendet werden, um die Meinung und Einstellung der Autorin zum behandelten Gegenstand zu signalisieren, bei Weitem nicht ausgeschöpft. Sie sollten jedoch genügen, um zu verdeutlichen, wie vielfältig grammatische und lexikalische Mittel bei unterschiedlichen Funktionen zusammenwirken.

5.2.5 Zusammenfassung

Die Analysen und Tests dieses Abschnitts haben gezeigt, dass **Funktion und Wirkung bestimmter sprachlicher Mittel klar identifizierbar sind,** wobei sich gegenseitig verstärkende Effekte der einzelnen Mittel zu berücksichtigen sind. Auffällig an diesem journalistischen Meinungstext ist die hohe Intertextualität, die verschiedene Positionen, Stilschichten und Modi der Sprachverwendung auf engstem Raum – nicht selten innerhalb eines Satzes – ineinanderfügt, um Wirkung zu erzeugen.

Es wurden vor allem folgende grammatische Kategorien und syntaktische Konstruktionen analysiert:

- Tempusauswahl und temporale Lexik
- syntaktische Kennzeichnung direkter und indirekter Rede (Trägersätze, Zitate etc.)
- unterschiedliche Formen und Funktionen von Zitaten
- Verbmodi
- Faktizitätsmarkierung
- elliptische und unvollständige Sätze
- stilistisch markierte Lexemauswahl und kreative Bildungen zum Ausdruck subjektiver Wertung

5.3 Lyrischer Text

nach hause kommen

öffnet die tür sich
lacht sich entgegen
umarmt sich
küßt sich
springt an sich hoch als das kind springt an sich hoch als der hund
streichelt sich den kopf
nimmt die tasche sich aus der hand
hilft sich aus dem mantel
erzählt sich was alles war draußen
hört sich zu was alles war zuhaus

(aus: Ernst Jandl: Idyllen. Gedichte. München 1997, zitiert nach Ausgabe 1989, S. 77)

5.3.1 Einführung in die Analyse des lyrischen Textes

Mit der Analyse des Gedichts von Ernst Jandl verfolgen wir eine einfache Zielsetzung: Es geht uns darum, Ihnen zu zeigen, zu welchen Ergebnissen eine rein grammatische Betrachtung eines Gedichtes führen kann.

Wir behaupten, dass die Analyse der Grammatik poetischer Texte den Blick für deren Inhalt und Gehalt schärft, dass sie den richtigen Zugang schafft und gleichsam den **Schlüssel für das Öffnen der Schatztruhe** bereithält. Die grammatische Analyse poetischer Texte bietet ein festes Fundament, das aufgrund »sichtbarer Tatsachen« geschaffen wird. Von hier aus können weiterführende Interpretationsversuche unternommen werden.

Jeder Interpret verirrt sich aber im Dschungel möglicher Deutungen, wenn er meint, die grammatischen Grundlagen ignorieren zu können. Ergebnisse grammatischer Analysen sind durch Verankerung der Gegebenheiten im Text im positiven Sinne »bodenständig« und in jedem Fall intersubjektiv nachprüfbar.

Unsere Wahl fiel auf ein **Gedicht,** das viele Merkmale moderner Lyrik aufweist und deshalb als Modell stehen kann. Wollte man eine Textsorte »Gedicht« beschreiben, dann ist die äußere Form, das Vorhandensein von Versen und Strophenbau, ein entscheidendes Kriterium. Hinzu kommt eine bestimmte Ausdrucksweise, die durch expressive Wortwahl und Dichte, durch die Verwendung von Vollverben bei gleichzeitigem Vermeiden von Funktions- oder Hilfsverben und durch den Gebrauch von Stilmitteln charakterisiert werden kann. Inwiefern allerdings diese Kriterien, die für ein prototypisches Gedicht gelten, auch auf die zeitgenössische Lyrik zutreffen, muss am Einzelfall geprüft werden.

In einem ersten Schritt geht es um die **optische Präsentation** des Gedichtes, in dem die Versform als äußere Form beibehalten ist:

> Das Gedicht hat eine **Überschrift** *nach hause kommen*, die grafisch vom Textkörper durch Leerzeile abgehoben ist. Auf den ersten Blick fällt auf, dass im Jandl-Gedicht wie in vielen modernen Gedichten sämtliche **Interpunktionszeichen** fehlen, also keine Teilsatz- oder Satzgrenzen angegeben sind. Darüber hinaus wird auch auf die **Großschreibung** verzichtet, sodass Substantive und eventuell vorhandene Satzanfänge nicht markiert sind.

In einem zweiten Schritt geht es um **besondere Auffälligkeiten des Wort- und Satzgebrauchs,** bevor wir zu Inhaltlichem kommen:

- Insgesamt kann im Gedicht elfmal das Wort *sich* gezählt werden, in jeder Zeile einmal, nur in der Überschrift fehlt es. Für das Textverständnis ist die Interpretation von *sich* – wie Sie noch sehen werden – von großer Bedeutung.
- Jede Zeile beginnt mit einem finiten Verb in der 3. Person Singular Indikativ Präsens (Aktiv), sodass ein gewisser **Parallelismus** zu verzeichnen ist. Da das finite Verb das wichtigste Satzglied für eine Aussage darstellt, kann eine weitere Beobachtung angeschlossen werden:
- In jeder Zeile wird der Inhalt genau einer Aussage geboten. Es gibt eine Ausnahme: Zeile **6** bietet zwei Aussagen, die parallel konstruiert sind. Zeile **6** fällt durch ihre Länge und auffällige Stellung in der Mitte des Gedichts besonders auf:

springt an sich hoch als das kind springt an sich hoch als der hund

- Da die Aussagen mit dem Ende einer Zeile abgeschlossen sind, sind Satzzeichen und Großschreibung bei Satzbeginn nahezu überflüssig. Von der Möglichkeit des Enjambements, des Zeilensprungs, macht der Autor keinen Gebrauch.
- Die Verwendung besonderer auffälliger Stilmittel kann nicht beobachtet werden.

Wir werden im Folgenden die Zeilen des Gedichts (ohne Überschrift) auch als Verse bezeichnen und dabei die Zeilennummerierung beibehalten.

Welche Inhalte werden im Gedicht vermittelt?

Es handelt sich um die Schilderung des alltäglichen Nach-Hause-Kommens. Wie bereits gesagt – in den Aussagen steht die durch das finite Verb ausgedrückte Handlung im Mittelpunkt:

Es geht um ein Tür-Öffnen 2, um ein Sich-Entgegenlachen 3, Sich-Umarmen 4, Sich-Küssen 5, An-Sich-Hochspringen (als Kind und als Hund) 6, Sich-den-Kopf-Streicheln 7, Sich-die-Tasche-aus-der-Hand-Nehmen 8, Sich-aus-dem-Mantel-Helfen 9 und schließlich um ein Sich-Erzählen 10 und Sich-Zuhören 11.

Geboten werden beinahe durchweg **einfache Sätze, Aussagesätze,** die neben dem finiten Verb und dem Pronomen *sich* ein Minimum an weiteren Satzgliedern aufweisen. Die folgende Übersicht gibt eine mögliche erste Analyse:

4 Tabelle zum syntaktischen Gebrauch der finiten Verben

finites Verb + *sich*	finites Verb + *sich* + Objekt/Adverbial	finites Verb + *sich* + Objektsatz
öffnet (die tür) sich (2)		
lacht sich entgegen (3)		
umarmt sich (4)		
küßt sich (5)		
springt an sich hoch (als das kind) springt an sich hoch (als der hund) (6)		
	streichelt sich den kopf (7)	
	nimmt die tasche sich aus der hand (8)	
	hilft sich aus dem mantel (9)	
		erzählt sich was alles war draußen (10)
		hört sich zu was alles war zuhaus (11)

Von Vers 2 bis 11 haben – auf den ersten Blick – insgesamt fünf Verse, die Hälfte des Gedichts, neben *sich* kein weiteres Objekt. Nur drei Verse haben weitere Satzglieder, zwei Akkusativobjekte (7, 8) und zwei Lokaladverbiale (8, 9). Zwei weitere Verse weisen einen Objektsatz auf, der in 10 für ein Akkusativobjekt steht. Vers 11 gestaltet sich weitaus schwieriger. Hierzu später mehr.

Wenn wir die Komplexität der Satzstrukturen berücksichtigen, fällt ein klimaxartiger Aufbau des Gedichts auf.

Stufe 1: Die Verse 2–6 sind, *sich* zunächst einmal unbeachtet lassend, ohne Objekt, ohne Patiens, d. h. ohne Bezugsgröße, die – *sich* noch immer ausgenom-

men – von der Handlung betroffen sein könnte. Sie kulminiert in Vers **6** mit einer doppelten Aussage und zwei *als*-Phrasen *(als das kind, als der hund).*
Stufe 2: Darauf folgen drei Sätze mit Objekt, die entweder einen Körperteil *(den kopf, aus der hand)* oder ein Kleidungsstück (im weiteren Sinne) *(die tasche, aus dem mantel)* bezeichnen. Die Reichweite der Handlung des Verbs betrifft kein Patiens, das außerhalb von Körper und Kleidungsstück dingfest zu machen ist.
Stufe 3: Die beiden Sätze am Schluss sind die einzigen komplexen Sätze, die Satzgefüge darstellen. Die Nebensätze sind völlig identisch *(was alles war)* mit einem gravierenden Unterschied: Das ausgeklammerte Element, das hinter der rechten Satzklammer steht, bietet einen Gegensatz zwischen *draußen* (**10**) und *zuhaus* (**11**). Die Nebensätze haben die Funktion von Objektsätzen. Formal handelt es sich um freie Relativsätze, denen ein direktes Bezugselement im Trägersatz fehlt. Es handelt sich um Inhaltssätze, die den Gegenstand des Sich-Erzählens und des Sich-Zuhörens angeben.

Den besonderen Reiz des Gedichts macht seine Janusköpfigkeit aus. Sie wird bestimmt durch Gewohnheit oder **Vertrautheit** auf der einen Seite und Irritation oder **Befremdung** auf der anderen Seite. Diese Ambiguität des Gedichts lässt sich mittels Grammatik erklären.

Gewohnheit und **Vertrautheit** werden durch die einfachen Aussagesätze erzeugt, die nur in zwei Fällen komplexere Gestalt annehmen. Die Überschrift des Gedichtes thematisiert ein *Nach-Hause-Kommen* und vor uns entrollt sich das gesamte Szenario der Handlungsabläufe, die das Nach-Hause-Kommen begleiten.

Es sind die **Verben,** die als Prädikate des Satzes die wichtigsten Satzglieder sind und die durch ihre Nennung **eine Szene** dadurch schaffen, dass sie die Besetzung bestimmter Mitspielerrollen fordern. Würden Sie frei assoziieren, welche Handlungen Sie mit der Szene *Nach-Hause-Kommen* verbinden, so sind wir uns sicher, dass Ihr Skript nicht viel anders aussehen würde als das Drehbuch, das im Gedicht seine Umsetzung erfährt:

- Die Wahrscheinlichkeit, dass auch Sie Szenarien des Öffnens der Tür **2**, des Umarmens **4** und Küssens **5**, des Hochspringens von Kind und Hund (nach **6**), des Die-Tasche-aus-der-Hand-Nehmens **8** und schließlich des Erzählens **10** und Zuhörens **11** im Kopf haben, ist sehr hoch.
- Wohl etwas seltener würden Sie von einem Sich-Entgegenlachen **3**, Sich-den-Kopf-Streicheln **7** oder einem Sich-aus-dem-Mantel-Helfen **9** sprechen. Denn das Lachen ist zu selbstverständlich, das Sich-den-Kopf-Streicheln **7** wohl eher auf Kinder und Haustiere beschränkt, und das Sich-aus-dem-Mantel-Helfen **9** ist unter Familienangehörigen vermutlich nur noch bei ganz jungen und älteren Familienmitgliedern üblich.

Der Text bedient im Ganzen all die stereotypen Vorstellungen, die Sie mit einem Nach-Hause-Kommen verbinden, auch wenn Ihr persönliches Heimkommen von ganz anderen Szenarien geprägt sein mag. Das Skript bietet den Ablauf eines idealen Nach-Hause-Kommens, das uns Film und Fernsehen und insbesondere die Werbung immer wieder vor Augen führen.

Als Tempus ist fast durchweg das **Präsens** gewählt. Aus den vorherigen Kapiteln wissen Sie, dass das Präsens mindestens drei Grundfunktionen hat: (1) den Gegenwartsbezug als aktuelles Präsens, (2) die Kennzeichnung des Generellen und zeitlos Gültigen als generisches Präsens und (3) die Herstellung gegenwärtigen Zeitbezugs bei vergangenen Ereignissen als historisches Präsens.

Es stellt sich die Frage, ob ein aktuelles oder generisches Präsens vorliegt. Wir entscheiden uns für das generische Präsens, denn das Geschehen weist keinen aktuellen Bezug auf, es tritt vielmehr immer dann ein, wenn jemand nach Hause kommt, und ist damit beliebig wiederkehrend, endlos wiederholbar. Das **Präteritum** kommt zweimal in den freien Relativsätzen vor (*erzählt sich was alles war draußen* **10** *hört sich zu was alles war zuhaus* **11**) und referiert dort eindeutig auf ein vergangenes Geschehen. Als Modus ist ausnahmslos der **Indikativ** gewählt, der auf Faktizität hinweist.

Es ist das Bild eines Nach-Hause-Kommens, das – auf den ersten Blick – von einem **Gegenüber** geprägt ist, d.h., es gibt Familienmitglieder, die die nach Hause kommende Person zu Hause auch erwarten. Denn die Handlungen des Entgegenlachens **3**, Umarmens **4**, Küssens **5**, An-jemandem-Hochspringens **6**, des Streichelns **7**, des Aus-der-Hand-Nehmens **8**, des Aus-dem Mantel-Helfens **9**, Erzählens **10** und Zuhörens **11**, gegebenenfalls auch des Tür-Öffnens **2**, erfordert normalerweise ein Gegenüber, das die Handlungen ausführt oder auf ausgeführte Handlungen reagiert.

Betrachten wir die Verben des Drehbuchs von ihrer Bedeutung her, so handelt es sich um Verben, die tendenziell eine positive Konnotation hervorrufen. Hierunter sind etliche Handlungsverben, die einen Körperkontakt *(umarmen, küssen, an jemandem hochspringen, streicheln)*, eine Unterstützung *(aus der Hand nehmen, helfen)* oder eine verbale Interaktion aus der Sicht der sprechenden *(erzählen)* und der zuhörenden Person *(zuhören)* bezeichnen. Die Szene suggeriert ein Idyll und rechtfertigt deshalb die Aufnahme des Gedichts im Gedichtband »Idyllen«.

So weit das Gewohnte, Vertraute und Klischeehafte.

Das Fremde und Störende wird durch Störungen in der Syntax vermittelt.
Wir können das Störende auf mehreren Ebenen fixieren:

- Die Sätze sind in der überwiegenden Mehrzahl nicht vollständig.
- Manche Sätze sind syntaktisch nicht korrekt. Sie haben Konstruktionsbrüche.
- Die Satzstellung ist ungewöhnlich.
- Was bedeutet *sich*? Um welches Pronomen handelt es sich und welche Bedeutung hat es?

Dadurch, dass die Syntax befremdlich wirkt, hat auch das Geschilderte etwas Befremdliches. Denn es ist die Sprache, die unsere Sicht auf die Dinge der Welt bestimmt.

5.3.2 Die Unvollständigkeit der Sätze und ihre Interpretation

Ein ganz entscheidender Punkt ist Ihnen sicherlich sofort aufgefallen: Die Sätze haben **kein Subjekt.** Dies trifft auf alle Sätze zu bis auf einen, der aber auch eine andere Interpretation zulässt, die erst im weiteren Verlauf dargelegt werden soll. Es handelt sich um den ersten Vers des Gedichts:

2 öffnet die tür sich

Dieser Satz hat eine besondere Funktion. Sie haben sicherlich schon in vielen Kontexten die Satzschablone produziert und in Erzählungen repetiert: *Und es öffnet sich die Tür und herein kommt x.* Wir haben diesen Satz internalisiert, obwohl er von der Logik her eigentlich nicht stimmt: Das Irritierende an ihm ist, dass die Tür zwar von der syntaktischen Funktion her gesehen ein vollwertiges Subjekt ist (Frage: *Wer oder was öffnet sich?*), aber kein Agens.

Aufgrund Ihres Erfahrungswissens ist Ihnen bekannt, dass der Mensch die Tür öffnet oder ein elektronischer Mechanismus oder der Wind etc. und dass mit der Tür etwas geschieht, indem sie geöffnet wird.

Wenn man diese Interpretation ernst nimmt, dann ist zwar *die tür* das einzige Subjekt im Gedicht, aber kein Agens, kein Handlungsträger im eigentlichen Sinn.

Auffällig ist die ungewöhnliche Stellung des Subjekts, denn *die tür* steht an der prototypischen Position eines Akkusativobjekts. Nicht zuletzt diese Irritation führt zu einer zweiten Interpretation von Zeile **2**: Bei *die tür* könnte es sich auch um ein Akkusativobjekt handeln im Sinne von *x öffnet die tür sich* und die Stelle des Subjekts bleibt unbesetzt, denn:

Alle übrigen Sätze haben kein Subjekt. Sie beginnen – rein formal gesehen – wie Verberstsätze, d. h. wie Imperativsätze oder Entscheidungsfragen oder Exklamativ- oder Optativsätze. Allerdings ist die morphologische Form des finiten Verbs nicht der Imperativ wie in Imperativsätzen und auch nicht der

Konjunktiv wie in Optativsätzen. Und es liegen weder Entscheidungsfragen noch Exklamativsätze vor. Denn in gesprochener Sprache, beim Vortrag, ist die Satzintonation im vorliegenden Gedicht die von Aussagesätzen.

Wie Sie aus den vorhergehenden Kapiteln wissen, gibt es im Deutschen Sätze ohne Subjekt, wie z. B.:

> Es friert mich.
> Da wird getanzt.

Die Position, die normalerweise dem Subjekt vorbehalten ist, wird hier allenfalls durch ein formales Subjekt, nämlich *es*, eingenommen. In diesem Gedicht fehlt selbst ein formales Subjekt. Darüber hinaus gibt es auch den Fall der Ellipse des Subjekts in Sätzen wie

> Sie singt schön und spielt auch Klavier ganz gut.

Hier bleibt das Subjekt vor dem finiten Verb *spielt* ausgespart – als Mittel der Textverknüpfung, sodass die Wiederholung des gleichen Personalpronomens *sie* vermieden ist. Aber auch dieser Fall ist im vorliegenden Gedicht nicht gegeben. Die syntaktische Funktion des Subjekts wird in den Versen 3 (oder 2) bis 11 nicht realisiert. Damit wird ebenfalls auf die Realisierung der semantischen Rolle des Agens verzichtet. Die Nennung des Agens wird sogar – Sie vermuten es längst – bewusst vermieden. Denn der Autor hätte die Leerstelle durch *man* formal füllen können, etwa so:

man öffnet die tür sich
man lacht sich entgegen
man umarmt sich
man küßt sich
man springt an sich hoch als das kind **(man)** springt an sich hoch als der hund
man streichelt sich den kopf
man nimmt die tasche sich aus der hand
man hilft sich aus dem mantel
man erzählt sich was alles war draußen
man hört sich zu was alles war zuhaus

Der Effekt der Ambivalenz wäre allerdings dahin. Denn mittels Sprache würde schon wieder suggeriert werden, dass es einen Handlungsträger *(man)* gibt, dessen Existenz bei der Nichtbenennung zumindest angezweifelt wird.

Es gibt kein Agens, von dem die Handlungen ausgehen. Es bleibt völlig offen, ob überhaupt Personen die Handlungen ausführen. Was es gibt, sind allenfalls Subjekte, die an die Stelle eines Agens treten, wie im Fall von *öffnet die tür sich*. Aber nicht einmal *die tür* entpuppt sich als zweifelsfreies Subjekt, da die Phrase auch als Akkusativobjekt interpretiert werden kann.

5.3.3 Vom Sinn und Zweck von Konstruktionsbrüchen

Die fehlenden Subjekte bilden die auffälligste Irritation, die sofort ins Auge springt. Es gibt weitere Merkwürdigkeiten in der Syntax, die zu nicht normgerechten deutschen Sätzen führen. Es sind Sätze, über die man stolpert und die aus diesem Grund genauer analysiert werden müssen. Vergleichen Sie

6 springt an sich hoch als das kind springt an sich hoch als der hund

Was heißt dieser Satz? Mögliche Interpretationen sind die folgenden:

6a Das Kind springt an der Person, die nach Hause kommt, hoch, der Hund springt an der Person hoch.

6b Jemand springt an der Person, die nach Hause kommt, hoch, wie es normalerweise ein Kind oder ein Hund tut.

6c Jemand verhält sich so wie das Kind, ein Tier wie der Hund, indem es/er an der Person, die nach Hause kommt,/an sich hochspringt: Es als das Kind springt an der Person/sich hoch, er als der Hund springt an ihm/sich hoch.

Bei der in **6a** gebotenen Interpretation setzen wir uns über alle Irritationen des Satzes hinweg, indem wir Subjekte schaffen, die im Vers allenfalls als eine Art »Rollenzuweisung im Drehbuch« *als das kind, als der hund* vorhanden sind. Das *sich* wird als »die Person, die nach Hause kommt« uminterpretiert. Vers **6** wird durch die radikalen Texteingriffe in **6a** so stark geglättet, stereotypisiert und dadurch banalisiert, dass diese Interpretation verworfen werden muss, wenngleich der Autor mit der evozierten Vorstellung natürlich spielt.

Beispiel **6b** weist dadurch eine größere Nähe zu Vers **6** auf, dass die *als*-Phrasen *als das kind* bzw. *als der hund* als Vergleichskonstruktionen *wie ein Kind, wie ein Hund* interpretiert werden. Aber auch hier wird manipuliert, indem *als* durch *wie* ersetzt wird und der bestimmte Artikel, der Bekanntheit und Definitheit anzeigt, durch den unbestimmten Artikel.

In Beispiel **6c** haben wir die größtmögliche Textnähe zu wahren versucht: *als das Kind* und *als der Hund* werden als eine besondere Form der Apposition aufgefasst, die in syntaktischer Hinsicht so etwas wie Attribute zu einem Bezugsausdruck, nämlich zu *es* oder *er*, bilden. Da kein Subjekt vorhanden ist, bleibt nur eine attributartige Konstruktion zum Subjekt, die von manchen auch »*als*-Apposition« genannt wird.

Welche Funktion haben denn nun die *als*-Phrasen im Gedicht? Geben sie lediglich als Appositionen eine Eigenschaft des (nicht vorhandenen) Subjekts an?

Es handelt sich um einen bewusst eingesetzten Verfremdungseffekt, der deutlich machen soll, dass es sich nur um Rollen, um Zuschreibungen handelt, die durch die Sprache außersprachlichen Objekten zugewiesen werden.

Denn es ist die Sprache, durch die wir die Welt wahrnehmen; sie bietet bestimmte Perspektivierungsmöglichkeiten auf Gegenstände und Sachverhalte der Welt: Die *als*-Phrasen machen auf Zuschreibungen und Rollenzuweisungen (*als das kind, als der hund*/Haustier) aufmerksam.

Die *als*-Appositionen könnten deshalb aber auch die Irrealität und illusionäre Vorstellung des Nach-Hause-Kommenden in den Blick nehmen. Sie könnten in folgendem Sinne verstanden werden: ›So ist es aber nicht, das bildet sich die heimkehrende Person nur ein‹.

Wir möchten noch auf eine zweite syntaktische Irritation hinweisen. Es handelt sich um den letzten Vers des Gedichts, der an exponierter Stelle steht:

11 hört sich zu was alles war zuhaus

Das Verb *zuhören* weist für gewöhnlich die Konstruktion *x hört y zu* auf – mit x als Subjekt und y als Dativobjekt: Man hört entweder einer Person zu oder einem Gespräch, einer Geschichte, einer Erzählung.

Es scheint so, als läge in **11** die Kontamination von zwei Konstruktionen vor:

11a Man hört **sich** (= gegenseitig/einander) zu.
11b Man hört zu **was alles war zuhaus**.

In **11a** wird *sich* als reziprokes Pronomen gedeutet, das die Wechselseitigkeit im Sinne von *einander* zum Ausdruck bringt. Falls das reziproke Pronomen *sich* steht, kann kein weiterer Objektsatz im Sinne von *was alles war zuhaus* angeführt werden.

Der Anschluss des Objektsatzes ist nur in **11b** möglich. Dort fehlt nun *sich* im Trägersatz und der Anschluss eines Objektsatzes im Sinne eines Dativobjekts ist möglich.

Wenn nun, wie im Gedicht von Jandl, *sich zuhören* mit *einem Gespräch zuhören* gemischt wird, dann entsteht die Konstruktion **sich einem Gespräch zuhören.*

In **11** ist deshalb ein **Anakoluth** zu verzeichnen, ein Konstruktionsbruch, indem nicht kompatible Teile miteinander verbunden werden.

11 hört sich zu | was alles war zuhaus

Welche Bedeutung kommt diesem Konstruktionsbruch zu?
Hier ein Deutungsversuch: Der Konstruktionsbruch ist offensichtlich Zeichen für eine misslungene Kommunikation. Man könnte süffisant bemerken: Wenn schon die Syntax nicht stimmt, stimmt auch die zwischenmenschliche Kommunikation nicht. Sie könnte ikonisch auf das Misslingen zwischenmenschlicher Interaktion aufmerksam machen.

Und daraus folgt: Es bestehen Zweifel, dass *sich* als reziprokes Pronomen in der Bedeutung *einander* gedeutet werden kann. Sie haben in den vorausgegangenen Kapiteln erfahren, dass der Kontext zu einer Monosemierung der Bedeutungen beiträgt.

Gerade aber poetische Texte lassen oft Polysemien zu, die eine Vielzahl von bereits auf der syntaktischen Ebene angesiedelten Mehrdeutigkeiten aufzeigen. Eine mögliche Deutung von **11** könnte die folgende sein:

11c Man hört sich **selbst** zu.

In diesem Sinne ist *sich* ein Reflexivpronomen, das auf die im Subjekt genannte Person referiert. Eine solche Deutung unterstützt die folgende Interpretation: *sich* als Reflexivpronomen verweise auf die Vereinzelung des Individuums, das nur seine eigenen Bedürfnisse wahrnimmt, nur sich selbst zuhört und nicht mehr für die Geschehnisse *zuhaus* aufnahmefähig ist.

5.3.4 Abweichungen in der Satzstellung

Auf die besondere Heraushebung des Wortes *sich* verweisen nicht nur die Häufigkeit des Auftretens, sondern auch besondere Satzstellungen, die von der normalen Stellung abweichen. Dies ist in zwei Versen der Fall:

2 öffnet die tür **sich**
8 nimmt die tasche **sich** aus der hand

In Normalstellung müssten die Sätze folgendermaßen lauten:

2a (es/man) öffnet **sich** die tür
8a (man) nimmt **sich** die tasche aus der hand

Die Verse des Gedichts verstoßen gegen die Wortstellungsregel des Deutschen, dass in Hauptsätzen nach dem finiten Verb im Mittelfeld zunächst Pronomina vor nicht pronominalen Satzgliedern stehen.

Im Gedicht ist die Reihenfolge nun dahin verändert, dass erst ein nicht pronominales Satzglied (*die tür* = Subjekt oder Akkusativobjekt [in **2**], *die tasche* = Akkusativobjekt [in **8**]) steht, bevor das **Pronomen** *sich* folgt. Hiermit kommt *sich* dem Satzende näher und nimmt dabei als Rhema, als neue Information, eine exponierte Position im Satz ein.

Die Funktion der Stellungsänderung ist die, das Augenmerk auf das Schlüsselwort des Gedichts, auf *sich,* zu lenken. Durch die Position gegen Satzende hin ist dem Wort *sich* die Aufmerksamkeit der Rezipierenden gewiss.

5.3.5 Was bedeutet *sich*?

Welche Funktion hat das Schlüsselwort *sich*? Können wir seine Bedeutung entschlüsseln?

Im Kapitel über die Wortarten (Kap. 1.4) haben Sie von drei Verwendungsweisen von *sich* erfahren.

- Die erste ist die, dass *sich* als **Reflexivpronomen** ein fester Bestandteil des Verbs ist, wie z.B. bei *sich freuen.* Hier ist *sich* **obligatorisch** und kann durch kein weiteres Objekt ausgetauscht werden.
- Bei Verben wie *waschen* ist ein **Reflexivpronomen** lediglich **fakultativ;** es ist ein Satzglied in der Funktion eines Dativ- oder Akkusativobjekts, da es durch weitere Objekte, z.B. *sich waschen – die Wäsche waschen,* ausgetauscht werden kann.
- Und *sich* kann ein **reziprokes Pronomen** sein, in der Bedeutung *einander* im Sinne von *sie grüßen sich.*

Im Gedicht ist bei keinem der verwendeten Verben *sich* fester Verbbestandteil und damit obligatorisch. Es stellt sich die Frage, ob *sich* als fakultatives Reflexivpronomen – in der Bedeutung *sich selbst* – oder als reziprokes Pronomen – in der Bedeutung *einander* – gebraucht ist.

In Vers 2 *(öffnet die tür sich)* liegt ein **fakultatives Reflexivpronomen** vor.

Die übrigen Fälle verhalten sich auf den ersten Blick anders. Denn die Wahl der Verben, die eine Interaktion mit einem Gegenüber (wir haben bereits darauf hingewiesen) anzeigen, sprechen für eine Deutung des *sich* als reziprokes Pronomen: so etwa bei *entgegenlachen, umarmen, küssen, an jemandem hochspringen, streicheln, nehmen, helfen, erzählen, zuhören.* Das Verb *entgegenlachen* ist ein Neologismus, der die Wechselseitigkeit geradezu betont.

Und dennoch gibt es die Brüche, die die Interpretation als reziprokes Pronomen mehr als zweifelhaft erscheinen lassen. Sie passt nicht in Vers 6 *(springt an sich hoch als das kind springt an sich hoch als der hund)* und nicht in Vers 11 *(hört sich zu was alles war zuhaus),* aus unserer Sicht die Kernstellen zum Verständnis des Gedichts, da sie die meisten syntaktischen Irritationen hervorrufen und zu einer Interpretation der »Störfälle« anregen.

Gleiches gilt für die Verben, die allesamt im Singular belegt sind, sodass als Subjekt nur das Indefinitpronomen *man* ergänzt werden kann. Reziprokes *sich* hat aber meist ein Verb im Plural.

Aus diesem Grund halten wir **eine Interpretation von *sich* als fakultatives Reflexivpronomen** für sehr plausibel. Wie Sie sicherlich schon gemerkt haben, spielt auch hier der Autor mit der Mehrdeutigkeit eines grammatischen Elements.

Als fakultatives Reflexivpronomen wäre es potenziell ersetzbar durch ein Objekt: Statt *küßt sich – küßt die Frau* zum Beispiel. Aber es steht *sich,* das als Reflexivpronomen die Bedeutung hat, rückbezüglich zu sein, d. h., es zeigt an, dass etwas zu seinem Ausgangspunkt zurückkehrt.

Deshalb ist zu vermuten, dass die nachfolgende Lesart des Gedichtes große Plausibilität besitzt:

er/sie öffnet die tür sich
er/sie lacht sich entgegen
er/sie umarmt sich
er/sie küßt sich
er/sie springt an sich hoch als das kind **(er/sie)** springt an sich hoch als der hund
er/sie streichelt sich den kopf
er/sie nimmt die tasche sich aus der hand
er/sie hilft sich aus dem mantel
er/sie erzählt sich was alles war draußen
er/sie hört sich zu was alles war zuhaus

Ein weiterer Deutungsversuch: Die Mehrdeutigkeit von *sich* bietet die Möglichkeit, die Gesellschaftsfähigkeit des Menschen zu hinterfragen. Das Idyll des *Nach-Hause-Kommens,* das alle Erwartungen unserer Vorstellung bedient, ist keines: Das Miteinander wird als Schein entlarvt; ein echtes Miteinander gibt es nicht.

Falls diese Interpretation zutrifft, könnte auch das Fehlen des Agens anders interpretiert werden: Es liegt keine Vermeidung des Agens vor, sondern vielmehr eine Zusammenlegung von Agens und Patiens im Pronomen *sich.* Die Unterscheidung der Mitspielerrollen Agens und Patiens wird nivelliert.

Man könnte noch weitergehen: Die das Idyll konstituierenden Verben werden nicht mit Akteuren besetzt, sondern insbesondere auch mittels *als*-Appositionen als Illusion dargestellt. Es entsteht allein durch grammatisch bedingte Irritationen das Bild eines Menschen, der in ein einsames Zuhause kommt.

Die Interpretation von *sich* als reziprokes *einander,* das eine Atmosphäre tiefster Innigkeit zweier Personen heraufbeschwören könnte, also ein »Superidyll«, wird – auch dies eine mögliche Lesart – vielleicht sogar ironisiert. Das auf dem Fundament der Verbbedeutungen erzeugte Idyll wird zerstört und als irreal dargestellt – durch die Reduktion aller Personen auf das Reflexivpronomen *sich,* das aber nur sich selbst reflektiert, und durch die *als*-Appositionen, die letztlich in ihrer Rollenfunktion nur auf sinnentleerte Platzhalter verweisen.

Falls Sie unsere Interpretationsversuche für plausibel halten, ist es uns gelungen, Sie zu überzeugen. Sicherlich haben Sie noch weitere Ideen, wie der Text interpretiert werden könnte. Allerdings sollten Ihre Überlegungen zeigen, welchen Stellenwert die aus der Analyse der Grammatik gewonnenen Ergebnisse in Ihren Interpretationsversuchen einnehmen.

5.3.6 Zusammenfassung

Wir haben uns diesem Gedicht durch die Analyse zentraler grammatischer Phänomene genähert, die Aspekte der Subjektlosigkeit von Sätzen, Auffälligkeiten in der Konstruktion und Topologie und die Interpretation des Pronomens *sich* in den Vordergrund rückten. Im Einzelnen waren dies:

- einfacher und komplexer Satz
- Tempus
- subjektlose Sätze
- Subjekt und Agens
- das Indefinitpronomen *man*
- Konstruktionsbrüche
- Satzstellung
- *als*-Apposition
- das Pronomen *sich*

5.4 Sachtext

Den hier analysierten Ausschnitt aus einem Sachtext finden Sie auf S. 180 als Kopie. Für die Analyse haben wir ihn im Folgenden aufbereitet.

Umweltmonitoring im Nationalpark

1-1 Nationalparke haben den klaren Auftrag: »Natur Natur sein lassen«.

1-2 Nach einer zeitlich begrenzten Übergangsperiode wird die weitere Entwicklung in den Lebensräumen auf einem Großteil der Fläche allein der Natur überlassen.

1-3 Keine andere Schutzgebietskategorie verfolgt diesen Weg so konsequent.

1-4 Wie aber laufen die Vorgänge ab, über die die Kulturlandschaft sich in eine sekundäre Naturlandschaft wandeln wird?

2-1 Es besteht die einmalige Chance, diesen Weg in einer beispiellosen Umbruchsphase im Harz zu verfolgen.

UMWELTBEOBACHTUNG, FORSCHUNG UND DOKUMENTATION

Umweltmonitoring im Nationalpark Harz

Umweltmonitoring im Nationalpark

Nationalparke haben den klaren Auftrag: „Natur Natur sein lassen". Nach einer zeitlich begrenzten Übergangsperiode wird die weitere Entwicklung in den Lebensräumen auf einem Großteil der Fläche allein der Natur überlassen. Keine andere Schutzgebietskategorie verfolgt diesen Weg so konsequent. Wie aber laufen die Vorgänge ab, über die die Kulturlandschaft sich in eine sekundäre Naturlandschaft wandeln wird?

Es besteht die einmalige Chance, diesen Weg in einer beispiellosen Umbruchsphase im Harz zu verfolgen. Daher muss es Aufgabe des Umweltmonitorings im Nationalpark Harz sein, die langfristige Entwicklung der vorhandenen Lebensräume (z. B. der Wälder, Gewässer und Moore) mit deren Lebensgemeinschaften zu untersuchen, zu dokumentieren und so zur Erforschung der zugrunde liegenden dynamischen Prozesse beizutragen.

Die im Nationalpark gewonnenen Erkenntnisse zum Ablauf natürlicher Prozesse sowie zum Aufbau, zur Struktur und zur Dynamik verschiedener Lebensgemeinschaften stehen der Naturschutzarbeit sowie der naturnahen Waldbewirtschaftung auch außerhalb des Parks zur Verfügung. Hierzu wird ein umfangreicher, langfristig nutzbarer Datenbestand aufgebaut, der auch für künftige Fragestellungen relevante Informationen liefern kann.

Waldforschungsflächen

Der Nationalpark Harz mit einer Fläche von 24.732 ha ist zu ca. 97 % bewaldet. Verschiedene Waldgesellschaften von der kollinen (230 m ü. NHN im Norden und 270 m ü. NHN im Süden) bis zur supramontanen Vegetationsstufe (Brocken 1.141 m ü. NHN) sind hier anzutreffen. Somit liegt nahe,

dass die Waldforschung einen wichtigen Arbeitsschwerpunkt der Nationalparkarbeit darstellt.

Insgesamt vier Waldforschungsflächen sind zentrale Bausteine für ein langfristiges Monitoring der repräsentativen Waldgesellschaften und ihrer natürlichen Entwicklung. Sie sind Kernstück des Programms „Dauerbeobachtungsflächen im Nationalpark Harz". Die in den Waldforschungsflächen untersuchten Themen gehen weit über die Beschreibung der reinen Bestandesdynamik hinaus. Detaillierte Untersuchungen zur Flora und Fauna ermöglichen Einblicke in ökosystemare Zusammenhänge und sind ihrerseits Grundlage für das langfristige Monitoring.

Um den verschiedenen Fragestellungen in der Waldforschung gerecht zu werden, erfolgt die Einrichtung von 1 ha großen Kernflächen, eines Stichprobenrasters (100 × 100 bzw. 150 × 150 m) mit Probekreisgrößen von 0,1 ha und die Auswahl von Fallenstandorten für die faunistischen Untersuchungen im Bereich der Kernflächen. Die Aufnahmen in den Waldforschungsflächen erfolgen in einem Turnus von ca. zehn Jahren.

Bei der Inventarisierung der Waldstrukturen werden alle liegenden und stehenden Bäume, getrennt nach lebend und tot, erfasst. Parameter wie z. B. Baumart, Höhe, Durchmesser, Zersetzungsgrad des Holzes und ökologisch wertvolle Kleinstrukturen werden aufgenommen. Hinzu kommt die Dokumentation der Gehölzverjüngung. Alle Daten werden im Gelände digital erfasst. Bei der Datenverwaltung und Auswertung wird der Nationalpark durch die Nordwestdeutsche Forstliche Versuchsanstalt (NW-FVA) in Göttingen unterstützt.

Zum definierten Standardprogramm in den Waldforschungsflächen kommen spezifische Begleituntersuchungen wie z. B. Gewässer-, Vogel-, Fledermaus-Monitoring und die Tier- und Pflanzenarteninventarisierung hinzu. Zur visuellen Dokumentation sind Fotopunkte eingerichtet. Um die klimatische Entwicklung langfristig zu dokumentieren und um die Ergebnisse mit den Witterungsverhältnissen während der Untersuchungsperioden abzugleichen, werden im Bereich der Waldforschungsflächen lokale Klima-Messstationen betrieben.

Impressum
Nationalpark Harz, Lindenallee 35, 38855 Wernigerode
poststelle@nationalpark-harz.de,
www.nationalpark-harz.de
Grafik: U. Springemann

2-2 Daher muss es Aufgabe des Umweltmonitorings im Nationalpark Harz sein, die langfristige Entwicklung der vorhandenen Lebensräume (z. B. der Wälder, Gewässer und Moore) mit deren Lebensgemeinschaften zu untersuchen, zu dokumentieren und so zur Erforschung der zugrunde liegenden dynamischen Prozesse beizutragen.
3-1 Die im Nationalpark gewonnenen Erkenntnisse zum Ablauf natürlicher Prozesse sowie zum Aufbau, zur Struktur und zur Dynamik verschiedener Lebensgemeinschaften stehen der Naturschutzarbeit sowie der naturnahen Waldbewirtschaftung auch außerhalb des Parks zur Verfügung.
3-2 Hierzu wird ein umfangreicher, langfristig nutzbarer Datenbestand aufgebaut, der auch für künftige Fragestellungen relevante Informationen liefern kann.

Waldforschungsflächen

4-1 Der Nationalpark Harz mit einer Fläche von 24.732 ha ist zu ca. 97 % bewaldet.
4-2 Verschiedene Waldgesellschaften von der kollinen (230 m ü. NHN im Norden und 270 m ü. NHN im Süden) bis zur supramontanen Vegetationsstufe (Brocken 1.141 m ü. NHN) sind hier anzutreffen.
4-3 Somit liegt nahe, dass die Waldforschung einen wichtigen Arbeitsschwerpunkt der Nationalparkarbeit darstellt.
5-1 Insgesamt vier Waldforschungsflächen sind zentrale Bausteine für ein langfristiges Monitoring der repräsentativen Waldgesellschaften und ihrer natürlichen Entwicklung.
5-2 Sie sind Kernstück des Programms »Dauerbeobachtungsflächen im Nationalpark Harz«.
5-3 Die in den Waldforschungsflächen untersuchten Themen gehen weit über die Beschreibung der reinen Bestandesdynamik hinaus.
5-4 Detaillierte Untersuchungen zur Flora und Fauna ermöglichen Einblicke in ökosystemare Zusammenhänge und sind ihrerseits Grundlage für das langfristige Monitoring.
6-1 Um den verschiedenen Fragestellungen in der Waldforschung gerecht zu werden, erfolgt die Einrichtung von 1 ha großen Kernflächen, eines Stichprobenrasters (100 x 100 bzw. 150 x 150 m) mit Probekreisgrößen von 0,1 ha und die Auswahl von Fallenstandorten für die faunistischen Untersuchungen im Bereich der Kernflächen.
6-2 Die Aufnahmen in den Waldforschungsflächen erfolgen in einem Turnus von ca. zehn Jahren.
7-1 Bei der Inventarisierung der Waldstrukturen werden alle liegenden und stehenden Bäume, getrennt nach lebend und tot, erfasst.
7-2 Parameter wie z. B. Baumart, Höhe, Durchmesser, Zersetzungsgrad des Holzes und ökologisch wertvolle Kleinstrukturen werden aufgenommen.
7-3 Hinzu kommt die Dokumentation der Gehölzverjüngung.
7-4 Alle Daten werden im Gelände digital erfasst.
7-5 Bei der Datenverwaltung und Auswertung wird der Nationalpark durch die Nordwestdeutsche Forstliche Versuchsanstalt (NW-FVA) in Göttingen unterstützt.

8-1 Zum definierten Standardprogramm in den Waldforschungsflächen kommen spezifische Begleituntersuchungen wie z.B. Gewässer-, Vogel-, Fledermaus-Monitoring und die Tier- und Pflanzenarteninventarisierung hinzu.
8-2 Zur visuellen Dokumentation sind Fotopunkte eingerichtet.
8-3 Um die klimatische Entwicklung langfristig zu dokumentieren und um die Ergebnisse mit den Witterungsverhältnissen während der Untersuchungsperioden abzugleichen, werden im Bereich der Waldforschungsflächen lokale Klima-Messstationen betrieben.

5.4.1 Einführung in die Analyse des Sachtextes

Bei dem vorliegenden Text mit dem Titel »Umweltmonitoring im Nationalpark Harz« handelt es sich um einen Sachtext. Der Text, der als Flyer und online vorliegt, enthält im Original noch weitere Bilder und Tabellen. Er richtet sich an eine an diesem Thema interessierte Leserschaft, die entweder den Nationalpark besucht, besuchen will oder sich allgemein über die Aufgaben und Aktivitäten im Nationalpark informieren will. Der Text adressiert nicht speziell Fachleute. Vornehmliche Aufgabe ist es also, über die Arbeit im Nationalpark Harz genau zu informieren, dabei fachliche Inhalte für Laien verständlich aufzubereiten und so auch Verständnis für die Arbeit zu wecken. Die Inhalte beschreiben Vorgänge, Handlungen und Zustände als **objektiv gegeben**, wie sie sind. Als Autor des Textes wird eine Institution angegeben (»Nationalpark Harz«), d.h., der Text ist von Autoren bzw. Autorinnen verfasst, die im Auftrag bzw. als Vertreter der Institution schreiben. Auch deshalb enthält der Text – ganz im Unterschied zu unserem journalistischen Text – keine Meinungen, Einschätzungen oder Wertungen.

Einen ersten Hinweis auf den Inhalt des Textes gibt die Dachzeile, die mit artikellosen Substantiven drei mögliche Handlungen im Fachgebiet und im Kontext der Arbeit im Nationalpark nennt: *Umweltbeobachtung, Forschung und Dokumentation.* Dies gilt auch für den Titel der Broschüre »Umweltmonitoring im Nationalpark Harz«, der genauer den Inhalt des Flyers umreißt und mit dem Begriff *Monitoring* eine aus dem Englischen übernommene deverbale Nominalisierung enthält.

Der Text des Flyers ist – wie dies für viele Sachtexte üblich ist – durch Überschriften gegliedert. Sie dienen dazu, den Text in inhaltliche Abschnitte zu gliedern und die Lektüre zu erleichtern. In dem von uns gewählten Ausschnitt finden sich zwei mit Überschriften versehene Abschnitte: nämlich »Umweltmonitoring im Nationalpark«, eine Art Einleitung, die sehr dem Titel des gesamten Textes ähnelt, sowie den Abschnitt »Waldforschungsflächen«, der einen bestimmten Aspekt der Arbeit im Nationalpark, eben bezogen auf die Waldflächen, darstellt. Weitere, hier nicht wiedergegebene Überschriften sind etwa »Pflanzengesellschaften«, »Gewässer-Monitoring«, »Brutvogel-Monitoring« und »Inventarisierung der Arten«. Hier wird also mit den Überschriften eine inhaltliche Gliederung der einzelnen Textabschnitte ersichtlich.

5.4.2 Fachlicher Wortschatz und andere Besonderheiten eines Sachtextes

Fachlicher Wortschatz

Wie für einen Sach- oder Fachtext üblich, enthält auch unser Text Fachwortschatz. Allerdings ist der Anteil an wirklichem Fachwortschatz nicht besonders hoch, was vermutlich daran liegt, dass der Text zwar in einem Fachgebiet angesiedelt ist, sich aber nicht an Fachleute richtet, sondern an **interessierte Laien**. Expliziter Fachwortschatz liegt zum Beispiel vor mit den beiden Adjektiv-Nomen-Verbindungen in 4-2 *kolline und supramontane Vegetationsstufe*. Diese werden aber in Klammern direkt durch Zahlenangaben erläutert und bestimmt. Hier orientieren sich die Autoren offensichtlich an den nichtfachlichen Adressaten. Ansonsten findet sich in diesem Text viel Wortschatz, den man nicht unbedingt dem Fachwortschatz, aber vielleicht dem fachlich gefärbten **Bildungswortschatz** zuordnen könnte. Es geht um bestimmte Erscheinungen in der Natur, die fachlich behandelt werden; entsprechende Ausdrücke wären etwa: *Entwicklung in den Lebensräumen, sekundäre Naturlandschaft, naturnahe Waldbewirtschaftung, verschiedene Lebensgemeinschaften, ökosystemare Zusammenhänge.* Eine andere Gruppe von fachlich gefärbtem Bildungswortschatz bezeichnet die verschiedenen forscherischen Aktivitäten wie *Monitoring, dokumentieren/Dokumentation, Inventarisierung, Datenverwaltung, Aufbau* etc.

Dieser für einen Sach- bzw. Fachtext typische Wortschatz zeigt sich vor allem im Bereich der Substantive – die Verben sind ohnehin kaum Bedeutungsträger (siehe Kap. 5.4.5). Der substantivische Wortschatz ist hier durch verschiedene Wortbildungsverfahren charakterisiert. Wir finden viele deverbale Nominalisierungen: *Inventarisierung (← inventarisieren), Auswertung (← auswerten), Erforschung (← erforschen)* und es häufen sich die Komposita. Diese sind durch die mit Komposition verbundene Modifikation gut dazu geeignet, fachlich notwenige Spezifikationen kompakt zu versprachlichen. So kann mithilfe von Wortbildung aus dem Grundwort *Landschaft* ein Gegensatzpaar *Kulturlandschaft – Naturlandschaft* gebildet werden; die Nominalphrase mit Genitivattribut *Inventarisierung der Waldstrukturen* wird später spezifiziert im Kompositum *Tier- und Pflanzenarteninventarisierung.* Der Begriff *Monitoring,* der ja die zentrale Handlungsaufgabe der Naturparkarbeit in unserem Text darstellt, erscheint in verschiedenen Komposita spezifiziert als *Umweltmonitoring,*

Gewässer-, Vogel-, Fledermaus-Monitoring und anderes. Fachwortschatz kann also durch Wortbildung entstehen, daneben können feste Wortverbindungen (besonders Adjektiv-Substantiv) als fachliche Begriffe fungieren (hier etwa *naturnahe Waldbewirtschaftung, klimatische Entwicklung, faunistische Untersuchung*), schließlich können Fachbegriffe mit Mitteln anderer Sprachen gebildet werden: *Umweltmonitoring* oder *Dynamik, Inventarisierung* und Ähnliches.

Typisch für einen Sach- oder Fachtext sind außerdem **Zahlenangaben** mit den dazugehörigen Maßeinheiten. In **4-1** und **6-1** etwa *ha* für Hektar oder die Höhenangabe in **4-2** *230 m ü. NHN* = 230 Meter über Normalhöhennull.

Auch **Abkürzungen** sind typisch für Sach- und Fachtexte. In unserem Textausschnitt finden wir dreimal eine Abkürzung: einmal die Maßangabe NHN, die im Text nicht aufgelöst wird und vermutlich eher für fachlich gebildete Leser und Leserinnen zu erschließen ist. Eine weitere Abkürzung, ein Institutionenname, wird im Text direkt mit einem Zusatz in Klammern eingeführt, in **7-5** *die Nordwestdeutsche Forstliche Versuchsanstalt (NW-FVA)*. Dies ist ein häufig verwendetes lesefreundliches Verfahren. Es gibt mit WFF eine weitere Abkürzung in der Abbildung, die weder eingeführt noch aufgelöst wird. Dass die Leserschaft diese Abkürzung kennt, ist nicht zu erwarten, sie muss sich die Auflösung *WFF = Waldforschungsfläche* selbst aus dem Text erschließen. Lesefreundlich wäre es gewesen, die Abkürzung bei der ersten Nennung einzuführen. Grundsätzlich sind Abkürzungen vor allem ein Vorteil für die Schreibenden, oft aber ein Nachteil für die Lesenden.

Abbildungen

Der Text enthält eine visuelle Darstellung, die hier nicht der bloßen Anschauung dient, sondern relevante Informationen liefert: Abgebildet ist der Umriss des Nationalparks mit wichtigen geografischen Referenzpunkten, nämlich den Waldforschungsflächen, die hier mit der Abkürzung WFF, einem Namen und ihrer Größe angegeben werden (z. B. *WFF Brockenosthang 2 (246 ha)*). Bei der Beschriftung der Abbildung werden außerdem unter dem Begriff »Untersuchungsziel« vier Waldtypen genannt (etwa: *1. Bodensaure Buchenwälder*), auf die im Text selbst vage Bezug genommen wird (**5-1** *insgesamt vier Waldforschungsflächen*), die aber dort nicht genauer charakterisiert und unterschieden werden. Insofern hat die **Abbildung mit ihrer Beschriftung** hier einen inhaltlich wichtigen Stellenwert. Andere Abbildungen in Fach-/Sachtexten können entweder etwas im Text verbal Gesagtes noch einmal grafisch illustrieren oder auch nur der Anschauung dienen: So enthält unsere Broschüre einige Fotografien von verschiedenen landschaftlichen Erscheinungen, Tieren oder Personen bei der Arbeit.

Wir wollen uns im Folgenden auf ausgewählte **für einen Sachtext typische grammatische Aspekte** konzentrieren und zeigen, mit welchen sprachlichen Mitteln hier die Funktion des Textes, über einen bestimmten fachlichen Bereich so objektiv wie möglich zu informieren, erfüllt wird.

5.4.3 Sätze und ihre Strukturen

Der gewählte Ausschnitt besteht aus acht Textabschnitten mit 25 Sätzen. Davon sind 20 Sätze **einfache Sätze**, viermal gibt es einen abhängigen Infinitiv (2-1, 2-2, 6-1, 8-3), zweimal finden sich Relativsätze (1-4, 3-2), einmal ein *dass*-Nebensatz (4-3) und einmal sind zwei Sätze koordiniert mit Subjektellipse (5-4). Die überwiegende Zahl der Satzstrukturen ist also verhältnismäßig einfach. Der Umfang und die Komplexität, die sich in manchen Sätzen zeigt (2-2, 3-1 oder 8-1, 8-3), liegt nicht in der Unterordnung von Nebensätzen, sondern darin, dass die einzelnen Phrasen so komplex sind. Passend zur Funktion des Textes, Sachwissen zu vermitteln, Vorgänge und Handlungen zu beschreiben, sind bis auf eine Ausnahme alle Sätze Aussagesätze. Mit 1-4 liegt ein Fragesatz vor:

1-4 Wie aber laufen die Vorgänge ab, über die die Kulturlandschaft sich in eine sekundäre Naturlandschaft wandeln wird?

Dieser Fragesatz, der ziemlich am Anfang des Textes erscheint, hat hier die Funktion, die Leserschaft direkt anzusprechen und mit einzubeziehen. Dies geschicht, indem eine Frage formuliert wird, die beim Lesen des Textes im Kopf entstanden sein könnte. Auch das ungewöhnliche nachgestellte *aber (wie aber laufen ...?)* lässt eine konkrete Sprecherinstanz anklingen. Derartiges kommt in diesem Text sonst nicht vor. Auch die Futurform *wandeln wird* im Relativsatz, das einzige Nicht-Präsens im Text, unterstützt diese Interpretation: Das Futur macht deutlicher, dass hier eine konkrete Zeitspanne von hier in die Zukunft gemeint ist, innerhalb derer sich die Landschaft entscheidend verändern wird.

Die Verbindung der einzelnen Sätze, die Stellung der Satzglieder im Satz und die Verteilung von Thema und Rhema besprechen wir weiter unten (siehe Kap. 5.4.6 und 5.4.7).

5.4.4 Der Verbalkomplex

In den 25 analysierten Sätzen des Sachtextes finden sich 29 finite Verben. Das zeigt, dass die Satzstrukturen wenig komplex sind, d. h., es liegen wenig Nebensätze vor. Die Verbformen stehen im **Präsens**, nur einmal findet sich ein Futur (siehe oben Kap. 5.4.3). Die Präsensformen sind in der Mehrzahl generisch zu verstehen, sie bezeichnen zeitlich unabhängiges, allgemein gültiges Handeln oder Zustände und passen damit gut zur Intention des Textes, einen Sachbereich allgemein und sachlich zu beschreiben. Beispiele für generisches Präsens sind etwa:

1-1 Nationalparke **haben** den klaren Auftrag: »Natur Natur sein lassen«.
1-3 Keine andere Schutzgebietskategorie **verfolgt** diesen Weg so konsequent.
4-1 Der Nationalpark Harz mit einer Fläche von 24.732 ha **ist** zu ca. 97 % bewaldet.

In manchen Fällen lässt sich das Präsens auch als aktuelles Präsens mit Gegenwartsbezug interpretieren: z. B. im Abschnitt 7, in dem konkrete Tätigkeiten in der Waldforschung genannt werden, die dadurch durchaus einen Gegenwartsbezug aufweisen können.

7-1 Bei der Inventarisierung (...) **werden** alle liegenden und stehenden Bäume (...) erfasst.
7-2 Parameter wie z. B. Baumart, Höhe (...) **werden** aufgenommen.
7-3 Hinzu **kommt** die Dokumentation der Gehölzverjüngung.
7-4 Alle Daten **werden** im Gelände digital erfasst.

Würde man sich mit einem großen Zeitabstand von z. B. 30 Jahren einen Rückblick auf die Arbeit im Nationalpark vorstellen, so würde man Sätze wie in Abschnitt 7 ins Präteritum setzen:

7-1a Bei der Inventarisierung (...) wurden alle (...) Bäume erfasst.
7-2a Parameter wie (...) wurden aufgenommen.
7-3a Hinzu kam die Dokumentation (...)
7-4a Alle Daten wurden digital erfasst.

Die oben genannten Sätze im generischen Präsens wie etwa **4-1** oder **4-2** würde man bei einem Rückblick jedoch nicht ins Präteritum setzen. Bei anderen dagegen, wie etwa in **1-1** und **1-3**, könnte man sich dies immerhin vorstellen. Die Abgrenzung der beiden Präsensvarianten (generelles und aktuelles Präsens) ist in einem Sachtext wie dem Vorliegenden also nicht immer ganz eindeutig zu treffen.

Bezug auf Vergangenes findet sich in diesem Text zwar nicht bei den finiten Verben, einige wenige Male aber in anderen Konstruktionen z. B. in einem Partizipialattribut wie **3-1** *Die gewonnenen Erkenntnisse* (...): Es handelt sich hier um Erkenntnisse, die bereits vor dem Sprechzeitpunkt gewonnen worden sind. Genauso kann bei der Partizipialkonstruktion **5-3** *Die in den Waldforschungsflächen untersuchten Themen* ein Vergangenheitsbezug vorliegen: Es kann sich um schon untersuchte Themen handeln. Auch dem *sein*-Passiv (Zustandspassiv) in **8-2** ist strukturell ein Vergangenheitsaspekt eingeschrieben:

8-2 Zur visuellen Dokumentation sind Fotopunkte eingerichtet.

Mit dem *sein*-Passiv, das ja das Ergebnis eines Vorgangs benennt, wird eine vorangegangene Handlung impliziert: Jemand hat in der Vergangenheit Fotopunkte eingerichtet → jetzt sind die Fotopunkte eingerichtet.

Modus aller finiten Verben ist der Indikativ. Damit wird **Faktizität** angezeigt: Es wird beschrieben, was ist und was gemacht wird; alles wird als objektiv gegeben dargestellt. Modalität findet sich in diesem Text nahezu gar nicht, es kommt nur einmal das Modalverb *muss* (2-2) und einmal *kann* (3-2) vor.

Neben der fast ausschließlichen Verwendung des Tempus Präsens und des Indikativs sind in Bezug auf den Verbalkomplex in diesem Fachtext folgende weitere Charakteristika auffallend und typisch: zum einen die Verwendungen des Passivs und darüber hinaus verschiedene Formen der **Agensvermeidung** und zum anderen die semantische Charakteristik vieler Prädikate. Wir besprechen dies im Folgenden.

Passiv und andere Formen, die das Agens nicht nennen

Der analysierte Sachtext möchte die Arbeit und die Aufgaben im Nationalpark Harz genau beschreiben. Er tut dies aus einer objektiven Perspektive. Bei der Beschreibung der verschiedenen Tätigkeiten, die der Beobachtung, der Forschung und der Dokumentation dienen, ist also die Tätigkeit an sich wichtig. Nicht wichtig und uninteressant ist aber, wer konkret eine Tätigkeit ausführt, also das Agens. Deshalb enthält der Text viele passivische Formen, bei denen das Agens nicht genannt wird: Es finden sich sieben Formen des *werden*-Passivs (Vorgangspassiv). Hier einige aus Absatz 7:

7-1 Bei der Inventarisierung (…) **werden** alle liegenden und stehenden Bäume (…) **erfasst**.
7-2 Parameter wie z. B. Baumart, Höhe (…) **werden aufgenommen**.
7-4 Alle Daten **werden** im Gelände digital **erfasst**.

Hier wird also nicht gesagt, wer konkret die Tätigkeiten ausführt, das ist in diesem Sachtext und generell in derartigen beschreibenden Sach- und Fachtexten irrelevant. Wir schreiben also in einem Sachtext nicht:

7-1 a Die Mitarbeiter und Mitarbeiterinnen des Nationalparks erfassen alle Bäume.
7-4 a Frau Fischer erfasst alle Daten im Gelände digital.
7-1 b Die studentischen Hilfskräfte inventarisieren alle liegenden und stehenden Bäume.

Eine derartige Ausdrucksweise käme in einem anderen Kontext zum Tragen, nämlich wenn es z. B. um die konkrete Arbeitsverteilung ginge.

Auch mit dem *sein*-Passiv wird eine Nennung des Agens vermieden. In **8-2** etwa muss man nicht angeben, wer die Einrichtung besorgt hat. Gleiches gilt für die modale Passivumschreibung in **4-2** *sind anzutreffen,* die man paraphrasieren kann mit: *Verschiedene Waldgesellschaften kann man antreffen* oder *Verschiedene Waldgesellschaften kann der Besucher antreffen.*

8-2 Zur visuellen Dokumentation sind Fotopunkte **eingerichtet**.

4-2 Verschiedene Waldgesellschaften von der kollinen (...) bis zur supramontanen Vegetationsstufe **sind** hier **anzutreffen**.

Interessant in diesem Zusammenhang ist der Satz **7-5**.

7-5 Bei der Datenverwaltung und Auswertung wird der Nationalpark durch die Nordwestdeutsche Forstliche Versuchsanstalt (NW-FVA) in Göttingen unterstützt.

Auch wenn das Passiv üblicherweise die Möglichkeit bietet, auf die Nennung des Agens zu verzichten, ist es durchaus möglich, auch bei einer Passivkonstruktion das Agens zu nennen. Das geschieht üblicherweise mit einer *von*-Phrase (wie in unserem konstruierten **7-1c**), hier in unserem originalen Beispiel (**7-5**) durch eine *durch*-Phrase.

7-1c Alle liegenden und stehenden Bäume werden **von studentischen Hilfskräften** erfasst.

7-5 Bei der Datenverwaltung und Auswertung wird der Nationalpark **durch die Nordwestdeutsche Forstliche Versuchsanstalt (NW-FVA) in Göttingen** unterstützt.

Die **Nennung des Agens in einem Passivsatz,** sei es durch das übliche *von* oder durch das seltenere *durch*, hebt das Agens hervor und bringt es häufig in eine Rhemaposition: Das heißt, das Agens wird deutlich als neue Information markiert. Würde Beispiel **7-5** als Satz im Aktiv formuliert, ergäben sich verschiedene Möglichkeiten der Satzgliedstellung, nämlich: Adverbial – finites Verb – Subjekt – Akkusativobjekt (wie **7-5a**) oder Subjekt – finites Verb – Akkusativobjekt – Adverbial (wie **7-5b**). Die Stellung in **7-5b** mit dem Subjekt im Vorfeld entspricht der unmarkierten Normalstellung.

7-5a Bei der Datenverwaltung und Auswertung unterstützt die Nordwestdeutsche Forstliche Versuchsanstalt (NW-FVA) in Göttingen den Nationalpark.

7-5b Die Nordwestdeutsche Forstliche Versuchsanstalt (NW-FVA) in Göttingen unterstützt den Nationalpark bei der Datenverwaltung und Auswertung.

Im konkreten Textzusammenhang wäre aber die Subjektstellung im Vorfeld, also Beispielvariante **7-5b**, nicht adäquat, weil dieses Subjekt in einer Themaposition steht, aber nicht Thema ist, sondern als Rhema neu eingeführt wird.

Die Variante **7-5a** würde passen, da das Adverbial zutreffend in der Themaposition steht. Im Unterschied zum originalen Beispiel **7-5** wiederum ist der rhematische Status des Subjekts dadurch aber reduzierter. Im Originalsatz **7-5** wird das Agens deutlicher hervorgehoben. Deshalb wurde Passiv gewählt. Zum Vergleich:

7-5 Bei der Datenverwaltung und Auswertung wird der Nationalpark durch die Nordwestdeutsche Forstliche Versuchsanstalt (NW-FVA) in Göttingen unterstützt.

7-5a Bei der Datenverwaltung und Auswertung unterstützt die Nordwestdeutsche Forstliche Versuchsanstalt (NW-FVA) in Göttingen den Nationalpark.

Andere Formen zur Agensvermeidung

Es gibt in diesem Text neben dem Passiv noch eine Reihe weiterer sprachlicher Konstruktionen, die es erlauben oder ermöglichen, die konkret Handelnden nicht zu nennen; eine wichtige Rolle spielen dabei deverbale Nominalisierungen. Betrachten wir zunächst Beispiel **6-1**:

6-1 Um den verschiedenen Fragestellungen in der Waldforschung gerecht zu werden, erfolgt die **Einrichtung** von 1 ha großen Kernflächen, eines Stichprobenrasters (100 × 100 bzw. 150 × 150 m) mit Probekreisgrößen von 0,1 ha und die **Auswahl** von Fallenstandorten für die faunistischen Untersuchungen im Bereich der Kernflächen.

Wir finden in **6-1** die Nominalisierungen *Einrichtung,* also ein Substantiv, das mithilfe des *ung*-Suffixes vom Verb *einrichten* abgeleitet ist, und *Auswahl,* vom Verb *auswählen* abgeleitet. Mit diesen Nominalisierungen lässt sich in Verbindung mit dem bedeutungsleeren Verb *erfolgen* die Nennung eines Agens vermeiden; vgl. **6-1a** statt **6-1b**:

6-1a (Es) erfolgt die **Einrichtung** von Kernflächen (...) und die **Auswahl** von Fallenstandorten.

6-1b x **richtet** Kernflächen **ein** und **wählt** Fallenstandorte **aus**.

Wir haben in **6-1b** die Nominalisierungen in die zugrunde liegenden Vollverben *(einrichten* und *auswählen)* umgewandelt. Die für diese Verben nötigen Ergänzungen (Akkusativobjekte: *etwas einrichten, etwas auswählen*) erscheinen hier in der Nominalisierung als präpositionale Attribute:

x richtet Kernflächen ein → die Einrichtung von Kernflächen.

x wählt Fallenstandorte aus → die Auswahl von Fallenstandorten.

Die nötigen Informationen sind also auch bei der Nominalisierung gegeben. Etwas anders verhält es sich mit dem strukturell ähnlichen Beispiel **6-2**:

6-2 Die **Aufnahmen** in den Waldforschungsflächen erfolgen in einem Turnus von ca. zehn Jahren.

Auch hier wird durch eine Nominalisierung, nämlich *Aufnahmen* (← *aufnehmen*), in Verbindung mit dem Verb *erfolgen* die Nennung eines Agens vermieden: *Aufnahmen erfolgen* statt *x nimmt etwas auf.* Offen bleibt bei dieser Nominalisierung aber das Objekt der Aufnahmen, es wird nur adverbial der Ort *(in den Waldforschungsflächen)* genannt. Während bei der Umformung in einen Ausdruck mit Vollverb wie **6-2a** diese Nichtversprachlichung des Objekts zu einem grammatisch fragwürdigen Satz führt, gilt dies bei der Nominalisierung nicht, wie uns das originale **6-2** zeigt. Auch bei einer passiven Konstruktion **6-2b** bleibt die grammatische Lücke fragwürdig. Sowohl in **6-2a** als auch in **6-2b** stellt sich beim Lesen sofort die Frage: Was wird aufgenommen?

6-2a ?? x nimmt in einem Turnus von ca. zehn Jahren in den Waldforschungsflächen auf.

6-2b ? In einem Turnus von ca. zehn Jahren wird in den Waldforschungsflächen aufgenommen.

Die Nominalisierung kann also nicht nur die Nicht-Nennung des Agens, sondern auch die Nicht-Nennung von Objekten möglich machen. Wir finden hier also auch eine Möglichkeit der kondensierten Versprachlichung. Das Verb *erfolgen* + Nominalisierung ähnelt den üblichen Funktionsverbgefügen (siehe Kap. 5.5.2), die ja ebenfalls oft die Nicht-Nennung des Agens erlauben.

Auch satzwertige Infinitivkonstruktionen wie **2-1** oder **2-2** dienen der Agensvermeidung. Hier in Beispiel **2-2** etwa muss aufgrund der Infinitivkonstruktion nicht genannt werden, wer die langfristige Entwicklung (...) untersucht, dokumentiert und so zur Erforschung der (...) Prozesse beiträgt.

2-2 Daher muss es Aufgabe des Umweltmonitorings im Nationalpark Harz sein, die langfristige Entwicklung der vorhandenen Lebensräume (z. B. der Wälder, Gewässer und Moore) mit deren Lebensgemeinschaften zu **untersuchen**, zu **dokumentieren** und so zur Erforschung der zugrunde liegenden dynamischen Prozesse **beizutragen**.

Eine andere Form der Agensvermeidung besteht darin, dass fachliche Gegenstände oder Kategorien als Handelnde dargestellt werden. In unserem Text findet sich das in folgendem Beispiel:

2-1 **Keine andere** Schutzgebietskategorie verfolgt diesen Weg so konsequent.

Hier wird ein abstrakter Begriff *(Schutzgebietskategorie)* als handelnde Instanz dargestellt, die einen Weg verfolgen kann. In der Literatur spricht man hier oft von einem **Subjektschub**. Dieser findet sich auch häufig in der Wissenschaftssprache, wie z. B. der *Aufsatz verfolgt das Ziel x, die Arbeit untersucht die These y* und so weiter.

Grundsätzlich gilt beim Verfassen fachlicher und wissenschaftlicher Texte, wie z. B. Hausarbeiten im Studium, die Regel, eine objektive Darstellung zu wählen. Man soll also unpersönlich, nicht subjektiv schreiben. Im Vorangegangenen haben wir verschiedene Möglichkeiten gesehen, wie Sie dieser Anforderung nachkommen können: Das sind z. B. Passivkonstruktionen, Nominalisierungen, Funktionsverbgefüge, Infinitivkonstruktionen oder der sogenannte Subjektschub. Auf diese Weise gelingt es auch in den objektiven, agensabgewandten Sach- und Fachtexten, einen abwechslungsreichen Stil zu pflegen.

Bedeutungsleere Verben

Eine weitere Auffälligkeit bei der Verbalphrase in diesem Sachtext ist die Tatsache, dass die finiten Verben sehr häufig eine wenig konkrete Bedeutung tragen, oft bedeutungsleer oder relativ abstrakt sind und vor allem grammatische Funktion haben. Das betrifft zum einen die vielen Kopulaverben, die das Prädikat bilden; z. B. 4-1 *ist bewaldet*, 5-1 *sind Bausteine* und 5-2 *sind Grundlage*. Wir finden auch typische Funktionsverbgefüge, wie in Satz 3-1 *stehen zur Verfügung*. Und auch andere Verbalphrasen ähneln den Funktionsverbgefügen, insofern die finiten Verben relativ bedeutungsleer sind und zu den Funktionsverben gerechnet werden könnten: *es erfolgt die Einrichtung und Auswahl* (6-1), *es erfolgen Aufnahmen* (6-2), *etwas ermöglicht Einblicke* (5-4). Auch Verben wie *hinzukommen* (7-3, 8-1), *hinausgehen über* (5-3) oder *antreffen* (4-2) tragen wenig konkrete Bedeutung.

5.4.5 Nominalphrasen und die Verdichtung von Information

Wie schon bei der Besprechung der Verbalphrase deutlich wurde, ist es ein wesentliches Kennzeichen gerade von Sachtexten im Deutschen, dass **die wichtigen Informationen im nominalen Bereich** angesiedelt sind und nicht im verbalen Bereich. Nominalphrasen sind die eigentlichen Informationsträger und deshalb in Sachtexten oft **besonders komplex**. Dabei kann die Komplexität dadurch entstehen, dass Nominalphrasen viele Attribute enthalten, die in unterschiedlicher Weise verschachtelt sind, oder dass Nominalphrasen koordiniert sind; beide Verfahren können auch kombiniert werden. Wir wollen dies an der besonders komplexen Nominalphrase aus 3-1 zeigen.

3-1 Die im Nationalpark gewonnenen Erkenntnisse zum Ablauf natürlicher Prozesse sowie zum Aufbau, zur Struktur und zur Dynamik verschiedener Lebensgemeinschaften [stehen der Naturschutzarbeit … zur Verfügung]

Kern dieser komplexen Nominalphrase ist die Nominalphrase *die Erkenntnisse*. Diese ist pränominal durch ein Partizipialattribut erweitert und postnominal durch präpositionale Attribute, die ihrerseits koordiniert sind, und zwar syndetisch durch *sowie* und *und* und einmal asyndetisch. Wir beschreiben die Struktur dieser komplexen Nominalphrase aus Platzgründen in zwei Schritten, pränominal (3-1a) und postnominal (3-1b). Dabei wählen wir eine Darstellungsweise, die die hierarchische Struktur horizontal visualisiert.

3-1a Die Erkenntnisse
gewonnenen
im Nationalpark

3-1b Erkenntnisse
zum Ablauf sowie zum Aufbau, zur Struktur und zur Dynamik
Prozesse Lebensgemeinschaften
natürlicher verschiedener

Beispielteil **3-1a** zeigt ein pränominales Partizipialattribut mit dem Kern *gewonnen*, der durch eine Präpositionalphrase mit lokaler Bedeutung *(im Nationalpark)* näher bestimmt wird. In Teil **3-1b** finden wir postnominal vier koordinierte Präpositionalattribute, von denen zwei ihrerseits durch Genitivattribute *(Prozesse, Lebensgemeinschaften)* mit attributiven Adjektiven *(natürlicher Prozesse, verschiedener Lebensgemeinschaften)* determiniert werden. Typisch an dieser komplexen Nominalphrase ist auch, dass der Kern *Erkenntnisse* ein relativ allgemeines und abstraktes Substantiv darstellt. Die inhaltlich relevanten Informationen, um welche Erkenntnisse es genau geht, stecken in den postnominalen Attributen: *Erkenntnisse zum Ablauf, zum Aufbau, zur Struktur, zur Dynamik.*

5.4.6 Wortstellung im Satz: Besetzung des Vorfelds

Wir haben in der vorangegangenen Analyse schon gesehen, dass die Sätze in diesem Text in der Regel relativ einfach konstruiert sind, es gibt wenige Nebensätze oder satzwertige Infinitivkonstruktionen und damit kaum hierarchische Verbindungen. Die Verbalkomplexe sind in ihrer Bedeutung wenig spezifisch. Auf der anderen Seite sind die Nominalphrasen aber sehr komplex, sie tragen die meiste Information in diesem Text. Wir wollen nun einen Blick auf die **Stellung der Satzglieder** werfen. Für die Anordnung von Satzgliedern im Deutschen gibt es eine wichtige Regel: »Nur ein Satzglied im Vorfeld von Aussagesätzen«, daneben aber auch vielfältige grammatische Möglichkeiten. Funktional hat die Anordnung der Satzglieder immer etwas mit der **Informationsstruktur** zu tun. Deshalb werden wir in einem zweiten Schritt auf die Verteilung von alter und neuer Information (Thema – Rhema) eingehen (siehe Kap. 5.4.7).

Für den Textaufbau und die Informationsstruktur ist im Deutschen die Position der **Satzglieder im Vorfeld** besonders interessant. Das Vorfeld muss im

Aussagesatz von einem und nur einem Satzglied besetzt sein. Gleichzeitig ist aber das Vorfeld textuell gesehen eine Art Scharnier, das die vorhergehenden Sätze mit dem nachfolgenden verbindet. Sehr häufig steht in Texten das Subjekt im Vorfeld (siehe Kap. 2.5), oft aber auch ein Adverbial (siehe Kap. 3.4). Man spricht oft von einem Verhältnis in der Vorfeldbesetzung von etwa ⅔ Subjekt, ⅓ Adverbial; Objekte im Vorfeld sind selten und markiert. Subjekte sind deshalb sehr häufig in der Vorfeldposition, weil sie thematisch sind, also alte Information aus dem vorhergehenden Text aufgreifen; Adverbiale stehen deshalb oft im Vorfeld, weil sie gerne eine Art Rahmen für den nachfolgenden Satz angeben. Die bevorzugte Positionierung von Subjekten und Adverbialen belegt unser Text einigermaßen: Bei der Analyse finden wir in den 25 Sätzen (nur) zwölf Fälle, bei denen das Subjekt im Vorfeld steht. Wir führen sie in der Tabelle 3 an und besprechen sie genauer. Einmal (2-3) tritt ein Vorfeld-*es* auf und einmal (7-3) steht die Verbpartikel im Vorfeld. Dazu und zu den Besetzungen mit Adverbialen kommen wir weiter unten.

3 Besetzung des Vorfelds mit dem Subjekt

Textbeispiel (ggf. gekürzt, Subjekt fett hervorgehoben)	**Kommentar zum Subjekt**
1-1 **Nationalparke** haben den klaren Auftrag …	einfache Nominalphrase (= NP)
1-3 **Keine andere Schutzgebietskategorie** verfolgt diesen Weg so konsequent.	NP mit negiertem Artikel *kein*
3-1 **Die im Nationalpark gewonnenen Erkenntnisse zum Ablauf natürlicher Prozesse sowie zum Aufbau, zur Struktur und zur Dynamik verschiedener Lebensgemeinschaften** stehen der Naturschutzarbeit …	komplexe NP mit pränominalen und postnominalen Attributen, siehe auch 5.4.5
4-1 **Der Nationalpark Harz mit einer Fläche von 24.732 ha** ist zu ca. 97 % bewaldet.	NP mit komplexem Präpositionalattribut
4-2 **Verschiedene Waldgesellschaften von der kollinen (230 m ü. NHN im Norden und 270 m ü. NHN im Süden) bis zur supramontanen Vegetationsstufe (Brocken 1.141 m ü. NHN)** sind hier anzutreffen.	komplexe NP mit zwei komplexen Attributen mit Appositionen in Klammern
5-1 **Insgesamt vier Waldforschungsflächen** sind zentrale Bausteine für ein langfristiges Monitoring …	NP mit komplexem pränominalen Attribut, bei dem das Zahlwort *vier* vom Adverb *insgesamt* modifiziert wird.
5-2 **Sie** sind Kernstück des Programms …	Personalpronomen

5-3 **Die in den Waldforschungsflächen untersuchten Themen** gehen weit über die Beschreibung …	NP mit Partizipialattribut
5-4 **Detaillierte Untersuchungen zur Flora und Fauna** ermöglichen Einblicke …	NP mit Adjektivattribut und Präpositionalattribut
6-2 **Die Aufnahmen in den Waldforschungsflächen** erfolgen …	NP mit Präpositionalattribut
7-2 **Parameter wie z. B. Baumart, Höhe, Durchmesser, Zersetzungsgrad des Holzes und ökologisch wertvolle Kleinstrukturen** werden aufgenommen.	NP mit komplexem *wie*-Attribut, das der Exemplifizierung dient
7-4 **Alle Daten** werden im Gelände digital erfasst.	NP mit Indefinitartikel *alle*

In fast genauso vielen Fällen, nämlich elfmal, stehen Adverbiale, die sehr unterschiedliche Formen aufweisen, im Vorfeld. Wir kommentieren sie im Folgenden.

4 Besetzung des Vorfelds mit einem Adverbial

Textbeispiel (ggf. gekürzt, Adverbial fett hervorgehoben)	**Kommentar**
1-2 **Nach einer zeitlich begrenzten Übergangsperiode** wird die weitere Entwicklung …	Präpositionalphrase (PP)
1-4 **Wie aber** laufen die Vorgänge ab …	Frageadverb mit nachgestellter Konjunktion
2-2 **Daher** muss es Aufgabe des Umweltmonitorings …	Konjunktionaladverb
3-2 **Hierzu** wird ein umfangreicher …	Konjunktionaladverb
4-3 **Somit** liegt nahe, dass …	Konjunktionaladverb
6-1 **Um den verschiedenen Fragestellungen in der Waldforschung gerecht zu werden,** erfolgt die Einrichtung …	satzwertige Infinitivkonstruktion
7-1 **Bei der Inventarisierung der Waldstrukturen** werden alle …	PP mit Genitivattribut
7-5 **Bei der Datenverwaltung und Auswertung** wird der Nationalpark …	PP koordiniert
8-1 **Zum definierten Standardprogramm in den Waldforschungsflächen** kommen …	PP mit Präpositionalattribut
8-2 **Zur visuellen Dokumentation** sind Fotopunkte …	PP mit Adjektivattribut
8-3 **Um die klimatische Entwicklung langfristig zu dokumentieren und um die Ergebnisse mit den Witterungsverhältnissen während der Untersuchungsperioden abzugleichen,** werden …	satzwertige Infinitivkonstruktion

Die Analyse aller Vorfeldbesetzungen hat in knapp der Hälfte aller Sätze das Subjekt im Vorfeld gezeigt, das in der Regel thematisch ist und alte Information aus den vorhergehenden Sätzen aufgreift. Wir besprechen dies genauer unten in Tabelle 5. In fast genauso vielen Fällen stehen Adverbiale im Vorfeld, mit denen ein **Rahmen für den nachfolgenden Satz** gesetzt oder eine explizite Verbindung zum vorhergehenden Satz hergestellt wird. In unserem Text ist die Besetzung mit Adverbial in fast der Hälfte aller Sätze allerdings relativ hoch. Ein genauerer Blick auf die Adverbiale zeigt deutliche Unterschiede: Es sind Adverbien, Präpositionalphrasen und satzwertige Infinitivkonstruktionen. Wir besprechen diese Gruppen im Folgenden.

Adverbiale im Vorfeld: Adverbien

Im analysierten Textabschnitt treten zum einen Adverbiale in Form von Adverbien auf: *daher, hierzu, somit.* Diese Adverbien enthalten deiktische Bestandteile *(da, hier, so)*, mit denen auf den Vortext Bezug genommen wird, z. B.:

2-1 Es besteht die einmalige Chance, diesen Weg in einer beispiellosen Umbruchsphase im Harz zu verfolgen. 2-2 **Daher** muss es Aufgabe des Umweltmonitorings im Nationalpark Harz sein, die langfristige Entwicklung der vorhandenen Lebensräume (...) zu untersuchen, zu dokumentieren (...)

Hier im Übergang von **2-1** zu **2-2** bezieht sich *daher* auf den im Vortext genannten Grund, nämlich den Weg von einer Kulturlandschaft in eine sekundare Naturlandschaft zu verfolgen. Aus diesem Grund ergeben sich die im Folgenden genannten Aufgaben des Umweltmonitorings. Ähnlich verweist *hierzu* in **3-2** zurück auf das im Vortext genannte Ziel, die Erkenntnisse zum Ablauf natürlicher Prozesse (...) zur Verfügung zu stellen und bereitet gleichzeitig die nachfolgende, dafür nötige Handlung (Aufbau eines Datenbestands) vor:

3-1 Die im Nationalpark gewonnenen Erkenntnisse zum Ablauf natürlicher Prozesse sowie zum Aufbau, zur Struktur und zur Dynamik verschiedener Lebensgemeinschaften stehen der Naturschutzarbeit sowie der naturnahen Waldbewirtschaftung auch außerhalb des Parks zur Verfügung. 3-2 **Hierzu** wird ein umfangreicher, langfristig nutzbarer Datenbestand aufgebaut (...)

Die Adverbien *daher*, *hierzu* und *somit* werden aufgrund ihrer satz- bzw. textverbindenden Funktion als Konjunktionaladverbien bezeichnet. (Von ihrer Form her sind mindestens *daher* und *hierzu* zu den Pronominaladverbien zu rechnen.) In ihrer Funktion ähneln sie den Konjunktionen. In diesem Text ist auffallend, dass es verhältnismäßig wenige explizit angezeigte Satzverbindungen gibt. Die meisten Sätze werden **ohne expliziten Konnektor** aneinandergereiht, die Beziehung zwischen den Sätzen muss bei der Lektüre implizit hergestellt werden. Das ist auch darauf zurückzuführen, dass es sich hier um einen beschreibenden Sachtext handelt, bei dem die Informationen im Allgemeinen aneinandergereiht werden. Argumentierende Texte etwa weisen deutlich mehr explizit markierte Satzübergänge auf.

Adverbiale im Vorfeld: Präpositionalphrasen

In fünf Fällen finden sich in unserem Textausschnitt adverbiale Präpositionalphrasen im Vorfeld (**1-2**, **7-1**, **7-2**, **8-1**, **8-2**). Sie dienen vornehmlich dazu, einen Rahmen für den nachfolgenden Satz zu setzen, z. B. zeitlich wie in **1-2** *nach einer zeitlich begrenzten Übergangsperiode*; oder sie setzen einen Rahmen für die Handlung, als Bedingung wie in **7-1** und **7-5** (*bei der Inventarisierung* → wenn man inventarisiert) oder als Ziel wie in **8-2** (*zur visuellen Dokumentation* → um visuell zu dokumentieren). Die Präpositionalphrasen im Vorfeld sind in den meisten Fällen thematisch, greifen also ein eingeführtes Thema wieder auf (siehe dazu auch unten Kap. 5.4.6).

Adverbiale im Vorfeld: satzwertige Infinitivkonstruktionen

Zweimal finden wir in unserem Text komplexe satzwertige Infinitivkonstruktionen: (**6-1**), hier verkürzt wiedergegeben, und (**8-3**).

6-1 Um den verschiedenen Fragestellungen in der Waldforschung gerecht zu werden, erfolgt die Einrichtung von Kernflächen (…) und die Auswahl von Fallenstandorten.

Mit den beiden komplexen satzwertigen Infinitivkonstruktionen in **6-1** und **8-3** werden im Vorfeld des Satzes finale Rahmen gesetzt. Im Vorfeld wird angegeben, welches Ziel erreicht werden soll: In **6-1** etwa besteht dies darin, den verschiedenen Fragestellungen in der Waldforschung gerecht zu werden. Um dieses im Vorfeld als Rahmen genannte Ziel zu erreichen, werden bestimmte Handlungen ausgeführt, die im nachfolgenden Satz ab dem finiten Verb genannt werden: Die Einrichtung von bestimmten Kernflächen und die Auswahl von Fallenstandorten dienen dem angegebenen Ziel.

Andere Besetzungen im Vorfeld

Unser Text weist außerdem noch zwei besondere Fälle von Vorfeldbesetzung auf, es sind dies **2-1** und **7-3**:

2-1 **Es** besteht die einmalige Chance, diesen Weg in einer beispiellosen Umbruchsphase im Harz zu verfolgen.

7-3 **Hinzu** kommt die Dokumentation der Gehölzverjüngung.

In **2-1** tritt ein sogenanntes Vorfeld-*es* auf, das als **Platzhalter** die Vorfeldposition besetzt. Es ist immer thematisch und ermöglicht es, die restliche Information im Satz in eine spätere Position zu bringen und damit in eine rhematische Position. Das Vorfeld-*es* fällt weg, sobald ein anderes Element das Vorfeld besetzt, wie in **2-1a**:

2-1a Jetzt besteht die einmalige Chance, diesen Weg (...) zu verfolgen.

Die Wortstellung in **7-3** ist etwas ungewöhnlich: Bei *hinzu* handelt es sich um das klammerschließende Element des Partikelverbs *hinzukommen*. Die übliche Satzstellung erfordert bei Verwendung dieses Verbs als Prädikat die Klammerbildung mit klammeröffnendem *kommt* und klammerschließendem *hinzu*. Der Satz müsste also lauten wie **7-3a**.

7-3a Die Dokumentation der Gehölzverjüngung kommt hinzu.

Dieser Satz entspricht aber in seiner Anordnung nicht der üblichen Verteilung von alter Information am Satzanfang und neuer Information gegen Ende des Satzes und passt nicht zu den textuellen Gegebenheiten. Das Subjekt *Die Dokumentation der Gehölzverjüngung*, hier übrigens das einzige nominale Satzglied, liefert neue Information und ist rhematisch, weshalb es weiter hinten positioniert werden könnte. Das lässt sich erreichen, indem das Vorfeld anders besetzt wird, wie z. B. in **7-3b** mit einem Adverb *(dann)*, oder indem die Verbpartikel in das Vorfeld gestellt wird, wie im originalen Beispiel **7-3**.

7-3b Dann kommt die Dokumentation der Gehölzverjüngung hinzu.
7-3 Hinzu kommt die Dokumentation der Gehölzverjüngung.

Sie sehen also, wie mithilfe von Umstellungen die vielfältigen grammatischen Möglichkeiten des Deutschen ausgenutzt werden können, um einen Text in seiner Informationsstruktur optimal zu gestalten.

5.4.7 Alte und neue Information: Thema – Rhema

Es hat sich schon angedeutet, dass in Bezug auf die Verteilung von alter und neuer Information typischerweise das Vorfeld die Position für das Thema ist und das, was im oder gegen Ende des Mittelfelds steht, rhematische Information ist oder als rhematisch gesehen werden soll.

Im Folgenden wollen wir versuchen, die Informationsstruktur eines größeren Textabschnittes zu analysieren, indem wir Satz für Satz jeweils die alte Information (Thema) und die neue Information (Rhema) bestimmen. Dabei können wir erkennen, dass tendenziell in den Sätzen **die alte Information am Anfang** steht, das **Rhema am Ende** und dass oft das Rhema des vorhergehenden Satzes zum Thema des nächsten Satzes wird. Das kann auch bedeuten, dass mit einer Positionierung am Ende des Mittelfelds eine Information von der Autorin oder vom Autor als Rhema bestimmt wird. Allerdings ist die Abfolge von Thema und Rhema in authentischen Texten nicht immer so einfach zu bestimmen: Sehr häufig wird das Thema angereichert mit weiterer Information, die oft als mitverstanden oder im Weltwissen verankert gesehen wird. Auch gelingt es nicht immer, alle Bestandteile eines Satzes eindeutig den Konzepten Thema und Rhema zuzuordnen. Unsere Analysen sind deshalb als Vorschläge zu sehen.

Unsere Analyse bezieht sich auf den zweiten großen Textabschnitt. Das Thema dieses Abschnittes ist »Waldforschungsflächen«, wie es ja die Überschrift auch nahelegt. Dieses Thema wird im Text unter verschiedenen Aspekten behandelt, spezifiziert und durch neue Information (Rhema) angereichert.

5 Verteilung von Thema und Rhema

Textbeispiel	Kommentar
4-1 **Der Nationalpark Harz** (= Thema) mit einer Fläche von 24.732 ha ist **zu ca. 97 % bewaldet** (= Rhema). 4-2 **Verschiedene Waldgesellschaften** (= Thema) **von der kollinen (230 m ü. NHN im Norden und 270 m ü. NHN im Süden) bis zur supramontanen Vegetationsstufe (Brocken 1.141 m ü. NHN)** sind **hier** anzutreffen (= Rhema).	Der Satz beginnt mit einer thematischen NP, *Nationalpark Harz,* die dem übergeordneten Thema des gesamten Textes entspricht: Dieser wird hier in 4.1 die rhematische Information *zu ca. 97 % bewaldet* zugeschrieben. In 4.2. wird dieses Rhema zum Thema, allerdings in der differenzierten Form *verschiedene Waldgesellschaften;* die Bewaldung zeigt sich also in verschiedenen Ausprägungen. Diese Ausprägungen sind dann hier als neues Rhema in der Attribution *(von der kollinen … bis zur supramontanen Vegetationsstufe)* angegeben.
4-3 Somit liegt nahe, dass **die Waldforschung** (= Thema) **einen wichtigen Arbeitsschwerpunkt der Nationalparkarbeit** darstellt (= Rhema).	Hier wird das Abschnittsthema in generalisierter, auf die Tätigkeit bezogener Form *Waldforschung* (anstelle von *Waldforschungsfläche* wie in der Abschnittsüberschrift) aufgegriffen und rhematisch als wichtiger Arbeitsschwerpunkt bewertet.

5-1 Insgesamt vier **Waldforschungsflächen** (= Thema) sind **zentrale Bausteine für ein langfristiges Monitoring der repräsentativen Waldgesellschaften und ihrer natürlichen Entwicklung** (= Rhema). 5-2 **Sie** (= Thema) sind **Kernstück des Programms »Dauerbeobachtungsflächen im Nationalpark Harz«** (= Rhema).	In 5.1 wird das Thema *Waldforschung* aus 4-3 mit einer Anreicherung wieder aufgegriffen: *insgesamt vier Waldforschungsflächen.* Mitverstanden ist hier: Waldforschung findet auf Waldflächen statt (siehe auch die Überschrift *Waldforschungsfläche*) und von diesen Waldforschungsflächen gibt es im Nationalpark Harz insgesamt vier. Diesem Thema wird in 5-1 und 5-2 mit zwei rhematischen Aussagen neue Information zugeordnet, nämlich *sind zentrale Bausteine für...* und *sind Kernstück des Programms ...* Damit wird gleichzeitig eine Einordnung in die Forschungsarbeit vorgenommen.
5-3 **Die in den Waldforschungsflächen untersuchten Themen** (= Thema) gehen weit über **die Beschreibung der reinen Bestandesdynamik** hinaus (= Rhema). 5-4 **Detaillierte Untersuchungen zur Flora und Fauna** (= Thema) ermöglichen **Einblicke in ökosystemare Zusammenhänge und sind ihrerseits Grundlage für das langfristige Monitoring** (= Rhema).	5-3 greift wiederum das Thema aus 5-1 *(Waldforschungsflächen)* auf und differenziert es weiter zu *die in den Waldforschungsflächen untersuchten Themen*: Dass bei Forschungen Themen untersucht werden, ist in dem Kompositum *WaldFORSCHUNGsfläche* enthalten, wurde aber noch nicht explizit gesagt. 5-4 differenziert und spezifiziert dieses Thema der Forschung weiter in der Form von *detaillierte Untersuchungen zur Flora und Fauna*. Damit wird die thematische Information aus 5-3 *die ... untersuchten Themen* konkreter ausformuliert.
6-1 **Um den verschiedenen Fragestellungen in der Waldforschung gerecht zu werden** (= Thema), erfolgt **die Einrichtung von 1 ha großen Kernflächen, eines Stichprobenrasters (100 × 100 bzw. 150 × 150 m) mit Probekreisgrößen von 0,1 ha und die Auswahl von Fallenstandorten für die faunistischen Untersuchungen im Bereich der Kernflächen** (= Rhema).	Auch das Thema in 6-1 in Gestalt einer Infinitivkonstruktion reichert das generelle Thema *Waldforschungsfläche* an: Es geht darum, den verschiedenen Fragestellungen in der Waldforschung (ergibt sich aus dem Begriff Forschung), also den behandelten Themen, gerecht zu werden, also sie möglichst optimal zu behandeln. Das Rhema nennt dann dazu dienliche Handlungen: *Einrichtung von Kernflächen ... und Auswahl von Fallenstandorten ...*

6-2 **Die Aufnahmen in den Waldforschungsflächen** (= Thema) erfolgen **in einem Turnus von ca. zehn Jahren** (= Rhema).	Auch 6-2 spezifiziert das Thema *Waldforschung*: Etwas aufzunehmen oder wie in 7-1 etwas zu inventarisieren gehört zu den Tätigkeiten bei der Waldforschung; ‚Aufnahme' und ‚Inventarisierung' ist also im Thema ‚Waldforschung' schon mitgedacht und insofern als thematisch anzusehen. Das Rhema in 6-2 ist die temporale Angabe (*in einem Turnus von ca. 10 Jahren*) für diese Aufnahmen.
7-1 **Bei der Inventarisierung der Waldstrukturen** (= Thema) werden **alle liegenden und stehenden Bäume, getrennt nach lebend und tot**, erfasst (= Rhema). 7-2 **Parameter** (= Thema) wie z.B. **Baumart, Höhe, Durchmesser, Zersetzungsgrad des Holzes und ökologisch wertvolle Kleinstrukturen** werden aufgenommen (= Rhema).	In 7-1 ist – wie schon gezeigt – die *Inventarisierung* als eine Aktivität der Waldforschung thematische Information; das Rhema bezeichnet hier das genaue Ziel der Inventarisierung: *alle liegenden und stehenden Bäume …* In 7-2 kann der Begriff *Parameter* als thematisch gesehen werden: Es gehört zur waldforscherischen Tätigkeit, Objekte nach bestimmten Kriterien, also Parametern, zu ordnen; rhematisch ist in 7-2 dann die Ausdifferenzierung des Konzeptes in der *wie*-Phrase: Damit wird als neue Information eingeführt, welche Parameter hier konkret berücksichtigt werden.
7-3 **Hinzu** (= Thema) kommt **die Dokumentation der Gehölzverjüngung** (= Rhema).	In 7-3 erfolgt mit *hinzu* ein thematischer, unauffälliger Anschluss an den Vortext. Die Verbpartikel *hinzu* im Vorfeld erlaubt, das Subjekt in die Rhemaposition zu bringen. Das Rhema nennt hier eine weitere forscherische Tätigkeit in ihrer konkreten Anwendung: *Dokumentation der Gehölzverjüngung.*
7-4 **Alle Daten** (= Thema) werden im Gelände **digital** erfasst (= Rhema).	In 7-4 stellt *alle Daten* eine Zusammenfassung der vorangegangenen Einzelaspekte der verschiedenen Untersuchungen dar und ist insofern thematisch; rhematisch ist hier das Adverbial *digital*, das als neue Information den Modus der Datenerfassung nennt.

7-5 **Bei der Datenverwaltung und Auswertung** (= Thema) wird der Nationalpark **durch die Nordwestdeutsche Forstliche Versuchsanstalt (NW-FVA) in Göttingen** unterstützt (= Rhema).	Das Thema in der Präpositionalphrase mit *bei* stellt eine Zusammenfassung von im Vortext genannten forscherischen Aktionen dar: Wenn Daten erhoben werden, dann ist mitgemeint, dass sie verwaltet und ausgewertet werden. Rhematisch ist hier die *durch*-Phrase *durch die … Versuchsanstalt*, mit der eine weitere Institution als Akteur eingeführt wird. Dadurch wird explizit ein Akteur in einer Passivkonstruktion genannt.
8-1 **Zum definierten Standardprogramm in den Waldforschungsflächen** (= Thema) kommen **spezifische Begleituntersuchungen wie z. B. Gewässer-, Vogel-, Fledermaus-Monitoring und die Tier- und Pflanzenarteninventarisierung** hinzu (= Rhema).	In 8-1 wird wieder das generelle Thema *Waldforschung/Waldforschungsfläche* aufgegriffen, das im Vorhergehenden detailliert erläutert und erklärt wurde – also thematisch ist. Die bisher beschriebenen Forschungsaktivitäten werden hier gleichzeitig als *definiertes Standardprogramm* charakterisiert, was bisher so nicht expliziert wurde. Rhematisch sind nun weitere Untersuchungsfelder – über die Waldforschungsflächen hinaus, die als spezifische Begleituntersuchungen in der *wie*-Phrase exemplarisch neu eingeführt werden.
8-2 **Zur visuellen Dokumentation** (= Thema) sind **Fotopunkte** eingerichtet (= Rhema).	Hier wird *Dokumentation* wieder aufgegriffen; als forschende Tätigkeit ist Dokumentation im Text bereits erwähnt und damit thematisch. Hier erfolgt aber eine Spezifikation hin zum Visuellen. Rhema ist die Einführung der *Fotopunkte* als Mittel der visuellen Dokumentation.

8-3 **Um** die klimatische Entwicklung **langfristig zu dokumentieren und um die Ergebnisse mit den Witterungsverhältnissen während der Untersuchungsperioden abzugleichen** (= Thema), werden im Bereich der Waldforschungsflächen **lokale Klima-Messstationen** betrieben (= Rhema).	In 8-3 finden wir im Vorfeld eine sehr komplexe Infinitivkonstruktion. Diese nennt einerseits Thematisches, nämlich das Dokumentieren und das Vergleichen als forscherische Tätigkeiten. Andererseits sind hier auch noch nicht explizit erwähnte Informationen: Von klimatischen Verhältnissen und Witterungsverhältnissen war noch nicht die Rede. Man könnte aber damit argumentieren, dass in der heutigen Zeit Untersuchungen zum Wald immer mit Klimaerscheinungen verbunden gedacht werden, dieser Aspekt also als stillschweigend mitgedacht gesehen werden kann. Auch der Zeitaspekt, der in *langfristig* und *Untersuchungsperioden* steckt, war bisher nur sehr indirekt angesprochen (5-1 *langfristig*, 5- 2 *Dauerbeobachtung*), kann aber auch als immer mitgemeint und damit als alte Information gesehen werden. Rhematisch in 8-3 sind auf jeden Fall *die lokalen Klima-Messstationen*.

Aus Sicht der Thema-Rhema-Verteilung wollen wir abschließend auf folgende Auffälligkeiten hinweisen: In den Fällen, in denen das Subjekt nicht im Vorfeld steht (**6-1**, **7-1**, **7-3**, **8-1**, **8-2**, **8-3**), ist es – wenn möglich – in eine Position am Ende des Mittelfelds gestellt, die es zum Rhema macht. Das zeigt sich in **8-3**: Das Subjekt *lokale Klima-Messstationen* steht am Ende des Mittelfelds, noch nach dem präpositionalen Adverbial *im Bereich der Waldforschungsflächen.* In **1-2** hingegen steht das komplexe Subjekt *(die weitere Entwicklung in den Lebensräumen)* am Anfang des Mittelfelds. Es folgt ein präpositionales Adverbial *(auf einem Großteil der Fläche)* und am Ende findet sich in einer ungewöhnlichen Position das Dativobjekt *allein der Natur*, das hier als Rhema zu werten ist. Die schon oben besprochene Verwendung des Vorfeld-*es* in **2-1** und die Positionierung der Verbpartikel *hinzu* im Vorfeld in **7-3** sind ein ideales Mittel, um Satzglieder in eine rhematische Position zu bringen.

Hinzuweisen bleibt noch auf die Tatsache, dass in diesem Text teils sehr komplexe Mittelfeldbesetzungen auftreten, dass diese aber oft nur aus einem einzigen Satzglied bestehen. Die Komplexität liegt in diesem Text also ganz wesentlich auf der Phrasenebene und nicht auf der Satzebene.

5.4.8 Zusammenfassung

Wir haben in diesem Sachtext typische grammatische und einige lexikalische Phänomene in ihrer Funktion gezeigt. Auffällig waren dabei vor allem die Mittel der objektiven Darstellung, der Verdichtung von Informationen und die Informationsstruktur. Im Einzelnen wurden die folgenden Phänomene in den Blick genommen:

- Fachwortschatz und andere Kennzeichen der Fachlichkeit
- Verbalkomplex
- Tempus
- Formen der Agensvermeidung: Passiv und anderes
- Nominalphrasen und die Verdichtung von Information
- Wortstellung und die Besetzung des Vorfelds
- Informationsstruktur: Thema – Rhema

5.5 Verwaltungstext

I.1.2 Gegenstände und Ziele des Bachelorstudiengangs; berufliche Tätigkeiten

(1) 1-1 Der Bachelorstudiengang ES vermittelt grundlegende Fachkenntnisse und Methoden, die erforderlich sind, um menschliche Sprachen zu erforschen und zu analysieren.

1-2 Er befasst sich mit heutigen und älteren Sprachen der Menschheit mit dem Ziel sowohl spezifische, diese Sprachen betreffende als auch allgemeine Aspekte von Sprache und Sprechen zu beschreiben, typologisch und historisch-genetisch zu klassifizieren und zu erklären.

1-3 Die Erforschung der Sprachen umfasst dabei sowohl deren Verwendung als »gesprochene Sprachen« in alltäglichen Kommunikationsprozessen als auch schriftliche Ausprägungsformen natürlicher Sprachen aller Arten. […]

1-4 Zu diesem Zweck vermittelt das Studium in Verbindung mit einer soliden, integrierten Ausbildung in verschiedenen europäischen und außereuropäischen Fremdsprachen die theoretischen Grundlagen und Techniken der linguistischen Analyse und Beschreibung von Sprachen und sprachlichen Äußerungsformen und setzt diese Verfahren mit damit zusammenhängenden Tätigkeitsfeldern der wissenschaftlichen Forschung in Beziehung.

1-5 Nach dem Abschluss des Bachelorstudiengangs eröffnet sich damit eine Reihe von Tätigkeitsfeldern auch außerhalb der sprachwissenschaftlichen Forschung selbst, insbesondere in der Außenwirtschaft, der Entwicklungshilfe, der öffentlichen Verwaltung, der sachverständigen Begutachtung bei Gericht, der Spracherkennung im kriminalistischen Bereich sowie der Sprachberatung in der Gesetzgebung (forensische Linguistik); darüber hinaus ergeben sich Tätigkeitsfelder z. B. in den Bereichen Informationstechnologie und Telekommunikation, soweit diesen sprachliche Daten zugrunde liegen (Computerlinguistik).

(2) 2-1 Das Studium des Hauptfaches ES und des gewählten Nebenfaches wird mit dem Bachelorgrad als erstem berufsqualifizierenden Abschluss abgeschlossen.

2-2 Durch die kumulative Bachelorprüfung im Hauptfach ES sowie dem ggf. gewählten internen Nebenfach soll festgestellt werden, ob die oder der Studierende Methoden und Zielsetzungen der Empirischen Sprachwissenschaft überblickt, die Fähigkeit besitzt, wissenschaftliche Verfahren und Erkenntnisse des Faches selbständig anzuwenden[,] und in der Lage ist, aufgrund eines breiten Grundlagenwissens und wissenschaftlicher Orientierung die zukünftigen Entwicklungen der Empirischen Sprachwissenschaft zu verstehen, sowie die für den Übergang in die Berufspraxis notwendigen gründlichen Fachkenntnisse erworben hat.

[…]

(aus: Studiengangspezifischer Anhang des Fachbereichs Sprach- und Kulturwissenschaften der Johann Wolfgang Goethe-Universität Frankfurt am Main für den Bachelorstudiengang Empirische Sprachwissenschaft im Haupt- sowie im Nebenfach mit dem Abschluss »Bachelor of Arts (B.A.)« vom 28. Juni 2017 in der Fassung vom 17. Januar 2018; aktuelle Lesefassung Stand März 2021)

§ 23 Prüfungszeitpunkt und Meldeverfahren (RO-GU: § 25)

(1) 3-1 Modulprüfungen werden im zeitlichen und sachlichen Zusammenhang mit den entsprechenden Modulen abgelegt. Modulprüfungen für Pflichtmodule und jährlich angesetzte Wahlpflichtmodule sind in der Regel mindestens zweimal pro Jahr anzubieten.

(2) 3-2 Die modulabschließenden mündlichen Prüfungen und Klausurarbeiten sollen innerhalb von durch den Prüfungsausschuss festzulegenden Prüfungszeiträumen durchgeführt werden. Die Prüfungszeiträume sind in der Regel die ersten beiden und die letzten beiden Wochen der vorlesungsfreien Zeit.

[…]

(5) 4-1 Zu jeder Modulprüfung hat sich die oder der Studierende innerhalb der Meldefrist schriftlich oder, nach Festlegung durch den Prüfungsausschuss, elektronisch anzumelden, sofern der jeweilige studiengangsspezifische Anhang keine abweichende Regelung trifft.

4-2 Die Meldung zu den Modulprüfungen erfolgt beim Prüfungsamt, sofern der jeweilige studiengangsspezifische Anhang keine andere Zuständigkeit für die Entgegennahme der Anmeldungen vorsieht.

4-3 Über eine Nachfrist für die Meldung zu einer Modulprüfung in begründeten Ausnahmefällen entscheidet die oder der Vorsitzende des Prüfungsausschusses auf Antrag der oder des Studierenden. § 24(2) gilt entsprechend. […]

§ 24 Versäumnis und Rücktritt von Modulprüfungen (RO-GU: § 26)

[…]

(2) 5-1 Der für das Versäumnis oder den Abbruch der Prüfung geltend gemachte Grund muss der Vorsitzenden oder dem Vorsitzenden des Prüfungsausschusses unverzüglich nach Bekanntwerden des Grundes schriftlich angezeigt und glaubhaft gemacht werden.

5-2 Eine während der Erbringung einer Prüfungsleistung eintretende Prüfungsunfähigkeit muss unverzüglich bei der Prüferin oder dem Prüfer oder der Prüfungsaufsicht geltend gemacht werden. Die Verpflichtung zur unverzüglichen Anzeige und Glaubhaftmachung der Gründe gegenüber dem Prüfungsausschuss bleibt hiervon unberührt.

5-3 Im Krankheitsfall ist unverzüglich, jedenfalls innerhalb von drei Werktagen, ein ärztliches Attest und eine Bescheinigung über die Prüfungsunfähigkeit durch den Haus-/Facharzt vorzulegen, aus der hervorgeht, für welche Art von Prüfung (schriftliche Prüfung, mündliche Prüfung, länger andauernde Prüfungen, andere Prüfungsformen) aus medizinischer Sicht die Prüfungsunfähigkeit für den betreffenden Prüfungstermin besteht. [...] Bei begründeten Zweifeln ist zusätzlich ein amtsärztliches Attest vorzulegen.

(6) 5-4 Die oder der Studierende kann sich zu einer Modulprüfung oder Modulteilprüfung nur anmelden beziehungsweise die Modulprüfung nur ablegen, sofern sie oder er an der Johann Wolfgang Goethe-Universität immatrikuliert ist. § 22(2) bleibt unberührt. Für die Anmeldung bzw. Ablegung der betreffenden Modulprüfung bzw. Modulteilprüfung muss die oder der Studierende zur Bachelorprüfung zugelassen sein und sie oder er darf die entsprechende Modulprüfung oder Modulteilprüfung noch nicht endgültig nicht bestanden haben. [...]

(aus: Rahmenordnung für Bachelorstudiengänge des Fachbereichs 09 »Sprach- und Kulturwissenschaften« der Johann Wolfgang Goethe-Universität Frankfurt am Main vom 15. Juli 2015)

5.5.1 Einführung in die Analyse von Texten aus der Verwaltung

Die hier in Ausschnitten zitierten Verwaltungstexte gehören in den Bereich der Satzungen und Ordnungen zur Regelung von Bachelorstudiengängen mit fachspezifischem Anhang zum Bachelorstudiengang »Empirische Sprachwissenschaft« (= ES). Im ausgewählten Textausschnitt haben wir die Abschnitte zum fachspezifischen Anhang, in dem erklärt wird, um welchen Studiengang es sich handelt, der allgemeinen Rahmenordnung für Bacherlorstudiengänge vorangestellt, im Original ist es umgekehrt. Die beiden Textabschnitte zeigen eine ganze Reihe charakteristischer Merkmale der Verwaltungssprache, einer Sprache, die aufgrund ihrer Schwerverständlichkeit und Umständlichkeit häufig in die Kritik geraten ist. Dabei fällt aber auf, dass sie etliche Eigenschaften mit dem in Kap. 5.4 vorgestellten Sachtext gemeinsam hat.

Unser Ziel ist es, Sie nicht nur für die **Besonderheiten der Grammatik der Verwaltungssprache** zu sensibilisieren, sondern in Ihnen auch ein Verständnis für die besondere Leistungsfähigkeit mancher grammatischer Phänomene zu wecken. Nur aus der Kenntnis dessen, was durch Verwaltungssprache geleistet werden muss, kann gegebenenfalls berechtigte Sprachkritik ansetzen.

Bereits in ihrer äußeren Form weist insbesondere die Rahmenordnung für Bachelorstudiengänge Merkmale der **Textsorte »Verwaltungstext«** auf. Denn wie alle juristisch relevanten Texte, z. B. Gesetzestexte, ist sie nach Paragrafen (§) und einzelnen Absätzen (1), (2) usw. gegliedert, während der studiengangsspezifische Anhang nur die Absatzgliederung hat.

Wir zitieren allerdings im Folgenden die beiden Texte nach der von uns eingeführten Satzgliederung (siehe oben blau hervorgehoben), die nicht mit der Paragrafen- und/oder Absatzgliederung der Texte im Original übereinstimmt.

Die erste Lektüre der Texte bestätigt sicherlich den Eindruck der Schwerverständlichkeit, der durch lange Nominalphrasen und Sätze entsteht. Sie stellen zentrale Charakteristika der Verwaltungssprache dar. Ein Hauptgrund für die scheinbare Schwerverständlichkeit ist das Streben nach größtmöglicher Eindeutigkeit, die durch bestimmte, im Folgenden von uns beschriebenen sprachliche Mittel erreicht wird.

Als Tempus dient das generische Präsens zur Kennzeichnung der Allgemeingültigkeit und potenziellen Wiederholbarkeit der Aussagen. Der Modus ist in der Regel der Indikativ, der Faktizität anzeigt (»so ist es und nicht anders«).

Die Verwaltungssprache weist Elemente der juristischen Fachsprache auf, die durch das Bemühen um Eindeutigkeit und Widerspruchsfreiheit im Sinne des Gesetzes gekennzeichnet ist, da alle festgesetzten Rechte und Pflichten juristisch einklagbar sind. Ein formal sichtbares Indiz dafür ist z. B. der Verweis auf weiterführende Paragrafen (siehe hierzu Satz 4-3), die zur weiteren Klärung von Sachverhalten beitragen. Das Vermeiden von potenziellen Fehlinterpretationen ist oberstes Prinzip, wenngleich dieses manchmal zulasten der Verständlichkeit geht.

Wir möchten Ihnen zunächst die Verfahren zur Herstellung größtmöglicher Eindeutigkeit vor Augen führen. Mit welchen sprachlichen Mitteln werden Aussagen so eindeutig wie möglich gemacht?

Hierzu gehört zunächst, dass die Personenbezeichnungen aus Gründen der **sprachlichen Gleichberechtigung** (»Political Correctness«) nach »männlich« und »weiblich« differenziert sind, wodurch komplexe Phrasen entstehen; vergleichen Sie hierzu das folgende Beispiel:

5 Geschlechtergerechter Sprachgebrauch im Verwaltungstext

5-2 Eine während der Erbringung einer Prüfungsleistung eintretende Prüfungsunfähigkeit muss unverzüglich bei der Prüferin oder dem Prüfer oder der Prüfungsaufsicht geltend gemacht werden.

5-4 Die oder der Studierende kann sich zu einer Modulprüfung oder Modulteilprüfung nur anmelden beziehungsweise die Modulprüfung nur ablegen, sofern sie oder er an der Johann Wolfgang Goethe-Universität immatrikuliert ist.

Die Kennzeichnung weiblicher und männlicher Personenbezeichnungen ist in Verwaltungstexten Vorschrift und bekanntlich auch jenseits der Verwaltungssprache weit verbreitet.

Grammatisch gesehen handelt es sich hierbei um Nominal-, Präpositional- oder Pronominalphrasen, die durch die nebenordnende Konjunktion *oder* (in der Bedeutung ›bzw.‹) verbunden sind.

In **5-2** *bei der Prüferin oder dem Prüfer* werden beide Substantive – sowohl in der femininen Form *der Prüferin* als auch in der maskulinen Lesart *der Prüfer* – in der sogenannten Beidnennung geboten.

Bei *die oder der Studierende* in **5-4** ist das Substantiv *Studierende* eine geschlechtsneutrale Form, bei der die Nennung des femininen und maskulinen Artikels genügt, um weibliche und männliche Personen zu bezeichnen. Der Numerus des Verbs ist dabei der Singular.

Die durch *oder* verbundenen Nominalphrasen bilden ein Satzglied, und zwar das Subjekt in **5-4** und ein Lokaladverbial in **5-2**.

Stilistisch hat die sprachliche Gleichberechtigung der Geschlechter zur Folge, dass es jeweils zwei nebengeordnete Phrasen gibt, die eine syntaktische Funktion ausüben.

Verwaltungstexte weisen in der Regel nur **wenige Pronominalisierungen** auf. So gesehen ist *sie oder er* in **5-4** als Wiederaufnahme von *die oder der Studierende* die Ausnahme.

Ein Grund für die Vermeidung der Substitution von Nominal- oder Präpositionalphrasen usw. ist der der Verständnissicherung, denn Pronomina können in ihrem Bezug gelegentlich missverstanden werden. Dies hat zur Folge, dass in Verwaltungstexten häufig Wortwiederholungen anzutreffen sind, die in stilistischer Hinsicht zwar als wenig elegant gelten, die aber einen eindeutigen Bezug auf das Gemeinte erlauben. Vergleichen Sie hierzu die nachfolgende Übersicht:

6 Wort- bzw. Wortstammwiederholungen

4-2 Die *Meld*ung zu den Modul*prüfungen* erfolgt beim *Prüf*ungsamt, sofern der jeweilige studiengangsspezifische Anhang keine andere Zuständigkeit für die Entgegennahme der An*meld*ungen vorsieht.
4-3 Über eine Nachfrist für die *Meld*ung zu einer Modul*prüfung* in begründeten Ausnahmefällen entscheidet die oder der Vorsitzende des *Prüf*ungsausschusses auf Antrag der oder des Studierenden. § 24(2) gilt entsprechend. [..]
5-2 Eine während der Erbringung einer *Prüf*ungsleistung eintretende *Prüf*ungsunfähigkeit muss unverzüglich bei der *Prüf*erin oder dem *Prüf*er oder der *Prüf*ungsaufsicht geltend gemacht werden. Die Verpflichtung zur unverzüglichen Anzeige und Glaubhaftmachung der Gründe gegenüber dem *Prüf*ungsausschuss bleibt hiervon unberührt.

5-3 Im Krankheitsfall ist unverzüglich, jedenfalls innerhalb von drei Werktagen, ein ärztliches Attest und eine Bescheinigung über die *Prüf*ungsunfähigkeit durch den Haus-/Facharzt vorzulegen, aus der hervorgeht, für welche Art von *Prüf*ung (schriftliche *Prüf*ung, mündliche *Prüf*ung, länger andauernde *Prüf*ungen, andere *Prüf*ungsformen) aus medizinischer Sicht die *Prüf*ungsunfähigkeit für den betreffenden *Prüf*ungstermin besteht. [...] Bei begründeten Zweifeln ist zusätzlich ein amtsärztliches Attest vorzulegen.
5-4 Die oder der Studierende kann sich zu einer Modul*prüf*ung oder Modulteil*prüf*ung nur an*meld*en beziehungsweise die Modul*prüf*ung nur ablegen, sofern sie oder er an der Johann Wolfgang Goethe-Universität immatrikuliert ist. § 22(2) bleibt unberührt. Für die Anmeldung bzw. Ablegung der betreffenden Modul*prüf*ung bzw. Modulteil*prüf*ung muss die oder der Studierende zur Bachelor*prüf*ung zugelassen sein und sie oder er darf die entsprechende Modul*prüf*ung oder Modulteil*prüf*ung noch nicht endgültig nicht bestanden haben.

In dieser Passage ist allein der Verbstamm *prüf-* (kursiv) insgesamt 24-mal zu finden. 30-mal ist das Substantivierungssuffix *-ung* vertreten. Das Wort *Modulprüfung* (hier dunkel unterlegt) kommt sechsmal und *Modulteilprüfung* dreimal vor. Der Verbstamm *meld-* (kursiv) ist viermal vertreten.

Die **Wiederholung bedeutungstragender Wörter** fördert die Eindeutigkeit der Aussagen, die durch pronominale Vernetzung nicht immer in gleicher Form gewährleistet wäre. Die Stereotypie des Satzbaus lenkt die Aufmerksamkeit auf die Positionen, die jeweils neu besetzt sind, sodass relativ schnell das Neue der Information aufgenommen und verarbeitet werden kann.

Eindeutigkeit der Aussage wird auch dadurch erzielt, dass **alle Facetten und Ausdeutungsmöglichkeiten von Gegenständen oder Sachverhalten** benannt werden, sodass so wenig wie möglich hinzugedacht werden muss. Dieser Sachverhalt führt zu gleichgeordneten Phrasen, die entweder asyndetisch oder durch die Konjunktion *und* oder die zweiteilige Konjunktion *sowohl – als auch* miteinander verbunden sind. In den meisten Fällen handelt es sich um zweigliedrige, vereinzelt auch um dreigliedrige Phrasen, die letztlich dazu führen, dass die Satzlänge an Umfang zunimmt. Die folgende Übersicht zeigt diesen Sachverhalt:

7 Mehrgliedrige Phrasen

1-1 Der Bachelorstudiengang ES vermittelt grundlegende Fachkenntnisse und Methoden, die erforderlich sind, um menschliche Sprachen zu erforschen und zu analysieren.
1-2 Er befasst sich mit heutigen und älteren Sprachen der Menschheit mit dem Ziel sowohl spezifische, diese Sprachen betreffende als auch allgemeine Aspekte von Sprache und Sprechen zu beschreiben, typologisch und historisch-genetisch zu klassifizieren und zu erklären.

1-3 Die Erforschung der Sprachen umfasst dabei sowohl deren Verwendung als »gesprochene Sprachen« in alltäglichen Kommunikationsprozessen als auch schriftliche Ausprägungsformen natürlicher Sprachen aller Arten. [...]
1-4 Zu diesem Zweck vermittelt das Studium in Verbindung mit einer soliden, integrierten Ausbildung in verschiedenen europäischen und außereuropäischen Fremdsprachen die theoretischen Grundlagen und Techniken der linguistischen Analyse und Beschreibung von Sprachen und sprachlichen Äußerungsformen und setzt diese Verfahren mit damit zusammenhängenden Tätigkeitsfeldern der wissenschaftlichen Forschung in Beziehung.
5-1 Der für das Versäumnis oder den Abbruch der Prüfung geltend gemachte Grund muss der Vorsitzenden oder dem Vorsitzenden des Prüfungsausschusses unverzüglich nach Bekanntwerden des Grundes schriftlich angezeigt und glaubhaft gemacht werden.

In diesem zusammenhängenden Text ist die Dichte der asyndetisch wie syndetisch verbundenen Phrasen besonders hoch. Es handelt sich dabei um Nominal-, Verbal- und Adjektivphrasen.

Nicht selten sind komplexe Adjektivphrasen nachweisbar, die in attributivem Gebrauch vor ihren Bezugsausdrücken stehen. Hierbei bilden die Adjektivpaare jeweils Antonyme, d.h. Gegensatzpaare:

- (mit) heutigen und älteren (Sprachen)
- (sowohl) spezifische (...) als auch allgemeine (Aspekte)
- typologisch und historisch-genetisch (Adjektivphrase in adverbialem Gebrauch)
- in (...) europäischen und außereuropäischen (Fremdsprachen)

Betrachtet man die Verben als Träger der Satzaussage in **1-1** und **1-2**, so werden bereits in den ersten Sätzen des studiengangsspezifischen Anhangs wesentliche Tätigkeitsbereiche eines geisteswissenschaftlichen Studiums in komplexen, zwei- bzw. dreigliedrigen Verbgruppen angeführt:

- zu erforschen und zu analysieren
- zu beschreiben, (...) zu klassifizieren und zu erklären

Sie haben bislang einen kleinen Einblick in die Verfahren bekommen, die größtmögliche Eindeutigkeit herstellen. Im Folgenden sollen nun weitere Charakteristika der Verwaltungssprache beschrieben werden, und zwar:

- der Verbalkomplex
- der Nominalstil
- komplexe Phrasenstruktur
- komplexe Satzstruktur
- alte und neue Information: Thema – Rhema

5.5.2 Der Verbalkomplex

In Verwaltungstexten besteht der verbale Kern fast immer aus mehreren Wörtern. Rein quantitativ gesehen kommen die Verben im Unterschied zu narrativen Texten häufiger im Passiv als im Aktiv vor. Bereits in 5.4.4 ist der Verbalkomplex im Sachtext ausführlich beschrieben worden. Und dort haben wir auch das Passiv und andere Formen, die das Agens nicht nennen, besprochen. Vieles von dem, was für den Sachtext gilt, kann auch auf den Verwaltungstext übertragen werden. Die im Verwaltungstext vorhandenen Passivformen werden wie folgt klassifiziert:

werden-Passiv (Vorgangspassiv)

Passivkonstruktionen haben, wie Sie bereits wissen, den Vorteil, auf die Angabe des Agens verzichten zu können, wenn dieses aus kommunikativen Gründen nicht notwendig ist; vergleichen Sie das folgende Beispiel:

2-1 Das Studium des Hauptfaches ES und des gewählten Nebenfaches wird mit dem Bachelorgrad als erstem berufsqualifizierenden Abschluss abgeschlossen.

Die Transformation des Satzes ins Aktiv:

2-1a Die Studierenden schließen das Studium des Hauptfaches ES und des gewählten Nebenfaches mit dem Bachelorgrad als erstem berufsqualifizierenden Abschluss ab.

Die Bedeutung des Satzes ist zwar ungefähr dieselbe, dennoch gibt es wichtige Unterschiede:

- Nur im Aktivsatz steht das Subjekt *Die Studierenden,* das das Agens darstellt. Im Passivsatz wird auf das Agens *von den Studierenden* verzichtet, weil es aus der Kontexteinbettung offensichtlich ist, wer das Studium abschließt.
- Die Verteilung von alter und neuer Information ist zwischen dem Aktiv- und Passivsatz eine andere. Das Thema nennt den Gegenstand des Sachverhalts, das Rhema die neue Aussage, die über den Sachverhalt gemacht wird. Im Aktivsatz sind *Die Studierenden* Gegenstand des Sachverhalts und damit das Thema und *das Studium des Hauptfaches ES und des gewählten Nebenfaches* als neue Aussage Teil des Rhemas. Im Passivsatz ist *das Studium des Hauptfaches ES und des gewählten Nebenfaches* das Thema und *wird mit dem Bachelorgrad als erstem berufsqualifizierenden Abschluss abgeschlossen* das Rhema.

Die Funktion des *werden*-Passivs ist es, die Information auf das absolut Notwendige zu beschränken.

sein-Passiv (Zustandspassiv)

In ähnlicher Funktion ist das *sein*-Passiv gebraucht, vgl. z. B.:

5-4 (…), sofern sie oder er an der Johann Wolfgang Goethe-Universität immatrikuliert ist.

Das *sein*-Passiv weist als Subjekt *sie oder er (= die oder der Studierende)* auf. Der Teilsatz **5-4** könnte durch *worden* erweitert werden, wodurch erkennbar wird, dass das *sein*-Passiv in **5-4** aus einem Vorgangspassiv entstanden ist:

5-4a sofern sie oder er (…) immatrikuliert worden ist.

Der Teilsatz **5-4** könnte auch auf einen Aktivsatz zurückgeführt werden:

5-4b sofern man sie oder ihn an der Johann Wolfgang Goethe-Universität immatrikuliert hat.

Die Personen, die die Immatrikulation durchführen, spielen im Textzusammenhang keine Rolle. Die Aussage des Verwaltungstextes ist, was die Agensrollen betrifft, so weit wie möglich »entpersonalisiert«.

Modale Passivumschreibung *etwas ist zu machen*
Als Ersatz eines modalen Vorgangspassivs ist das Modalitätsverb *sein* mit dem *zu*-Infinitiv gebraucht, siehe z. B.:

5-3 Bei begründeten Zweifeln **ist** zusätzlich ein amtsärztliches Attest **vorzulegen.**

Die Infinitivkonstruktion ermöglicht es, auf die Nennung derjenigen, die etwas vorlegen müssen, zu verzichten. Die Aussage in **5-3** hat einen hohen Grad an »Statik«, Unabänderlichkeit und Unanfechtbarkeit. Die Präpositionalphrase *bei begründeten Zweifeln* stellt eine Nominalisierung eines Konditionalsatzes mit *wenn* dar (»wenn begründete Zweifel bestehen, dann …«). Derartige in Präpositionalphrasen kondensierte Konditionale sind für Verwaltungstexte besonders typisch: Sie stellen die Bedingung dar, die gegeben sein muss, um nachfolgende Handlungsoptionen zu nennen. Im vorliegenden Fall gibt es nur eine Handlungsoption: Es handelt sich um eine Anleitung *ist (…) vorzulegen*, der unter den gegebenen Umständen Folge geleistet werden muss.
Die modale Passivumschreibung steht hier also für ein Vorgangspassiv mit *müssen* als Modalverb:

5-3a Bei begründeten Zweifeln **muss** zusätzlich ein amtsärztliches Attest **vorgelegt werden.**

Die Passivkonstruktion legt zumindest die Frage *von wem?* nahe, sodass der Grad der Entpersonalisierung wohl etwas geringer als in **5-3** ausfällt.

Übrigens: Von dieser Konstruktion gibt es auch eine Variante mit *haben:*

Modale Umschreibung *jemand hat etwas zu machen*

4-1 Zu jeder Modulprüfung **hat** sich die oder der Studierende innerhalb der Meldefrist schriftlich oder, nach Festlegung durch den Prüfungsausschuss, elektronisch **anzumelden** (…).

Die Konstruktion mit *haben* steht für ein Modalverb und Vollverb im Infinitiv Präsens:

4-1a Zu jeder Modulprüfung **muss** sich die oder der Studierende innerhalb der Meldefrist schriftlich oder, nach Festlegung durch den Prüfungsausschuss, elektronisch **anmelden (…).**

Die modale Umschreibung *jemand hat etwas zu machen* weist ebenfalls das Merkmal der Statik auf, rückt jedoch die aufgeforderte Person ins Zentrum.

sich + Vollverb

Diese Verbalkonstruktion bietet u. a. die Möglichkeit, eine Passivkonstruktion zu vermeiden:

1-5 Nach dem Abschluss des Bachelorstudiengangs **eröffnet sich** damit eine Reihe von Tätigkeitsfeldern auch außerhalb der sprachwissenschaftlichen Forschung selbst, insbesondere (…)

Vergleichbares haben Sie bereits bei der Vorstellung des Sachtextes kennengelernt. Nach Transformation in ein Vorgangspassiv:

1-5a Nach dem Abschluss des Bachelorstudiengangs **wird** damit eine Reihe von Tätigkeitsfeldern auch außerhalb der sprachwissenschaftlichen Forschung selbst **eröffnet,** insbesondere (…)

Der nachfolgende Satz **1-2** ist mit einem Subjekt gebraucht, das die ihm attestierte Verbalhandlung nicht ausführen kann:

1-2 Er (= Der Bachelorstudiengang ES) **befasst sich** mit heutigen und älteren Sprachen der Menschheit mit dem Ziel (…)

Nach Transformation mit Subjekt als Agens:

1-2a **Die Studierenden befassen sich in dem Bachelorstudiengang ES** mit heutigen und älteren Sprachen der Menschheit mit dem Ziel (…)

Hier zeigt sich, dass das Subjekt des Satzes **1-2**, *er (= der Bachelorstudiengang),* kein Agens ist, sodass auch hier die eigentlich Handelnden, nämlich *die Studierenden,* nicht genannt werden. Mit der Agensvermeidung ist eine »Entpersonalisierung« verbunden.

Funktionsverbgefüge und Verwandtes

In Verwaltungstexten kommen in der Regel viele Funktionsverbgefüge vor, die auch in Sachtexten häufiger anzutreffen sind (vgl. Kap. 5.4.4). Wie Sie in den vorausgehenden Kapiteln erfahren haben, handelt es sich um komplexe Verbalgruppen, die aus einem Funktionsverb und einer Nominal- oder Präpositionalphrase bestehen. Das Substantiv ist meist von einem Verb, gelegentlich von einem Adjektiv abgeleitet.

Die Funktionsverbgefüge des Textausschnitts werden in der nachfolgenden Übersicht mittels Umformtest (Vollverben oder *sein* + Adjektiv) paraphrasiert:

8 Funktionsverbgefüge und ihre Umformung

Funktionsverbgefüge	Umformung (Vollverb, *sein* + Adjektiv)
1-4 Zu diesem Zweck (…) **setzt** [das Studium] diese Verfahren mit damit zusammenhängenden Tätigkeitsfeldern der wissenschaftlichen Forschung **in Beziehung.**	Zu diesem Zweck (…) **bezieht** [das Studium] diese Verfahren **auf** damit zusammenhängende Tätigkeitsfelder der wissenschaftlichen Forschung.
2-2 (…) ob die oder der Studierende (…) **die Fähigkeit besitzt,** wissenschaftliche Verfahren und Erkenntnisse des Faches selbständig anzuwenden (…)	(…) ob die oder der Studierende **fähig ist,** wissenschaftliche Verfahren und Erkenntnisse des Faches selbständig anzuwenden (…)
4-1 (…) sofern der jeweilige studiengangsspezifische Anhang **keine abweichende Regelung trifft.**	(…) sofern … nicht abweichend **regelt.**

Die Funktionsverbgefüge werden wie folgt aufgelöst:

x setzt y mit z in Beziehung	→	x bezieht y auf z
x besitzt die Fähigkeit zu y	→	x ist zu y fähig
x trifft eine Regelung (für y)	→	x regelt y

Formal liegen in den Funktionsverbgefügen weitgehend inhaltsleere Verben vor *(setzen, besitzen, treffen),* die mit einem deverbalen Substantiv *(Beziehung, Regelung)* in einer Nominal- oder Präpositionalphrase verbunden sind. Bei *Fähigkeit* handelt es sich um ein Substantiv, das von einem Adjektiv *(fähig)* abgeleitet ist.

Was alles zu den Funktionsverbgefügen zählt, ist in der Linguistik umstritten. Normalerweise haben die Substantive von Funktionsverbgefügen kein Adjektivattribut bei sich. In **4-1** ist *abweichende* allerdings pränominales Adjektivattribut zu *Regelung.*

Als entscheidendes Kriterium für Funktionsverbgefüge wird in der Regel die Ersetzbarkeit durch ein fast synonymes Verb oder Adjektiv *(+ sein)* genannt, das den gleichen Stamm wie das Substantiv des Funktionsverbgefüges hat. Dies ist in den oben angeführten Beispielen der Fall.

Funktionsverbgefüge haben häufig eine etwas andere Bedeutung als das fast synonyme Äquivalent. Durch sie wird angezeigt, dass eine Verbalhandlung beginnt oder endet bzw. in ihrem Verlauf dargestellt wird *(etwas in Beziehung setzen* vs. *etwas beziehen auf, eine Regelung treffen* vs. *regeln).* Manchmal ist auch die Thema-Rhema-Struktur davon betroffen (siehe unten).

Von den Funktionsverbgefügen unterscheidet sich das folgende Beispiel:

2-2 (…) ob die oder der Studierende (…) **in der Lage ist,** aufgrund eines breiten Grundlagenwissens (…)

Der Verbalkomplex *in der Lage sein* kann nicht durch ein (fast) synonymes Verb ersetzt werden und stellt deswegen kein Funktionsverbgefüge dar. Dennoch handelt es sich um eine Wortgruppe, die zusammengehört und das Prädikat des Satzes bildet *(x ist zu y in der Lage).* Man spricht in solchen Fällen von einer »idiomatischen Wendung«.

5.5.3 Der Nominalstil

Schon bei den Funktionsverbgefügen haben Sie gemerkt, dass die Substantive in den entsprechenden Nominal- oder Präpositionalphrasen die eigentlichen Informationsträger sind, während die Verben als Funktionsverben – in ihrer Bedeutung eher blass – nur für die grammatischen Funktionen (Kongruenz, Tempus, Modus) zuständig sind.

Neben den Funktionsverbgefügen gibt es eine Reihe von Nominalisierungen im Textausschnitt, deren wichtigste in der nachfolgenden Übersicht zusammengestellt sind und die mittels Umformtest (in einen Satz) paraphrasiert werden. Auch in diesem Punkt haben Verwaltungstexte mit Sachtexten viele Übereinstimmungen (vgl. 5.4.5).

9 Nominalisierungen und ihre Umformung

Nominalisierung	Umformung in einen Satz
1-3 Die Erforschung der Sprachen umfasst dabei sowohl deren Verwendung als »gesprochene Sprachen« in alltäglichen Kommunikationsprozessen als auch (…)	Wenn man die Sprachen erforscht, dann umfasst dies dabei sowohl den Fall, dass sie als »gesprochene Sprachen« in alltäglichen Kommunikationsprozessen verwendet werden, als auch (…)

1-4 Zu diesem Zweck vermittelt das Studium in Verbindung mit einer soliden, integrierten Ausbildung in verschiedenen europäischen und außereuropäischen Fremdsprachen die theoretischen Grundlagen und Techniken der linguistischen Analyse und (...)	(...), indem es mit einer soliden, integrierten Ausbildung in verschiedenen europäischen und außereuropäischen Fremdsprachen verbunden ist, (...)
1-5 Nach dem Abschluss des Bachelorstudiengangs eröffnet sich damit eine Reihe von Tätigkeitsfeldern (...)	Wenn der Bachelorstudiengang abgeschlossen ist, eröffnet sich damit eine Reihe von Tätigkeitsfeldern (...)
4-2 Die Meldung zu den Modulprüfungen erfolgt beim Prüfungsamt (...)	Die Modulprüfungen müssen beim Prüfungsamt gemeldet werden (...)
5-4 (...) Für die Anmeldung und Ablegung der betreffenden Modulprüfung bzw. Modulteilprüfung muss die oder der Studierende zur Bachelorprüfung zugelassen sein (...).	(...) Um sich zur betreffenden Modulprüfung bzw. Modulteilprüfung anzumelden und diese abzulegen, muss die oder der Studierende zur Bachelorprüfung zugelassen sein (...).

Der Nominalstil ist eines der hervorstechendsten Kennzeichen der Verwaltungssprache und ganz besonders vehement der Kritik ausgesetzt. In vielen Fällen ist es nicht nachvollziehbar, dass der Nominalstil besser ist, also mehr leistet als der Verbalstil.

Wir sind der Meinung, dass unsere Paraphrase des Satzes **4-2** – also der Satz **4-2a** – ein etwas besseres Deutsch bietet als der in der Verordnung belegte Satz:

4-2a Die Modulprüfungen müssen beim Prüfungsamt gemeldet werden (...).

Statt:

4-2 Die Meldung zu den Modulprüfungen erfolgt beim Prüfungsamt.

Da die Nominalisierungen im Kap. 5.4.5 zum Sachtext ausführlich abgehandelt wurden, wollen wir uns hier kurzfassen und am Schluss noch einmal auf die besondere Leistungsfähigkeit des Nominalstils zu sprechen kommen.

Was leistet also der Nominalstil?

Durch den Nominalstil wird der Inhalt eines ganzen Satzes in einer Nominal- oder Präpositionalphrase kondensiert. In **1-5** wird der Temporalsatz *wenn der Bachelorstudiengang abgeschlossen ist* verdichtet zu *nach Abschluss des Bachelorstudiengangs*. Dadurch wird der Text verkürzt, weil die Informationen auf engstem Raum geballt auftreten und alle wichtigen Inhalte in Nominalphrasen verlegt sind. Hinzu kommt, dass die Nominalphrasen zum einen – als Blickfang – in ihren Kernwörtern großgeschrieben und zum anderen in der Regel möglichst weit am Satzanfang positioniert sind. Wegen dieser Positionierung ist man schnell über den zu verhandelnden Gegenstand, das Thema des Satzes, informiert.

Die Substantive sind meist von Verben abgeleitet, so etwa *Abschluss* von *abschließen* in **1-5** oder *Erforschung* von *erforschen* in **1-3**. Ein deverbales Substantiv in einem Satz beinhaltet im Grunde einen zweiten Satz (mit einem weiteren Subjekt), der im Substantiv in kondensierter Form vorliegt, wodurch die Verteilung von alter und neuer Information gegenüber der Auflösung in einem Satz neu geregelt ist (zu Thema – Rhema siehe unten).

Die Nominalphrase ist häufig komplex, d. h., sie weist Genitiv- oder Präpositionalattribute auf. Die Attribute sind nach Umformung in einen Satz Satzglieder zum finiten Verb.

Bei der Umsetzung eines Satzes in eine komplexe Nominalphrase müssen nicht alle notwendigen Satzglieder als Attribute des nominalen Bezugsausdrucks erscheinen. Der Satz **5-4** lautet:

5-4 (…) Für die Anmeldung bzw. Ablegung der betreffenden Modulprüfung bzw. Modulteilprüfung muss die oder der Studierende zur Bachelorprüfung zugelassen sein (…).

In unserer Paraphrase **5-4a** hingegen lautet er:

5-4a (…) Um sich zur betreffenden Modulprüfung bzw. Modulteilprüfung anzumelden bzw. diese abzulegen, muss die oder der Studierende zur Bachelorprüfung zugelassen sein (…).

Im Nominalstil kann bei *Anmeldung* auf das Objekt des *um*-Infinitivs unserer Paraphrase *(sich)* verzichtet werden. Zugleich wird darauf verzichtet, das Präpositionalobjekt *(anmelden zu/für x)* als Präpositionalattribut zu *Anmeldung* anzuführen. Das Genitivattribut *der betreffenden Modulprüfung bzw. Modulteilprüfung* bezieht sich syntaktisch nur auf *Ablegung*, gilt aber in semantischer Hinsicht auch für *Anmeldung*.

Während also im Satz auf die Besetzung notwendiger Mitspielerrollen nicht verzichtet werden kann, da sonst der Satz ungrammatisch wird, sind sie bei der Umsetzung in eine komplexe Nominalphrase dann entbehrlich, wenn der Kontext ausreichende Informationen zum Verständnis bietet. Durch das Weglassen von Attributen wird der Satzinhalt verknappt und auf das Wesentliche beschränkt.

5.5.4 Komplexe Phrasenstruktur

Sie haben bereits im vorhergehenden Kapitel gemerkt, dass die Kondensation von Sätzen zu komplexen Nominal- oder Präpositionalphrasen führt.

Im Folgenden wollen wir anhand von Satz 4-3 die Struktur des komplexen Aufbaus einer Präpositionalphrase beschreiben.

4-3 **Über eine Nachfrist für die Meldung zu einer Modulabschlussprüfung in begründeten Ausnahmefällen** entscheidet der oder die Vorsitzende des Prüfungsausschusses auf Antrag der oder des Studierenden.

In 4-3 liegt eine komplexe Präpositionalphrase in der syntaktischen Funktion eines Präpositionalobjekts zum Verb *entscheiden (x entscheidet über y)* auf der ersten Hierarchieebene vor. Die komplexe Präpositionalphrase verfügt über drei Präpositionalattribute und ein Adjektivattribut auf insgesamt fünf hierarchischen Ebenen. Vergleichen Sie die folgende Übersicht:

Hierarchische Übersicht zur Attributstruktur von Satz 4-3

1) Über eine Nachfrist für die Meldung zu einer Modulprüfung in begründeten Ausnahmefällen

2) für die Meldung zu einer Modulprüfung in begründeten Ausnahmefällen

3) zu einer Modulprüfung in begründeten Ausnahmefällen

4) in begründeten Ausnahmefällen

5) begründeten

In 1) ist die gesamte Präpositionalphrase angeführt.

2) Das erste Attribut in Form einer Präpositionalphrase lautet *für die Meldung zu einer Modulprüfung in begründeten Ausnahmefällen.* Es handelt sich um

ein komplexes Präpositionalattribut, das vom Bezugsausdruck *(über) eine Nachfrist* abhängt. Es besitzt den Kern *(für) die Meldung*. Bei der komplexen Präpositionalphrase *für die Meldung zu einer Modulprüfung in begründeten Ausnahmefällen*, die durch ein Wort *(dafür)* ersetzt werden kann, handelt es sich um ein Attribut auf der zweiten hierarchischen Ebene.

3) Das zweite Attribut in Form einer Präpositionalphrase lautet *zu einer Modulprüfung in begründeten Ausnahmefällen*. Auch dieses Attribut ist komplex, hängt vom übergeordneten Bezugsausdruck *(für) die Meldung* ab und hat den Kern *(zu) einer Modulprüfung*. Bei der Präpositionalphrase *zu einer Modulprüfung in begründeten Ausnahmefällen* (sie kann durch *dazu* ersetzt werden) handelt es sich um ein Attribut auf der dritten hierarchischen Ebene.

4) Dieses dritte Attribut ist die komplexe Präpositionalphrase *in begründeten Ausnahmefällen* mit dem Kern *(in) Ausnahmefällen*. Bei der Präpositionalphrase, die vom übergeordneten Bezugsausdruck *(über) eine Nachfrist* bis *(zu) einer Modulprüfung* abhängt, handelt es sich um ein Attribut auf der vierten hierarchischen Ebene. Ersetzbar ist das Attribut *in begründeten Ausnahmefällen* durch *dann*.

Übrigens: Es wäre zu überlegen, ob es sich bei *in begründeten Ausnahmefällen* überhaupt um ein Attribut und nicht vielmehr um ein Satzglied in der Funktion eines Modaladverbials handelt. Falls wir *in begründeten Ausnahmefällen* für ein Satzglied halten, hätten wir einen besonderen Fall der Vorfeldbesetzung vor uns, den wir an dieser Stelle nicht weiter erläutern möchten.

5) Während alle komplexen Präpositionalattribute postnominal sind, handelt es sich beim Adjektivattribut *begründeten* um ein pränominales Attribut zum Bezugsausdruck *(in) Ausnahmefällen*. Es ist ein Attribut auf der fünften hierarchischen Ebene.

Derart komplexe Nominal- und Verbalgruppen findet man in der geschriebenen Sprache des Deutschen fast nur in der Verwaltungssprache oder in einem fachlich informierenden Text, im gesprochenen Deutsch aber so gut wie nicht.

5.5.5 Komplexe Satzstruktur

Während die Phrasen eine große Komplexität aufweisen, sind nur verhältnismäßig wenige Sätze besonders komplex strukturiert. Wir werden im Folgenden ein Satzgefüge herausgreifen und es in seiner Grobstruktur kurz analysieren, um Ihnen seine Komplexität zu demonstrieren.

Dabei verzichten wir auf Detailinformationen, wie z. B. auf die Angabe der Stellung des finiten Verbs usw., und beschränken uns auf einige wenige Punkte der Gesamtanalyse.

2-2 Durch die kumulative Bachelorprüfung im Hauptfach ES sowie dem ggf. gewählten internen Nebenfach soll festgestellt werden, ob die oder der Studierende Methoden und Zielsetzungen der Empirischen Sprachwissenschaft überblickt, die Fähigkeit besitzt, wissenschaftliche Verfahren und Erkenntnisse des Faches selbständig anzuwenden[,] und in der Lage ist, aufgrund eines breiten Grundlagenwissens und wissenschaftlicher Orientierung die zukünftigen Entwicklungen der Empirischen Sprachwissenschaft zu verstehen, sowie die für den Übergang in die Berufspraxis notwendigen gründlichen Fachkenntnisse erworben hat.

Der komplexe Satz in **2-2** ist ein Aussagesatz, der auf der obersten hierarchischen Ebene ein Satzgefüge darstellt.

Das Satzgefüge besteht aus einem Hauptsatz **(HS)** und einem Nebensatz **(NS 1)**, der mit der Subjunktion *ob* eingeleitet ist und einen indirekten Fragesatz darstellt. Der Nebensatz bietet vier asyndetisch und syndetisch *(und, sowie)* aneinandergereihte Teilsätze, die jeweils ein finites Verb aufweisen. Es gibt also eine parataktische Reihung im *ob*-Satz.

Von **NS 1, Teilsatz 2** und **3**, hängt jeweils eine Infinitivkonstruktion ab, die in einen Nebensatz überführt werden kann *(dass …)* und daher satzwertig ist (die beiden Infinitivkonstruktionen werden als **NS 2** und **NS 3** bezeichnet). Es handelt sich in beiden Fällen um Nebensätze, die auf der dritten Hierarchieebene stehen.

Die nachfolgende Übersicht gibt eine grobe Strukturierung der hierarchischen Verhältnisse im Satz:

HS: Durch die kumulative Bachelorprüfung im Hauptfach ES sowie dem ggf. gewählten internen Nebenfach soll festgestellt werden,

NS 1, Teil 1 (Subjunktionalsatz eingeleitet mit Subjunktion *ob*):
(ob) die oder der Studierende Methoden und Zielsetzungen der Empirischen Sprachwissenschaft überblickt,

NS 1, Teil 2: die Fähigkeit besitzt,

NS 2 als satzwertige Infinitivkonstruktion:
wissenschaftliche Verfahren und Erkenntnisse des Faches selbständig anzuwenden[,]

NS 1, Teil 3: (und) in der Lage ist,

NS 3 als satzwertige Infinitivkonstruktion:
aufgrund eines breiten Grundlagenwissens und wissenschaftlicher Orientierung die zukünftigen Entwicklungen der Empirischen Sprachwissenschaft zu verstehen,

NS 1, Teil 4: (sowie) die für den Übergang in die Berufspraxis notwendigen gründlichen Fachkenntnisse erworben hat.

Wir wollen uns an dieser Stelle damit begnügen, jeweils nur die syntaktische Funktion der Nebensätze zu bestimmen.
Der **NS 1** *ob die oder der Studierende … erworben hat* erfüllt die Funktion des Subjekts zum Prädikat des HS *soll festgestellt werden.* Im **NS 1, Teil 2** muss das Subjekt vom NS 1, Teil 1 ergänzt werden. Die **satzwertige Infinitivkonstruktion NS 2** erfüllt die Funktion eines Präpositionalobjekts zum Prädikat von NS 1, Teil 2 *(x besitzt die Fähigkeit zu y).* Auch im **NS 1, Teil 3** muss das Subjekt vom NS 1, Teil 1 ergänzt werden. Die **satzwertige Infinitivkonstruktion NS 3** erfüllt auch hier die Funktion eines Präpositionalobjekts zum Prädikat von NS 1, Teil 3 *(x ist zu y in der Lage).*

Trotz der hypotaktischen Struktur auf der obersten Hierarchieebene dominiert in diesem komplexen Satzgefüge der Eindruck der parallelen Anordnung der Inhalte, wie er in der Nebenordnung der Teilsätze im Nebensatz 1 zum Ausdruck kommt. Betrachten wir den Satz unter dem Aspekt der Verteilung von alter und neuer Information, so bildet gerade der *ob*-Satz mit seinen vier parallel aufgebauten Teilsätzen das Rhema der gesamten Aussage. Es erfolgt eine Informationsverdichtung durch koordiniertes Rhema; hierdurch entsteht zwar Kürze, die aber zulasten der Verständlichkeit geht.

5.5.6 Alte und neue Information: Thema – Rhema

Am Schluss soll noch ein kurzer Blick auf die Thema-Rhema-Struktur einiger Passagen geworfen werden, in denen sie besonders deutlich hervortritt. Eine ausführliche Darstellung der Thema-Rhema-Strukturierung eines Sachtextes haben Sie bereits in Kap. 5.4.7 kennengelernt. Vergleichen Sie die folgenden Beispiele aus der Rahmenprüfungsordnung für Bachelorstudiengänge:

3-1 **Modulprüfungen** (= Thema) werden im zeitlichen und sachlichen Zusammenhang mit den entsprechenden Modulen abgelegt. (= Rhema) **Modulprüfungen** (= Thema) für Pflichtmodule und jährlich angesetzte Wahlpflichtmodule sind in der Regel mindestens zweimal pro Jahr anzubieten. (= Rhema)

3-2 **Die modulabschließenden Prüfungen und Klausurarbeiten** (= Thema mit Spezifizierung) sollen innerhalb von durch den Prüfungsausschuss festzulegenden Prüfungszeiträumen durchgeführt werden. (= Rhema) **Die Prüfungszeiträume** (= Thema) sind in der Regel die ersten beiden und die letzten beiden Wochen der vorlesungsfreien Zeit. (= Rhema)

4-1 **Zu jeder Modulprüfung** (= Thema mit Spezifizierung) hat sich die oder der Studierende innerhalb der Meldefrist schriftlich oder, nach Festlegung durch den Prüfungsausschuss, elektronisch anzumelden (= Rhema), sofern der jeweilige studiengangsspezifische Anhang keine abweichende Regelung trifft.

4-2 **Die Meldung zu den Modulprüfungen** (= Thema mit Spezifizierung) erfolgt beim Prüfungsamt (= Rhema), sofern der jeweilige studiengangsspezifische Anhang keine abweichende Regelung trifft.

4-3 Über eine Nachfrist **für die Meldung zu einer Modulprüfung** in begründeten Ausnahmefällen (= Thema mit Spezifizierung) entscheidet die oder der Vorsitzende des Prüfungsausschusses auf Antrag der oder des Studierenden. (= Rhema)

An Beispiel 3-1 können Sie gut erkennen, wie das Thema *Modulprüfungen* im Absatz wiederholt wird und auch in 3-2 in leicht abgewandelter Form *(die modulabschließenden Prüfungen und Klausurarbeiten)* erscheint. Die *Modulprüfung(en)* ziehen sich auch als Teil des Themas durch 4-1 bis 4-3. Es handelt sich um ein durchlaufendes Thema, das in allen fünf Absätzen zu finden ist.
In 3-2 bildet das Rhema des ersten Teilsatzes mit der Kernaussage *festzulegende Prüfungszeiträume* das Thema des zweiten Teilsatzes *die Prüfungszeiträume.* Ebenso verhält es sich bei 4-2 und 4-3 mit der Wiederholung des Rhemas von 4-1 *(hat sich die oder der Studierende … anzumelden)* in einer Nominalgruppe (4-2 *die Meldung zu den Modulprüfungen*; 4-3 *für die Meldung zu einer Modulprüfung*).

Das Wiederaufgreifen eines Satzes in 4-1 in Form von Nominalisierungen in 4-2 und 4-3 dient der engen Textverknüpfung. Dies verstärkt zugleich den statischen, subjektlosen Gesamteindruck, den der Verwaltungstext vermittelt. Das beinahe wörtliche Wiederaufgreifen eines Rhemas als Thema des nachfolgenden Satzes ermöglicht ein schnelleres Erfassen des thematisch Gleichen und eine Fokussierung der Aufmerksamkeit auf die relevanten Unterschiede innerhalb der einzelnen Absätze.

5.5.7 Zusammenfassung

Wir haben in diesem Verwaltungstext die spezifischen Besonderheiten im Bereich der Grammatik des Verbs und der Nominalphrasen, der Satzkomplexität sowie der Informationsstruktur herausgearbeitet. Hierbei wurden die folgenden grammatischen Phänomene in die Analyse einbezogen:

- mehrgliedrige Phrasen
- Verbalkomplex
- Passiv und Passivperiphrase
- Funktionsverbgefüge
- Nominalstil
- komplexe Phrasenstruktur
- komplexe Satzstruktur
- Thema – Rhema

Zum Schluss. Die Beispielanalysen dieses Kapitels sind nicht als abschließende Interpretationen zu verstehen. Sie können in vielerlei Hinsicht erweitert und vertieft werden. Wir hoffen jedoch, gezeigt zu haben, **dass** grammatisches Basiswissen für das Verständnis von Texten, für die Reflexion über verschiedene Schichten von Intentionen und für die Erhöhung der kreativen Möglichkeiten bei der eigenen Textproduktion unverzichtbar ist und **wie** es nutzbar gemacht werden kann.

Register

Quellenverzeichnis

1. Allerlei-Rauh. In: Märchen der Gebrüder Grimm. Ausgewählt von Lore Segal und Maurice Sendak. Mit Zeichnungen von Maurice Sendak (= Diogenes-Taschenbuch 21350). Zürich 1985, S. 234–244.

2. Bachmann, Ingeborg: Die Fähre. In: Dies.: Werke, Bd. 2: Erzählungen. © Piper Verlag GmbH, München 1978, S. 10–14.

3. Bachmann, Ingeborg: Das dreißigste Jahr. In: Dies.: Werke, Bd. 2: Erzählungen. © Piper Verlag GmbH, München 1978, S. 94–137.

4. Bachmann, Ingeborg: Das Gebell. In: Dies.: Werke, Bd. 2: Erzählungen. © Piper Verlag GmbH, München 1978, S. 373–393.

5. Busch, Matthias: Die schönsten Spritztouren. München 2004.

6. Deutsche Rentenversicherung: Formular V0800-00 DRV, Version 40019 – EGKK 2/2022, S.7, Nr. 10.4 – Stand 17.05.2022).

   https://www.deutsche-rentenversicherung.de/SharedDocs/Formulare/DE/_pdf/V0800.html [Aufruf am 15. August 2023]

7. Erlinger, Rainer: Gewissensfragen. Streitfälle der Alltagsmoral, aufgeklärt vom Süddeutsche Zeitung Magazin. Süddeutsche Zeitung Edition, München 2005, S. 41 (leicht verändert).

8. Goscinny, René / Uderzo, Albert: Asterix. Der Gallier, Bd. 1. Berlin 1976.

9. Hacke, Axel: Das Beste aus meinem Leben. Entnommen aus: Axel Hacke, Das Beste aus meinem Leben. © Antje Kunstmann GmbH, München 2006.

10. Hartung, Klaus: »Berliner Wende.« In: Die Zeit, Nr. 7, 5. Feb. 1998, S. 40.

11. Jandl, Ernst: Idyllen. Gedichte. In: Ernst Jandl: Poetische Werke, hrsg. v. Klaus Siblewski: © 1997 by Luchterhand Literaturverlag in der Verlagsgruppe Random House GmbH, München 1997, S. 77.

12. Janich, Peter: Was ist Wahrheit? Eine philosophische Einführung (= Beck'sche Reihe Wissen 2052). Verlag C. H. Beck oHG, München 1996, S. 97.

13. Körting, Katharina: Betreute Beziehungen. der Freitag, 12. Januar 2023, S. 14. [elektronisch verfügbare Fassung: https://www.freitag.de/autoren/katharina-koerting/coaching-ist-botox-fuer-beziehungen-sieht-frisch-aus-wirkt-aber-toxisch [Aufruf am 15. August 2023]

14. Mann, Thomas: Herr und Hund. In: Ders.: Gesammelte Werke in drei-zehn Bänden. Band VII. Erzählungen. © S. Fischer Verlag GmbH, Frankfurt am Main 1960, 1974, S. 585.

15. Nationalpark Harz: Umweltmonitoring im Nationalpark Harz. [elektronisch verfügbare Fassung: https://www.nationalpark-harz.de/de/downloads/Umweltmonitoring-im-Nationalpark-Harz?download=barrierearm [Aufruf am 15. August 2023]

16. Pivcevic, Edo: Von Husserl zu Sartre. Auf den Spuren der Phänomenolo-gie (= List-Taschenbücher der Wissenschaft 1643). München 1972, S. 19.

17. Rahmenordnung für Bachelorstudiengänge des Fachbereichs 09 »Sprach- und Kulturwissenschaften« der Johann Wolfgang Goethe-Universität Frankfurt am Main vom 15. Juli 2015.

    https://www.uni-frankfurt.de/58301771/BA_Rahmenordnung_FB09, § 23 und 24 [Aufruf am 15. August 2023]

18. Studiengangspezifischer Anhang des Fachbereichs Sprach- und Kulturwissenschaften der Johann Wolfgang Goethe-Universität Frankfurt am Main für den Bachelorstudiengang Empirische Sprachwissenschaft im Haupt- sowie im Nebenfach mit dem Abschluss »Bachelor of Arts (B.A.)« vom 28. Juni 2017 in der Fassung vom 17. Januar 2018; aktuelle Lesefassung Stand März 2021.

    https://www.uni-frankfurt.de/107703752/BA_ES_Ordnung2018_Lesefassung_202103.pdf, S. 5 [Aufruf am 15. August 2023]

19. Kurznotiz (ohne Autor). In: Süddeutsche Zeitung, 23. 2. 2005, S. 12 (leicht verändert).

20. Süskind, Patrick: Das Parfum. Die Geschichte eines Mörders. Copyright © Diogenes Verlag, Zürich 1985, S. 5.

Lösungen zu den Übungsaufgaben

Übungsaufgaben zum Kapitel 1 »Das Wort« (S. 48–50)

Übung 1: Wortarten

Ü-1a Bestimmen Sie im folgenden Analysebeispiel **1** die Wortart aller Wörter!

Analysebeispiel 1
Manchmal begegnet einem ein schönes, unbekanntes Wort so unverhofft, wie man bei einem Spaziergang durch den Dschungel vielleicht plötzlich einem seltenen und schillernd bunten Schmetterling gegenübersteht.

(aus. Axel Hacke: Das Beste aus meinem Leben. Mein Alltag als Mann. München 2006, S. 14)

Lösungsvorschlag zu Ü-1a

manchmal:	Temporaladverb
begegnet:	Vollverb
einem:	Indefinitpronomen
ein:	unbestimmter Artikel
schönes:	Adjektiv
unbekanntes:	Adjektiv
Wort:	Substantiv
so:	Steigerungspartikel
unverhofft:	Adjektiv (adverbial gebraucht)
wie:	Subjunktion
man:	Indefinitpronomen
bei:	Präposition
einem:	unbestimmter Artikel
Spaziergang:	Substantiv
durch:	Präposition
den:	bestimmter Artikel
Dschungel:	Substantiv
vielleicht:	Modalwort
plötzlich:	Temporaladverb
einem:	unbestimmter Artikel
seltenen:	Adjektiv
und:	Konjunktion
schillernd:	Partizip I (Adjektiv)
bunten:	Adjektiv
Schmetterling:	Substantiv
gegenübersteht:	Vollverb

Ü-1b Bestimmen Sie im folgenden Analysebeispiel 2 die Wortart der unterstrichenen Wörter: Artikel oder Pronomen?

Analysebeispiel 2

An diesem (1) Abend ging der (2) junge Mann nicht gleich nach Hause, sondern noch etwas (3) trinken. Er (4) konnte sich (5) das (6) leisten, da er (7) endlich mit seiner (8) Chefin über die (9) Gehaltserhöhung gesprochen hatte. Die (10) hatte sich (11) sehr verständig gezeigt und ihm (12) für das nächste Jahr etwas (13) mehr Gehalt in Aussicht gestellt. Das (14) würde vieles (15) leichter machen. Aber eines (16) beunruhigte ihn doch: Es (17) hatte etwas (18) zu tun mit einer kleinen Bemerkung, die (19) an diesem Tag gefallen war.

Lösungsvorschlag zu Ü-1b

diesem (1):	Demonstrativartikel
der (2):	bestimmter Artikel
etwas (3):	Indefinitpronomen
er (4):	Personalpronomen
sich (5):	Reflexivpronomen (obligatorisch)
das (6):	Personal- bzw. Demonstrativpronomen
er (7):	Personalpronomen
seiner (8):	Possessivartikel
die (9):	bestimmter Artikel
die (10):	Personal- bzw. Demonstrativpronomen
sich (11):	Reflexivpronomen (obligatorisch)
ihm (12):	Personalpronomen
etwas (13):	evtl. hier Steigerungspartikel *(etwas mehr)*
das (14):	Personal- bzw. Demonstrativpronomen
vieles (15):	Indefinitpronomen
eines (16):	Indefinitpronomen
es (17):	Personalpronomen
etwas (18):	Indefinitpronomen
die (19):	Relativpronomen

Ü-1c Bestimmen Sie im folgenden Analysebeispiel 3 die Wortart der unterstrichenen Wörter: Adverb, Präposition, Konjunktion oder eine bestimmte Partikelart?

Analysebeispiel 3

Als (1) ich noch (2) sehr (3) klein war, lag ich gern (4) auf dem Rücken im (5) Gras und (6) sah den Flugzeugen am (7) Himmel nach und (8) den Kondensstreifen, die sie hinter (9) sich ließen. Als (10) man mir sagte, dass (11) in den Flugzeugen Menschen säßen, dachte ich darüber (12) nach, wie (13) sie wohl (14) in die Flugzeuge hineingekommen waren. Ich kam zu (15) keinem endgültigen Schluss, aber (16) meine Vorstellung war, dass die Flugzeuge irgendwann (17) dort (18) oben (19) für (20) eine kurze Zeit anhalten würden und (21) dass (22) man dann (23) vom Boden aus eine sehr (24), sehr, sehr (...) lange Leiter ausfahren würde und dass mit deren Hilfe die Passagiere Gelegenheit hätten, das Flugzeug zu (25) besteigen und auch (26) wieder (27) zu verlassen. Naja (28), so (29) dachte ich eben (30).

(aus: Axel Hacke: Das Beste aus meinem Leben. Mein Alltag als Mann. München 2006, S. 87)

Lösungsvorschlag zu Ü-1c

als (1):	Subjunktion (temporal)
noch (2):	Gradpartikel
sehr (3):	Steigerungspartikel
gern (4):	Modaladverb
im (5):	Präposition, verschmolzen mit dem bestimmten Artikel
und (6):	Konjunktion
am (7):	Präposition, verschmolzen mit dem bestimmten Artikel
und (8):	Konjunktion
hinter (9):	Präposition
als (10):	Subjunktion (temporal)
dass (11):	Subjunktion
darüber (12):	Pronominaladverb
wie (13):	Subjunktion
wohl (14):	Modalwort
zu (15):	Präposition
aber (16):	Konjunktion
irgendwann (17):	Temporaladverb (indefinit)
dort (18):	Lokaladverb
oben (19):	Lokaladverb
für (20):	Präposition
und (21):	Konjunktion
dass (22):	Subjunktion
dann (23):	Temporaladverb
sehr (24):	Steigerungspartikel
zu (25):	Infinitivpartikel
auch (26):	Gradpartikel
wieder (27):	Temporaladverb
naja (28):	Interjektion
so (29):	Modaladverb
eben (30):	Modalpartikel

Übung 2: Verben

Ü-2a Bestimmen Sie im folgenden Analysebeispiel 4 die grammatischen Kategorien der unterstrichenen Verben (Person, Numerus, Tempus, Modus, Genus Verbi), bei zusammengesetzten Verbformen (besonders markiert) die der gesamten Form!

Analysebeispiel 4

Jamie Oliver, 29, […] will (1) sich aus der Öffentlichkeit zurückziehen. »Ich möchte (2) es ruhiger angehen lassen in den nächsten drei Jahren. Ich bin (3) bereit für das Ende meines Ruhms«, sagte (4) Oliver ***ananova.com*** zufolge. Die öffentlichen Spekulationen über eine mögliche Ehekrise hätten ihn dazu gebracht (5), seine Karriere zu überdenken. Er müsste (6) einfach eine längere Schaffenspause einlegen. »Ich bedauere (7) meine Berühmtheit«, sagte der Starkoch. Gleichzeitig wisse (8) er aber, dass er seinem Ruhm viel zu verdanken habe (9). Künftig wolle (10) er mehr Zeit mit seiner Frau Jools und seinen zwei Töchtern verbringen.

(Kurznotiz [ohne Autor] aus: Süddeutsche Zeitung, 23.2.2005, S. 12; leicht verändert)

Lösungsvorschlag zu Ü-2a

will (1):	3. Ps. Sg. Indikativ Präsens Aktiv
möchte (2):	1. Ps. Sg. Konjunktiv II Aktiv von *mögen* oder: eigenständiges Modalverb
bin (3):	1. Ps. Sg. Indikativ Präsens Aktiv
sagte (4):	3. Ps. Sg. Indikativ Präteritum Aktiv
hätten gebracht (5):	3. Ps. Pl. Konjunktiv II Vergangenheit (auch: Konjunktiv Plusquamperfekt) Aktiv
müsste (6):	3. Ps. Sg. Konjunktiv II (auch: Konjunktiv Präteritum) Aktiv
bedauere (7):	1. Ps. Sg. Indikativ Präsens Aktiv
wisse (8):	3. Ps. Sg. Konjunktiv I (auch: Konjunktiv Präsens) Aktiv
habe (9):	3. Ps. Sg. Konjunktiv I (auch: Konjunktiv Präsens) Aktiv
wolle (10):	3. Ps. Sg. Konjunktiv I (auch: Konjunktiv Präsens) Aktiv

Ü-2b Welche Funktion haben die Veränderungen im Verbmodus im Analysebeispiel 4?

Lösungsvorschlag zu Ü-2b

Die Konjunktivformen dienen dazu, die Redewiedergabe, d. h. die indirekte Rede, zu kennzeichnen.
Sie können dies als alleiniges Kennzeichen, ohne redeeinleitendes Verb oder *dass*-Satz, markieren (wie man an den Beispielen (8), (9) und (10) sieht).
Die übliche Form der indirekten Rede ist der Konjunktiv I. Wenn dieser nicht mehr erkennbar ist, dann wird als Ersatzform der Konjunktiv II verwendet, wie in (5). Manchmal geschieht dies auch ohne ersichtlichen Grund, wie in (6), wo genauso gut – und eindeutiger – die Konjunktiv-I-Form *müsse* stehen könnte.

Ü-2c Bestimmen Sie die Verbklasse der unterstrichenen Verben im folgenden Analysebeispiel 5: Vollverb, Hilfsverb, Modalverb oder Kopulaverb?

Analysebeispiel 5

Meine Frau und ich sind (1) kürzlich mit der Bahn gereist und haben (2) dafür das Bayern-Ticket benutzt. Damit dürfen (3) gemeinsam bis zu fünf Personen fahren, die nicht verwandt sein (4) müssen (5). Auf dem Bahnsteig fragte (6) uns eine Studentin, ob wir mit dem Bayern-Ticket unterwegs seien (7), ob sie darauf mitfahren dürfe (8) und was wir als Kostenbeteiligung verlangten (9). Wir haben (10) sie mitgenommen, natürlich ohne Kostenbeteiligung. War (11) das richtig oder wird (12) so die Bahn geschädigt, die eine Fahrkarte weniger verkauft (13)?

(aus: Rainer Erlinger: Gewissensfragen. Streitfälle der Alltagsmoral, aufgeklärt vom Süddeutsche Zeitung Magazin. München 2005, S. 73)

Lösungsvorschlag zu Ü-2c

sind (1):	Hilfsverb *(sind – gereist)*
haben (2):	Hilfsverb *(haben – benutzt)*
dürfen (3):	Modalverb
sein (4):	Kopulaverb *(verwandt – sein)*
müssen (5):	Modalverb
fragte (6):	Vollverb
seien (7):	Kopulaverb *(unterwegs – seien)*
dürfe (8):	Modalverb
verlangten (9):	Vollverb
haben (10):	Hilfsverb *(haben – mitgenommen)*
war (11):	Kopulaverb *(war – richtig)*
wird (12):	Hilfsverb *(wird – geschädigt; werden-*Passiv von *schädigen)*
verkauft (13):	Vollverb

Übung 3: Substantive

Ü-3a Bilden Sie die Pluralformen von folgenden Substantiven und versuchen Sie dann eine Regel zu formulieren für die Verteilung der Pluralendungen *-en* und *-n*!

Feder, Nase, Nerv, Ohr, Rose, Tulpe, Zahl

Lösungsvorschlag zu Ü-3a

Feder**n**
Nase**n**
Nerv**en**
Ohr**en**
Rose**n**
Tulpe**n**
Zahl**en**

Die Endungsvariante *-n* wird gewählt, wenn das Substantiv schon auf *-e* endet (wie in *Nase, Rose, Tulpe*) oder auf eine unbetonte Silbe (wie in *Feder*). In den anderen Fällen wird die Variante *-en* verwendet.

Ü-3b Mit welchen Endungen wird die grammatische Kategorie Plural bei den folgenden Wörtern ausgedrückt? Ordnen Sie diese nach dem Genus der Substantive im Singular (Maskulinum, Neutrum, Femininum)! Erkennen Sie bestimmte Tendenzen?

Amsel, Bär, Elster, Eule, Frau, Giraffe, Kalb, Katze, Kind, Kobra, Mann, Maus, Pferd, Reh, Rind, Rotkehlchen, Schwan, Schwein, Specht, Tiger, Uhu, Vogel, Wolf, Wurm, Zebra

Lösungsvorschlag zu Ü-3b

Maskulinum: Bären, Männer, Schwäne, Spechte, Tiger, Uhus, Vögel, Wölfe, Würmer;
Neutrum: Kälber, Kinder, Pferde, Rehe, Rinder, Rotkehlchen, Schweine, Zebras;
Femininum: Amseln, Elstern, Eulen, Frauen, Giraffen, Katzen, Kobras, Mäuse.

Tendenzen: Pluralendung *-e* und *-er* treten vor allem bei Substantiven im Maskulinum oder Neutrum auf. Keine Endung findet sich ebenfalls hauptsächlich bei Maskulina und Neutra. Pluralendung *-n* bzw. *-en* tritt hauptsächlich bei Substantiven im Femininum auf. Pluralendung *-s* ist auf Substantive mit allen drei Genera verteilt.
Umlaut tritt nur im Zusammenhang mit der Pluralendung *-e* oder *-er* auf oder wenn keine Pluralendung angehängt wird (damit ist der Umlaut häufiger bei Substantiven im Maskulinum und Neutrum).
Weitere Gesetzmäßigkeiten für das Auftreten des Umlauts bei der Pluralbildung lassen sich nicht erkennen.

Ü-3c Bestimmen Sie den Kasus der unterstrichenen Wörter bzw. Wortgruppen in Analysebeispiel **6**! Stellen Sie gegebenenfalls Fragen wie *Wer (oder Was)? Wen (oder Was)? Wem? Wessen?*

Analysebeispiel 6

Manchmal begegnet einem (1) ein schönes, unbekanntes Wort (2) so unverhofft, wie man (3) bei einem Spaziergang durch den Dschungel (4) vielleicht plötzlich einem seltenen und schillernd bunten Schmetterling (5) gegenübersteht.
So geschah es mir (6), als ich (7) vom Mittagessen in mein Büro (8) zurückkehrte und ein Eilt!-Eilt!-Fax (9) auf meinem Schreibtisch (10) vorfand, abgesandt vom Sekretär (11) des Herrn O. (12), eines berühmten und bedeutenden Mannes (13), mit dem (14) ich (15) am nächsten Morgen verabredet war.

(aus: Axel Hacke: Das Beste aus meinem Leben. Mein Alltag als Mann. München 2006, S. 14)

Lösungsvorschlag zu Ü-3c

einem (1):	Dativ
ein schönes, unbekanntes Wort (2):	Nominativ
man (3):	Nominativ
den Dschungel (4):	Akkusativ

einem seltenen und schillernd bunten Schmetterling (5):	Dativ
mir (6):	Dativ
ich (7):	Nominativ
mein Büro (8):	Akkusativ
ein Eilt!-Eilt!-Fax (9):	Akkusativ
meinem Schreibtisch (10):	Dativ
Sekretär (11):	Dativ
des Herrn O. (12):	Genitiv
eines berühmten und bedeutenden Mannes (13):	Genitiv
dem (14):	Dativ
ich (15):	Nominativ

Übungsaufgaben zum Kapitel 2 »Satzglieder« (S. 89–90)

Ü-1 Ermitteln und bestimmen Sie die Prädikate und die Subjekte der folgenden Sätze (Haupt- und Nebensätze)! Nennen und erläutern Sie die Testverfahren, die Sie hierbei anwenden!

1-1 Von der »Verantwortung für die Schönheit der Stadt« sprach der Berliner Stadtentwicklungssenator Peter Strieder bei der Eröffnung einer Ausstellung, in der die Zwischenbilanz einer einjährigen Arbeit mit dem »Planwerk Innenstadt« vorgestellt wurde.

1-2 Noch vor Jahren wäre das Wort von der Schönheit der Stadt ein Tabubruch und Nachweis höchster Inkompetenz gewesen.

1-3 Schließlich galt Stadtplanung als eine Art höherer Sozialpolitik, die die Einwohner-Bedürfnisse nach Verkehr, Sicherheit, Licht, Luft und Sonne funktional und DIN-Norm-gerecht umsetzen muss.

(aus: Klaus Hartung: Berliner Wende. In: Die Zeit, Nr. 7, 5. 2. 1998, S. 40).

Lösungsvorschlag zu Ü1-1

<u>Hauptsatz:</u>

Prädikat: *sprach*
finites Verb; Vollverb

Subjekt: *der Berliner Stadtentwickler Peter Strieder*
komplexe Nominalphrase im Nominativ, in der Austauschprobe pronominalisierbar durch *er*, in der Frageprobe erfragbar durch *wer oder was*, bei der Verschiebeprobe erststellenfähig, löst Kongruenz des finiten Verbs aus

<u>Nebensatz:</u>

Prädikat: *vorgestellt wurde*
mehrgliedriges Prädikat aus finitem Hilfsverb *wurde* und Vollverb *vorstellen* im Partizip II; Indikativ Präteritum Passiv; zurückführbar auf Aktivform

Subjekt: *die Zwischenbilanz einer einjährigen Arbeit*
oder:
die Zwischenbilanz einer einjährigen Arbeit mit dem »Planwerk Innenstadt«
jeweils komplexe Nominalphrase im Nominativ, in der Austauschprobe pronominalisierbar durch *sie*, in der Frageprobe erfragbar durch *wer oder was*, bei der Verschiebeprobe sind beide Varianten gleichermaßen erststellenfähig, löst Kongruenz des finiten Verbs aus

Lösungsvorschlag zu Ü1-2

Prädikat: *wäre gewesen*
finites Hilfsverb *wäre* und Partizip II *gewesen* bilden den Konjunktiv II des Kopulaverbs *sein;* zurückführbar auf eine eingliedrige Verbform im Indikativ Präsens

Subjekt: *das Wort von der Schönheit der Stadt*
komplexe Nominalphrase im Nominativ, in der Austauschprobe pronominalisierbar durch *es*, in der Frageprobe erfragbar durch *wer oder was*, bei der Verschiebeprobe erststellenfähig, löst Kongruenz des finiten Verbs aus

Lösungsvorschlag zu Ü1-3

Hauptsatz:

Prädikat: *galt*
finites Verb; Vollverb

Subjekt: *Stadtplanung*
Nominalphrase im Nominativ, in der Austauschprobe pronominalisierbar durch *sie*, in der Frageprobe erfragbar durch *wer oder was*, bei der Verschiebeprobe erststellenfähig, löst Kongruenz des finiten Verbs aus

Nebensatz:

Prädikat: *umsetzen muss*
finites Modalverb *muss* und Infinitiv Präsens des Vollverbs *umsetzen;* zurückführbar auf eine Verbform des Vollverbs im Indikativ Präsens ohne Modalisierung

Subjekt: *die*
Relativpronomen *die* im Nominativ, löst Kongruenz im finiten Verb aus; im Kernsatz wäre *die* pronominalisierbar durch *sie*, in der Frageprobe erfragbar durch *wer oder was*, bei der Verschiebeprobe erststellenfähig

Ü-2 Bestimmen Sie im folgenden Beispielsatz die syntaktische Funktion der aufgeführten Wortgruppen!

Der Zeitaufwand für das Erstellen einer wissenschaftlichen Arbeit kann unter Umständen in einem umgekehrten Verhältnis zu ihrem Nutzen stehen.

2-1 Der Zeitaufwand für das Erstellen einer wissenschaftlichen Arbeit
2-2 unter Umständen
2-3 in einem umgekehrten Verhältnis zu ihrem Nutzen
2-4 für das Erstellen einer wissenschaftlichen Arbeit
2-5 einer wissenschaftlichen Arbeit
2-6 zu ihrem Nutzen

Lösungsvorschlag zu Ü-2

2-1 *Der Zeitaufwand für das Erstellen einer wissenschaftlichen Arbeit:* komplexe Nominalphrase als Subjekt

2-2 *unter Umständen:* Präpositionalphrase als Modaladverbial

2-3 *in einem umgekehrten Verhältnis zu ihrem Nutzen:* komplexe Präpositionalphrase als Teil des Funktionsverbgefüges *im Verhältnis stehen*

2-4 *für das Erstellen einer wissenschaftlichen Arbeit:* komplexe Präpositionalphrase als Attribut zum Kern *Zeitaufwand*

2-5 *einer wissenschaftlichen Arbeit:* komplexe Nominalphrase im Genitiv als Attribut zum Kern *(das) Erstellen*

2-6 *zu ihrem Nutzen:* Präpositionalphrase als Attribut zum Kern *(einem) Verhältnis*

Ü-3 Bestimmen Sie die sprachliche Form und die syntaktische Funktion der unterstrichenen Passagen!

3-1 Der Kriminalbeamte glaubt <u>nur die Hälfte</u>.
3-2 Sie glaubt nicht <u>an Ufos</u>.
3-3 Der Zeuge glaubt, <u>dass die Aufnahme echt ist</u>.
3-4 Sie glaubt <u>ihm</u> nicht mehr.

3-5 <u>Im Garten</u> stehen auch drei Nussbäume.
3-6 Auf der Bank <u>im Garten</u> sitzt man nicht gerade bequem.
3-7 Sonntags treffen wir uns zum Federballspielen <u>im Garten</u>.

3-8 Sie fing den Fisch mit <u>bloßen</u> Händen.
3-9 Sie will <u>bloß</u> spielen.
3-10 Was ist <u>bloß</u> mit dir los!
3-11 Nach drei Tagen vergeblichen Wartens liegen die Nerven <u>bloß</u>.

Lösungsvorschlag zu Ü-3

3-1 *Der Kriminalbeamte glaubt <u>nur die Hälfte</u>.*
Akkusativobjekt bestehend aus einer Nominalphrase mit Gradpartikel, Artikelwort und Substantiv

3-2 *Sie glaubt nicht <u>an Ufos</u>.*
Präpositionalobjekt bestehend aus einer Präpositionalphrase mit Präposition und Substantiv im Plural

3-3 *Der Zeuge glaubt, <u>dass die Aufnahme echt ist</u>.*
Subjunktionaler Nebensatz als Objektsatz in der Funktion eines Präpositionalobjekts *(glauben woran?)*

3-4 *Sie glaubt <u>ihm</u> nicht mehr.*
Dativobjekt bestehend aus einer Pronominalphrase mit Personalpronomen

3-5 *<u>Im Garten</u> stehen auch drei Nussbäume.*
Präpositionalphrase (Präposition und Substantiv) in der Funktion eines Lokaladverbials als Ergänzung zum Verb *stehen*

3-6 *Auf der Bank <u>im Garten</u> sitzt man nicht gerade bequem.*
Präpositionalphrase als Attribut zum Kern *Bank*

3-7 *Sonntags treffen wir uns zum Federballspielen <u>im Garten</u>.*
Präpositionalphrase in der Funktion eines Lokaladverbials als Angabe

3-8 *Sie fing den Fisch mit <u>bloßen</u> Händen.*
Adjektivattribut zum Substantiv *Händen*

3-9 *Sie will <u>bloß</u> spielen.*
Restriktives Adverbial zum Verb *spielen* (‚nichts als spielen‘)

3-10 *Was ist <u>bloß</u> mit dir los!*
Modalpartikel

3-11 *Nach drei Tagen vergeblichen Wartens liegen die Nerven <u>bloß</u>.*
Adjektiv als Subjektsprädikativ zu *die Nerven*

Ü-4 Welche strukturellen Ambiguitäten sind in folgenden Sätzen zu finden und wie kann man sie auflösen?

4-1 Sieh ihn dir ruhig an!
4-2 Die Gäste verließen uns gekränkt.
4-3 Das Töten der Wölfe war schrecklich.
4-4 Susi winkt der Frau mit dem Taschentuch.
4-5 Auf dem Teich schwammen schwarze Schwäne und Enten.

Lösungsvorschlag zu Ü-4

4-1 *Sieh ihn dir ruhig an!*
ruhig kann sich auf das Reflexivum *dir* bzw. das elliptische Subjekt beziehen (Prädikativ) oder als Adverbial zum Verb (Modaladverbial) interpretiert werden.

4-2 *Die Gäste verließen uns gekränkt.*
Gekränkt kann sich auf *die Gäste* oder auf *uns* beziehen (Subjekt- oder Objektprädikativ) oder als Modaladverbial zum Verb *verlassen* interpretiert werden.

4-3 *Das Töten der Wölfe war schrecklich.*
Das Töten der Wölfe kann interpretiert werden als ›die Wölfe töten x‹, d. h. als *Genitivus subjectivus*, oder als ›x tötet die Wölfe‹ *(Genitivus objectivus).*

4-4 *Susi winkt der Frau mit dem Taschentuch.*
der Frau mit dem Taschentuch kann als ein Satzglied interpretiert werden; *mit dem Taschentuch* ist dann Attribut zu *Frau* (Fragetest: *Wem winkt Susi?*).
Oder *mit dem Taschentuch* wird als unabhängiges Satzglied, d. h. als Instrumentaladverbial, interpretiert (Fragetest: *Womit winkt Susi der Frau?*).

4-5 *Auf dem Teich schwammen schwarze Schwäne und Enten.*
Entweder die Konjunktion *und* koordiniert die Nominalphrase *schwarze Schwäne* mit der Nominalphrase *Enten* (in diesem Fall ist die Farbe der *Enten* nicht bestimmt), oder das Adjektiv *schwarze* attribuiert die komplexe Nominalphrase *Schwäne und Enten.*

Ü-5 Wieso wirken die folgenden Sätze inakzeptabel?

5-1 Sie rechnet mit dem Taschenrechner und mit seiner Hilfe.
5-2 Er kam aus Liebe und Paris.

Lösungsvorschlag zu Ü-5

Beide Sätze koordinieren Satzglieder, die aufgrund ihrer syntaktischen Verschiedenheit nicht koordiniert werden dürfen.

5-1 *Sie rechnet mit dem Taschenrechner und mit seiner Hilfe.*
Unzulässige Koordination eines Instrumentaladverbials *(mit dem Taschenrechner rechnen:* semantisch variable Präposition, vgl. *am Computer rechnen)* und eines Präpositionalobjekts (*mit seiner Hilfe rechnen:* Präposition *mit* vom Verb festgelegt und semantisch leer)

5-2 *Er kam aus Liebe und Paris.*
Unzulässige Koordination eines Kausaladverbials *(er kam aus Liebe)* mit einem Lokal- bzw. Direktionaladverbial *(er kam aus Paris)*

Übungsaufgaben zum Kapitel 3 »Stellung der Satzglieder im Satz« (S. 102)

Übung 1

Analysebeispiel 12

12-1 Nur einige hundert Meter die Alpenstraße weiter südlich, kurz hinter dem historischen Gasthaus Mauthäusl, zweigt links bei einer Brücke der schöne Weg zur Höllenbachalm ab. 12-2 In angenehmen 40 bis 50 Minuten ist die von Mitte Mai an geöffnete Alm in mäßiger Steigung zu erreichen. 12-3 Wieder zurück am Mauthäusl lohnt sich eine Einkehr zur Stärkung und weiteren Erkenntnis. 12-4 Schließlich haben dort die Salzfahrer und Holzfuhrleute schon seit 1650 Quartier bezogen, als sich das stattliche Haus zu einem Knotenpunkt des Verkehrs an der »Salzstraße« entwickelte. 12-5 Am gleichen Platz steht heute ein moderner Gasthof, dessen Spezialität ein Schmankerlpfandl nach Art der Salzfahrer mit (...) Fleisch vom Schwein und Rind oder auch vom Geflügel und Fisch ist. 12-6 Täglich wird eine andere Variante serviert. 12-7 Direkt am Gasthof befindet sich auch einer der Einstiege in die wildromantische Weißbachschlucht. 12-8 Insgesamt ist eine Strecke von rund fünf Kilometern begehbar, für die man etwa eineinhalb Stunden Zeit braucht. 12-9 Hoch in den Himmel ragen die schattigen, auch im Hochsommer nass triefenden Wände. 12-10 Holztreppen und Steige führen sicher an den Felsstürzen und wuchtigen Abwaschungen des Gesteins entlang.

(aus: Matthias Busch: Die schönsten Spritztouren. München 2004, S. 62 f.)

Ü-1a Bestimmen Sie im Analysebeispiel **12** die Stellung (Satzklammer und Stellungsfelder) für alle Hauptsätze!

Lösungsvorschlag zu Ü-1a

Vorfeld	linke Satzklammer	Mittelfeld	rechte Satzklammer	Nachfeld
12-1 Nur einige hundert Meter die Alpenstraße weiter südlich, kurz hinter dem ... Mauthäusl	zweigt	links bei einer Brücke der schöne Weg zur Höllenbachalm	ab.	
12-2 In angenehmen 40 bis 50 Minuten	ist	die von Mitte Mai an geöffnete Alm in mäßiger Steigung	zu erreichen.	
12-3 Wieder zurück am Mauthäusl	lohnt	sich eine Einkehr zur Stärkung und weiteren Erkenntnis.		

Vorfeld	linke Satzklammer	Mittelfeld	rechte Satzklammer	Nachfeld
12-4 Schließlich	haben	dort die Salzfahrer und Holzfuhrleute schon seit 1650 Quartier	bezogen,	als sich das stattliche Haus zu einem Knotenpunkt des Verkehrs an der »Salzstraße« entwickelte.
12-5 Am gleichen Platz	steht	heute ein moderner Gasthof,		dessen Spezialität ein Schmankerlpfandl nach Art der Salzfahrer ... ist.
12-6 Täglich	wird	eine andere Variante	serviert.	
12-7 Direkt am Gasthof	befindet	sich auch einer der Einstiege in die wildromantische Weißbachschlucht.		
12-8 Insgesamt	ist	eine Strecke von rund fünf Kilometern	begehbar,	für die man etwa eineinhalb Stunden Zeit braucht.
12-9 Hoch in den Himmel	ragen	die schattigen, auch im Hochsommer nass triefenden Wände.		
12-10 Holztreppen und Steige	führen	sicher an den Felsstürzen und wuchtigen Abwaschungen des Gesteins	entlang.	

Ü-1b Zeigen und begründen Sie für die Sätze 12-3, 12-5, 12-7 und 12-9, wo die Grenze zwischen Mittelfeld und Nachfeld anzusetzen ist!

Lösungsvorschlag zu Ü-1b

12-3 Wieder zurück am Mauthäusl **lohnt** sich eine Einkehr zur Stärkung und weiteren Erkenntnis.

Umformtest (z. B. mit Futurform):

12-3a Wieder zurück am Mauthäusl **wird** sich eine Einkehr zur Stärkung und weiteren Erkenntnis **lohnen.** (Daraus ergibt sich das Mittelfeld.)

12-5 Am gleichen Platz **steht** heute ein moderner Gasthof, dessen Spezialität ein Schmankerlpfandl nach Art der Salzfahrer mit (...) Fleisch vom Schwein und Rind oder auch vom Geflügel und Fisch ist.

Umformtest (z. B. mit Modalverb):

12-5a Am gleichen Platz **soll** heute ein moderner Gasthof **stehen,** dessen Spezialität ein Schmankerlpfandl nach Art der Salzfahrer mit (...) Fleisch vom Schwein und Rind oder auch vom Geflügel und Fisch ist.

12-7 Direkt am Gasthof **befindet** sich auch einer der Einstiege in die wildromantische Weißbachschlucht.

Umformtest (z. B. mit Perfektform):

12-7a Direkt am Gasthof **hat** sich auch einer der Einstiege in die wildromantische Weißbachschlucht **befunden.**

12-9 Hoch in den Himmel **ragen** die schattigen, auch im Hochsommer nass triefenden Wände.

Umformtest (z. B. mit Perfektform):

12-9a Hoch in den Himmel **sind** die schattigen, auch im Hochsommer nass triefenden Wände **geragt**.

Ü-1c Betrachten Sie die Besetzungen der jeweiligen Vorfelder genauer: Versuchen Sie zu begründen, warum andere Satzglieder als das Subjekt im Vorfeld stehen (besonders bei **12-3**, **12-5**, **12-6** und **12-7**)!

Lösungsvorschlag zu Ü-1c

Besetzung der Vorfelder und Funktionsbestimmung:

12-1 *Nur einige hundert Meter die Alpenstraße weiter südlich, kurz hinter dem historischen Gasthaus Mauthäusl:* sehr komplexes Lokaladverbial, dient hier der genauen lokalen Situierung (Textsorte Routenbeschreibung!)

12-2 *In angenehmen 40 bis 50 Minuten:* Temporaladverbial, gibt eine Zeitdauer für den beschriebenen Weg an: temporale Situierung

12-3 *Wieder zurück am Mauthäusl:* Lokaladverbial, lokale Situierung

12-4 *Schließlich:* Satzadverbial (Wortart: Konjunktionaladverb); stellt argumentatitve und damit metakommunikative Verbindung zum Vortext her

12-5 *Am gleichen Platz:* Lokaladverbial; lokale Situierung

12-6 *Täglich:* Temporaladverbial; temporale Situierung

12-7 *Direkt am Gasthof:* Lokaladverbial; lokale Situierung

12-8 *Insgesamt:* Satzadverbial; Zusammenfassung

12-9 *Hoch in den Himmel:* Lokal- oder Direktionaladverbial; enge Verbindung mit dem Prädikat *ragen;* Fokussierung durch Vorfeldposition

Ü-1d Betrachten Sie die Position der Subjekte: Welche Effekte (z. B. im Hinblick auf die Informationsgliederung) werden durch die gewählte Position erzielt (etwa in **12-1**, **12-5**, **12-7**, **12-9**)?

Lösungsvorschlag zu Ü-1d

Bestimmung der Subjekte in den Sätzen:

12-1 Nur einige hundert Meter die Alpenstraße weiter südlich, kurz hinter dem historischen Gasthaus Mauthäusl, zweigt links bei einer Brücke der schöne Weg zur Höllenbachalm ab.

12-5 Am gleichen Platz steht heute ein moderner Gasthof, dessen Spezialität ein Schmankerlpfandl nach Art der Salzfahrer mit (…) Fleisch vom Schwein und Rind oder auch vom Geflügel und Fisch ist.

12-7 Direkt am Gasthof befindet sich auch einer der Einstiege in die wildromantische Weißbachschlucht.

12-9 Hoch in den Himmel ragen die schattigen, auch im Hochsommer nass triefenden Wände.

In allen diesen Fällen steht das Subjekt im Mittelfeld (zum Teil gegen Ende des Mittelfeldes) und nicht in seiner unauffälligen Position im Vorfeld. Durch diese besondere Stellung wird das Subjekt hervorgehoben und rhematisiert. Die Subjekte enthalten tendenziell neue Information. Die Elemente im Vorfeld (vielfach Adverbiale) bieten eher thematische Hintergrundinformation (siehe auch Ü-1c).

Übungsaufgaben zum Kapitel 4 »Satz« (S. 140–142)

Übung 1: Satzarten

Analysebeispiel 1

1-1 Was für ein schöner Tag ist das heute! 1-2 Hatte es gestern nicht noch geregnet? 1-3 Genießt endlich den Sonnenschein und lasst es euch gut gehen! 1-4 Wenn sich Eva doch endlich melden würde! 1-5 Dass sie immer so unpünktlich ist! 1-6 Die traut sich was! 1-7 Wäre sie doch schon hier! 1-8 Dann könnten wir endlich losgehen. 1-9 Rufst du sie noch einmal an? 1-10 Gib mir mal schnell ihre Telefonnummer! 1-11 Dass immer ich alles machen muss! 1-12 Eva, wann kommst du?

Ü-1a Bestimmen Sie in den Beispielen **1-1** bis **1-12** die Stellung des finiten Verbs!

Lösungsvorschlag zu Ü-1a

1-1	Verbzweitstellung (= V2)	(Kernsatz)
1-2	Verberststellung (= V1)	(Stirnsatz)
1-3	Teil 1: Verberststellung	(Stirnsatz)
	Teil 2: Verberststellung	(Stirnsatz)
1-4	Verbletztstellung (= VL)	(Spannsatz)
1-5	Verbletztstellung	(Spannsatz)
1-6	Verbzweitstellung	(Kernsatz)
1-7	Verberststellung	(Stirnsatz)
1-8	Verbzweitstellung	(Kernsatz)
1-9	Verberststellung	(Stirnsatz)
1-10	Verberststellung	(Stirnsatz)
1-11	Verbletztstellung	(Spannsatz)
1-12	Verbzweitstellung	(Kernsatz)

Ü-1b Geben Sie zu den Beispielen **1-1** bis **1-12** die entsprechende Satzart an!

Lösungsvorschlag zu Ü-1b

1-1	Exklamativsatz (Ausrufesatz)
1-2	Interrogativsatz (Fragesatz): Entscheidungsfrage (*Ja-Nein*-Frage, Satzfrage)
1-3	Imperativsatz (Aufforderungssatz)
1-4	Optativsatz (Desiderativsatz, Wunschsatz)
1-5	Exklamativsatz (Ausrufesatz)
1-6	Exklamativsatz (Ausrufesatz)
1-7	Optativsatz (Desiderativsatz, Wunschsatz)
1-8	Deklarativsatz (Aussagesatz, Assertionssatz, Konstativsatz)
1-9	Interrogativsatz (Fragesatz): Entscheidungsfrage (*Ja-Nein*-Frage, Satzfrage)
1-10	Imperativsatz (Aufforderungssatz)
1-11	Exklamativsatz (Ausrufesatz)
1-12	Interrogativsatz (Fragesatz): Ergänzungsfrage (*w*-Frage, Satzgliedfrage)

Ü-1c Nennen Sie die signifikanten Kriterien, die für Sie bei der Bestimmung der Satzarten in den obigen Beispielen eine Rolle gespielt haben!

Lösungsvorschlag zu Ü-1c

1-1 Intonation: fallend mit Hervorhebungsakzent; Satzzeichen: Ausrufezeichen

1-2 Verbstellung: V1; Intonation: steigend; Satzzeichen: Fragezeichen; kein Interrogativpronomen oder -adverb

1-3 Verbstellung: V1; Intonation: fallend; Satzzeichen: Ausrufezeichen; Modus des finiten Verbs: Imperativ

1-4 Intonation: fallend; Satzzeichen: Ausrufezeichen; Modus des finiten Verbs: Konjunktiv; Modalpartikel *doch;* Subjunktion *wenn;* Verbstellung: VL

1-5 Intonation: fallend mit Hervorhebungsakzent; Satzzeichen: Ausrufezeichen; Subjunktion *dass;* Verbstellung: VL

1-6 Intonation: fallend mit Hervorhebungsakzent; Satzzeichen: Ausrufezeichen

1-7 Intonation: fallend; Satzzeichen: Ausrufezeichen; Modus des finiten Verbs: Konjunktiv; Modalpartikel *doch*

1-8 Verbstellung: V2; Intonation: fallend; Satzzeichen: Punkt

1-9 Verbstellung: V1; Intonation: steigend; Satzzeichen: Fragezeichen; kein Interrogativpronomen oder -adverb

1-10 Verbstellung: V1; Intonation: fallend; Satzzeichen: Ausrufezeichen; Modus des finiten Verbs: Imperativ

1-11 Intonation: fallend mit Hervorhebungsakzent; Satzzeichen: Ausrufezeichen; Subjunktion *dass;* Verbstellung: VL

1-12 Verbstellung: V2; Intonation: steigend; Satzzeichen: Fragezeichen; Interrogativadverb *wann*

Übung 2: Einfacher und komplexer Satz

Analysebeispiel 2

Josip mag nicht mehr denken. Er sieht forschend nach den Wegen. Es kommt niemand. Er lacht. Er hat jetzt seine kleinen Freuden. Er ist schon ein Mann, aber es macht ihm noch immer Vergnügen, die platten Steine aus dem Sand zu suchen. Er geht bedächtig im feuchten, nachgebenden Sand. Er wiegt den Stein prüfend in den Händen; dann schwingt er, sich beugend, den Arm, und in schwirrendem Flug saust das übermütige Stück über die Wellen, springt auf und weiter und springt wieder auf. Dreimal. Wenn er es öfter macht, springen die Steine aber achtmal auf. Sie dürfen nur nicht plump sein.

(aus: Ingeborg Bachmann: Die Fähre. In: Sämtliche Erzählungen. München 1978, S. 11)

Ü-2a Trennen Sie im Beispiel 2 die einfachen Sätze von den komplexen Sätzen!

1 Josip mag nicht mehr denken. 2 Er sieht forschend nach den Wegen. 3 Es kommt niemand. 4 Er lacht. 5 Er hat jetzt seine kleinen Freuden. 6 Er ist schon ein Mann, aber es macht ihm noch immer Vergnügen, die platten Steine aus dem Sand zu suchen. 7 Er geht bedächtig im feuchten, nachgebenden Sand. 8 Er wiegt den Stein prüfend in den Händen; 9 dann schwingt er,

sich beugend, den Arm, und in schwirrendem Flug saust das übermütige Stück über die Wellen, springt auf und weiter und springt wieder auf. 10 Dreimal. 11 Wenn er es öfter macht, springen die Steine aber achtmal auf. 12 Sie dürfen nur nicht plump sein.

(aus: Ingeborg Bachmann: Die Fähre. In: Sämtliche Erzählungen. München 1978, S. 11)

Lösungsvorschlag zu Ü-2a

Ein einfacher Satz weist ein finites Verb auf. Dies trifft auf folgende Sätze aus Beispiel 2 zu:

(1) Josip mag nicht mehr denken.
(2) Er sieht forschend nach den Wegen.
(3) Es kommt niemand.
(4) Er lacht.
(5) Er hat jetzt seine kleinen Freuden.
(7) Er geht bedächtig im feuchten, nachgebenden Sand.
(8) Er wiegt den Stein prüfend in den Händen; (vgl. unten)
(12) Sie dürfen nur nicht plump sein.

Ein komplexer Satz weist mehr als ein finites Verb auf oder neben dem finiten Verb eine oder mehrere satzwertige Infinitiv- oder Partizipialkonstruktionen:

(6) Er ist schon ein Mann (6-1), aber es macht ihm noch immer Vergnügen (6-2), die platten Steine aus dem Sand zu suchen (6-3).
(9) dann schwingt er (9-1), sich beugend (9-2), den Arm, und in schwirrendem Flug saust das übermütige Stück über die Wellen (9-3), springt auf (9-4) und weiter (9-5) und springt wieder auf (9-6).
(11) Wenn er es öfter macht (11-1), springen die Steine aber achtmal auf (11-2).

Die Partizipialkonstruktion in (9-2) kann als satzwertig aufgefasst werden oder als Apposition zu *er.*
In (9-5) ist *springt* elliptisch und kann aus (9-4) ergänzt werden.

Ü-2b Welcher Abschnitt entspricht nicht der gängigen Definition von Sätzen?

Lösungsvorschlag zu Ü-2b

(10) Dreimal.
Begründung: Eine Konstruktion ist dann ein Satz, wenn sie mindestens ein finites Verb hat. Dies trifft hier nicht zu.

Ü-2c Unterscheiden Sie innerhalb der komplexen Sätze zwischen Satzreihen und Satzgefügen!

Lösungsvorschlag zu Ü-2c

Bei (8) und (9) handelt es sich um eine Satzreihe (Parataxe). Das Semikolon nach (8) bewirkt eine stärkere Trennung als das Komma, ist wohl aber schwächer als ein Punkt. Jeder

Teilsatz könnte für sich alleine stehen, keiner ist strukturell von einem anderen Teilsatz abhängig. Es sind Hauptsätze, die parataktisch aneinandergereiht sind. Es überwiegt die syndetische Verbindung durch die nebenordnende Konjunktion *und* (9-3, 9-5, 9-6); in den übrigen Fällen sind die Teilsätze asyndetisch miteinander verknüpft.

Bei (11) handelt es sich um ein Satzgefüge (Hypotaxe). Vom Hauptsatz (11-2) hängt der *wenn*-Satz (11-1) ab. Die Subjunktion *wenn* zeigt an, dass eine hypotaktische Satzstruktur vorliegt. Den Nebensatz kann man an der Verbletztstellung (= VL) erkennen.

Bei (6) handelt es sich um eine Satzperiode mit einer Mischung aus Nebenordnung und Unterordnung, wobei die parataktische Satzstruktur überwiegt. Die beiden Hauptsätze (6-1) und (6-2) sind syndetisch durch die nebenordnende Konjunktion *aber* verknüpft. Vom zweiten Hauptsatz (6-2) hängt eine satzwertige Infinitivkonstruktion (6-3) ab. Auf hierarchisch niederer Ebene ist also eine hypotaktische Struktur vorhanden.

Ü-2d Welche nebenordnenden Konjunktionen und Subjunktionen sind in welcher Funktion gebraucht?

Lösungsvorschlag zu Ü-2d

nebenordnende Konjunktionen:	*aber* in (6-2)	adversativ
	und in (9-3, 9-5, 9-6)	kopulativ
Subjunktion:	*wenn* in (11-1)	konditional

Übung 3: Haupt- und Nebensätze

Analysebeispiel 3

Sie fand die alte Frau immer öfter am Fenster, wenn sie kam, und sie saßen nicht mehr beisammen, wenn Franziska kam, um den Sherry zu trinken und kleines Gebäck zu knabbern, und es ging also weiter mit diesen Hunden, während zugleich doch Schwerhörigkeit zuzunehmen begann, und Franziska war ratlos, denn es musste doch etwas geschehen, und Leo, dem sie zwar alles fernhielt, würde eines Tages auch nicht darum herumkommen, sich mit seiner Mutter beschäftigen zu müssen.

(aus: Ingeborg Bachmann: Das Gebell. In: Sämtliche Erzählungen. München 1978, S. 385)

Ü-3a Trennen Sie nach formalen Kriterien (Stellung des finiten Verbs, Vorhandensein von Subjunktionen etc.) im komplexen Satz 3 Hauptsätze von den Nebensätzen!

1 Sie fand die alte Frau immer öfter am Fenster, 2 wenn sie kam, 3 und sie saßen nicht mehr beisammen, 4 wenn Franziska kam, 5 um den Sherry zu trinken 6 und kleines Gebäck zu knabbern, 7 und es ging also weiter mit diesen Hunden, 8 während zugleich doch Schwerhörigkeit zuzunehmen begann, 9 und Franziska war ratlos, 10 denn es musste doch etwas

geschehen, 11 und Leo, 12 dem sie zwar alles fernhielt, 11 würde eines Tages auch nicht darum herumkommen, 13 sich mit seiner Mutter beschäftigen zu müssen.

(aus: Ingeborg Bachmann: Das Gebell. In: Sämtliche Erzählungen. München 1978, S. 385)

Lösungsvorschlag zu Ü-3a

Hauptsätze: Verbzweitstellung, Anschluss der Teilsätze (bis auf 1) durch nebenordnende Konjunktionen *(und, denn):*

(1) Sie fand die alte Frau immer öfter am Fenster
(3) und sie saßen nicht mehr beisammen
(7) und es ging also weiter mit diesen Hunden
(9) und Franziska war ratlos
(10) denn es musste doch etwas geschehen
(11) und Leo (...) würde eines Tages auch nicht darum herumkommen

Nebensätze: Verbletztstellung, Einleitung durch unterordnende Konjunktionen *(wenn, während)* bzw. Relativpronomen *(dem);* satzwertige Infinitivkonstruktion *(um ... zu)*

(2) wenn sie kam
(4) wenn Franziska kam
(5) um den Sherry zu trinken
(6) und (um) kleines Gebäck zu knabbern
(8) während zugleich doch Schwerhörigkeit zuzunehmen begann
(12) dem sie zwar alles fernhielt
(13) sich mit seiner Mutter beschäftigen zu müssen

Ü-3b Um welche Nebensätze handelt es sich? Bieten Sie eine formale Beschreibung und ermitteln Sie ihre syntaktische Funktion!

Lösungsvorschlag zu Ü-3b

(2) formal: subjunktional eingeleiteter Nebensatz; die Subjunktion *wenn* hat temporale Bedeutung
syntaktische Funktion: temporaler Adverbialsatz zum Hauptsatz (1)
(4) formal: vgl. (2)
syntaktische Funktion: temporaler Adverbialsatz zum Hauptsatz (3)
(5) formal: satzwertige Infinitivkonstruktion, eingeleitet durch die finale Infinitivkonjunktion *um ... zu;* kann in einen Nebensatz umgeformt werden, der mit der Subjunktion *damit* eingeleitet ist
syntaktische Funktion: finaler Adverbialsatz zum Hauptsatz (3)
(6) formal und funktional wie (5); *um* ist elliptisch
(8) formal: subjunktional eingeleiteter Nebensatz; die Subjunktion *während* hat temporale Bedeutung
syntaktische Funktion: temporaler Adverbialsatz zum Hauptsatz (7)

(12) formal: Relativsatz, eingeleitet durch das Relativpronomen *dem*, das auf den Bezugsausdruck *Leo* im Hauptsatz (11) referiert
syntaktische Funktion: Attributsatz zu *Leo* in (11); bildet zusammen mit *Leo* das Subjekt von (11)

(13) formal: uneingeleitete satzwertige Infinitivkonstruktion
kann in einen Nebensatz umgeformt werden, der mit der Subjunktion *dass* eingeleitet ist
syntaktische Funktion: Objektsatz für ein Präpositionalobjekt zum Hauptsatz (11); ein Indiz hierfür ist das Korrelat *darum* in (11).

Ü-3c Bestimmen Sie alle Temporaladverbiale, die sich im obigen Analysebeispiel finden lassen! Benutzen Sie in Zweifelsfällen ein Nachschlagewerk Ihrer Wahl!

Lösungsvorschlag zu Ü-3c

abgesehen von den in Ü-3b bestimmten temporalen Adverbialsätzen:

immer öfter (1): formal: Temporaladverb *oft* im Komparativ mit *immer* als Steigerungspartikel
syntaktische Funktion: Temporaladverbial in Teilsatz 1

zugleich (8): formal: Temporaladverb
syntaktische Funktion: Temporaladverbial in Teilsatz 8

eines Tages (11): formal: erstarrte (lexikalisierte) Nominalphrase im Genitiv
syntaktische Funktion: Temporaladverbial in Teilsatz 11

Übung 4: Besondere Nebensätze

Analysebeispiel 4

4-1 Und eines Morgens wacht er auf, an einem Tag, den er vergessen wird, und liegt plötzlich da, ohne sich erheben zu können, getroffen von harten Lichtstrahlen und entblößt jeder Waffe und jeden Muts für den neuen Tag.

4-2 Wäre ich nicht in die Bücher getaucht, in Geschichten und Legenden, in die Zeitungen, die Nachrichten, wäre nicht alles Mitteilbare aufgewachsen in mir, wäre ich ein Nichts, eine Versammlung unverstandener Vorkommnisse.

(aus: Ingeborg Bachmann: Das dreißigste Jahr. In: Sämtliche Erzählungen. München 1978, S. 94 und 103)

Ü-4a Beschreiben Sie die Nebensätze und satzwertigen Konstruktionen in Beispiel 4-1! Aufgrund welcher Kriterien können Sie Konstruktionen als satzwertig bestimmen?

Lösungsvorschlag zu Ü-4a

4-1 den er vergessen wird

Relativsatz, eingeleitet durch Relativpronomen *den* mit Bezugsausdruck *Tag* im Trägersatz; Verbletztstellung

ohne sich erheben zu können

eingeleitete satzwertige Infinitivkonstruktion; die Subjunktion *ohne - (zu)* gibt das Fehlen eines Umstands an

getroffen von harten Lichtstrahlen und entblößt jeder Waffe und jeden Muts für den neuen Tag

zwei satzwertige Partizipialkonstruktionen

Um eine Konstruktion als satzwertig bestimmen zu können, muss sie in einen Nebensatz umgeformt werden können:

ohne sich erheben zu können → *ohne dass er sich erheben kann*

getroffen von ... Tag → *wobei er von harten Lichtstrahlen getroffen (ist) und (wobei er) jeder Waffe und jeden Muts für den neuen Tag entblößt ist*

Ü-4b Ermitteln Sie die jeweiligen Abhängigkeitsverhältnisse in **4-1** und geben Sie die syntaktische Funktion der Nebensätze und satzwertigen Konstruktionen an!

Lösungsvorschlag zu Ü-4b

HS 1 Und eines Morgens wacht er auf, an einem Tag,

NS 1 den er vergessen wird,

HS 2 und liegt plötzlich da,

NS 2 ohne sich erheben zu können,

NS 3 getroffen von harten Lichtstrahlen
und entblößt jeder Waffe und jeden Muts für den neuen Tag.

Insgesamt liegt eine komplexe Satzperiode vor, bei der die parataktische Struktur überwiegt:
HS 1 und HS 2 bilden eine Satzreihe; sie sind jeweils durch die kopulative Konjunktion *und* eingeleitet. Beide Teilsätze sind syndetisch miteinander verknüpft.

Von beiden HSen hängen weitere Teilsätze ab, sodass auf hierarchisch niederer Ebene jeweils hypotaktische Strukturen (Satzgefüge) festzustellen sind:
Ins Nachfeld des HS 1 ist die Präpositionalphrase *an einem Tag* ausgeklammert, von der ein Relativsatz (NS 1) abhängt. Dieser ist ein Attributsatz zu *Tag* (syntaktische Funktion); gemeinsam mit der Präpositionalphrase bildet der Relativsatz ein Temporaladverbial im HS 1.

Im Nachfeld von HS 2 steht die satzwertige Infinitivkonstruktion (NS 2), die das Fehlen eines Umstandes benennt *(ohne - zu)*. Da der NS 2 Trägersatz von NS 3 ist, stellt er zusammen mit diesem ein Modaladverbial zu HS 2 dar.

Im Nachfeld von NS 2 steht die satzwertige Partizipialkonstruktion (NS 3), die ihrerseits aus zwei parataktisch geordneten Teil(sätz)en besteht, die wiederum syndetisch durch die kopulative Konjunktion *und* verknüpft sind. (Aus diesem Grund könnte man auch von zwei parataktisch geordneten Nebensätzen sprechen.) Insgesamt stellt NS 3 ein Modalaverbial (Begleitumstand) zu HS 2 dar.

Ü-4c Beschreiben Sie nach formalen Kriterien Haupt- und Nebensätze in Beispiel 4-2! Welche syntaktische Funktion haben die Nebensätze?

Lösungsvorschlag zu Ü-4c

NS 1	Wäre ich nicht in die Bücher getaucht, in Geschichten und Legenden, in die Zeitungen, die Nachrichten,
NS 2	wäre nicht alles Mitteilbare aufgewachsen in mir,
HS	wäre ich ein Nichts, eine Versammlung unverstandener Vorkommnisse.

HS	Verbzweitstellung
NS 1 und NS 2	hängen beide vom HS ab und stehen asyndetisch verknüpft im Vorfeld des Hauptsatzes, sind jeweils uneingeleitet und haben Verberststellung; die Nebensätze können in konditionale *wenn*-Sätze umgeformt werden

Syntaktische Funktion der uneingeleiteten Nebensätze mit V1-Stellung: Konditionaladverbial zum HS; dies zeigt der Umformtest:
Wenn (falls) *ich nicht in die Bücher getaucht wäre und nicht alles Mitteilbare in mir aufgewachsen wäre (= Wäre ich nicht in die Bücher getaucht … in mir), wäre ich ein Nichts, eine Versammlung unverstandener Vorkommnisse.* Oder:
Unter der Bedingung *(= Wäre ich nicht in die Bücher getaucht … in mir) wäre ich ein Nichts, eine Versammlung unverstandener Vorkommnisse.*

Übung 5: Vollständige Satzanalyse

Analysebeispiel 5

5-1 Einmal ward die Königin krank, 5-2 und als sie fühlte, 5-3 dass sie sterben müsse, 5-4 rief sie den König 5-5 und bat ihn, 5-6 er möge nach ihrem Tod doch niemand heirathen, 5-7 der nicht eben so schön wäre wie sie 5-8 und eben so goldne Haare hätte; 5-9 und nachdem ihr der König das versprochen hatte, 5-10 starb sie.

(aus: Allerlei-Rauh. In: Märchen der Gebrüder Grimm. Zürich 1985, S. 234)

Ü-5a Beschreiben Sie die Gesamtstruktur des Satzes 5-1 bis 5-10 unter Einbezug sämtlicher Nebensätze und geben Sie die Stellung der finiten Verben an!

Lösungsvorschlag zu Ü-5a

HS 1	Einmal ward die Königin krank,	V2
	und	
NS 1	als sie fühlte,	VL
NS 2	dass sie sterben müsse,	VL
HS 2	rief sie den König	V2
HS 3	und bat ihn,	V2
NS 3	er möge nach ihrem Tod doch niemand heirathen,	V2
NS 4	der nicht eben so schön wäre wie sie	VL
NS 5	und eben so goldne Haare hätte;	VL
	und	
NS 6	nachdem ihr der König das versprochen hatte,	VL
HS 4	starb sie.	V2

Insgesamt handelt es sich um eine komplexe Satzperiode, bei der die parataktische Struktur überwiegt: Die vier HSe bilden gemeinsam eine Satzreihe; sie sind jeweils durch die kopulative Konjunktion *und* syndetisch miteinander verknüpft.

HS 1 ist ein einfacher HS.

Von HS 2, 3 und 4 hängen jeweils NSe ab, sodass auf hierarchisch niederer Ebene jeweils hypotaktische Strukturen (Satzgefüge) festzustellen sind:

Im Vorfeld des HS 2 steht der subjunktional eingeleitete NS 1; die Subjunktion *als* hat temporale Bedeutung.
Von NS 1 hängt der subjunktional eingeleitete NS 2 *(dass ...)* ab.

Im HS 3 ist das Subjekt *(sie)* ausgespart und muss sinngemäß aus HS 2 ergänzt werden.
Im Nachfeld von HS 3 steht der uneingeleitete NS 3, der Verbzweitstellung aufweist und formal eine indirekte Rede in Abhängigkeit vom Verb *bitten* darstellt. Obwohl der NS 3 die formale Struktur eines HSes hat, zeigt der Umformtest, dass es sich um einen abhängigen Nebensatz handelt: *und bat ihn, dass er nach ihrem Tod doch niemand heirathen möge ...*
NS 3 ist darüber hinaus mit Bezugsausdruck *niemand* Trägersatz für die Relativsätze NS 4 und 5, die syndetisch durch die kopulative Konjunktion *und* miteinander verknüpft sind, sodass sich auf dieser Ebene wiederum eine parataktische Struktur zeigt. Im NS 5 ist das einleitende Relativpronomen ausgespart und muss sinngemäß aus NS 4 ergänzt werden.

Im Vorfeld des HS 4 steht der subjunktional eingeleitete NS 6; die Subjunktion *nachdem* hat temporale Bedeutung.

Ü-5b Bieten Sie eine topologische Analyse des Gesamtsatzes nach Beispiel 49!

Lösungsvorschlag zu Ü-5b

		Vorfeld						linke Satzklammer	Mittelfeld	rechte Satzklammer	Nachfeld								
		l SK	MF	r SK	NF						VF	l SK	MF	r SK	NF				
					l SK	MF	r SK									l SK	MF	r SK	NF
HS 1		Einmal						ward	die Königin	krank,									
NS 1	und	als	sie	fühlte,															
NS 2					dass	sie	sterben müsse,												
HS 2								rief	sie den König										
HS 3	und	(sie)						bat	ihn,										
NS 3											er	möge	nach ihrem Tod doch niemand	heirathen,					
NS 4																der	nicht	eben so schön wäre	wie sie
NS 5															und	(der)	eben so goldene Haare	hätte;	
NS 6	und	nachdem	ihr der König das	versprochen hatte,															
HS 4								starb	sie.										

Ü-5c Bestimmen Sie die syntaktische Funktion der Nebensätze!

Lösungsvorschlag zu Ü-5c

NS 1: Adverbialsatz;
da NS 1 Trägersatz für NS 2, zusammen mit NS 2 temporales Adverbial zu HS 2

NS 2: Objektsatz (Akkusativobjekt) zu *fühlen* in NS 1 *(x fühlt y)*

NS 3: Objektsatz;
da NS 3 Trägersatz für NS 4/5, zusammen mit NS 4/5 Präpositionalobjekt zu *bitten* in HS 3 *(x bittet y um z)*

NS 4/5: zwei Attributsätze zu *niemand* im HS 3; gemeinsam mit *niemand* bilden die Relativsätze das Akkusativobjekt zu *bitten* in HS 3

NS 6: temporaler Adverbialsatz zu HS 4

Ü-5d Bieten Sie eine syntaktische Feinanalyse aller Teilsätze mit Bestimmung der Satzglieder und Attribute!

Lösungsvorschlag zu Ü-5d

zu HS 1:

ward **formal:** alte Form des Präteritums des Kopulaverbs *werden* (heute: *wurde*): 3. Person Singular Indikativ Präteritum Aktiv
funktional: Prädikat

Als Kopulaverb ist *werden* nicht alleine prädikatsfähig; als Prädikativ fungiert das Adjektiv *krank*. Der Prädikatsverband *krank werden*, der gleichzeitig die Satzklammer bildet, hat eine Mitspielerrolle *(x wird krank)*, nämlich das Subjekt:

die Königin **formal:** Nominalphrase
funktional: Subjekt

einmal **formal:** Temporaladverb
funktional: Temporaladverbial *(wann?)*

zu HS 2:

rief **formal:** 3. Person Singular Indikativ Präteritum Aktiv des Vollverbs *rufen*
funktional: Prädikat

Das Prädikat hat zwei Mitspielerrollen *(x ruft y)*, nämlich Subjekt und Akkusativobjekt:

sie **formal:** Pronominalphrase, Personalpronomen, das auf *die Königin* referiert
funktional: Subjekt

den König **formal:** Nominalphrase
funktional: Akkusativobjekt

zu NS 1 als Adverbialsatz (NS 1 + NS 2 temporales Adverbial) zu HS 2:

fühlte **formal:** 3. Person Singular Indikativ Präteritum Aktiv des Vollverbs *fühlen*
funktional: Prädikat

Das Prädikat hat zwei Mitspielerrollen *(x fühlt y)*, nämlich Subjekt und Akkusativobjekt:

sie **formal:** Pronominalphrase, Personalpronomen, das auf *die Königin* referiert
funktional: Subjekt

Das Akkusativobjekt liegt als Objektsatz (= NS 2) vor.

zu NS 2 als Objektsatz (Akkusativobjekt) zu NS 1:

sterben müsse
formal: Verbalkomplex aus infinitem Vollverb *sterben* und finitem Modalverb *müssen* (3. Person Singular Konjunktiv I Aktiv)
funktional: Prädikat

Das Prädikat hat eine Mitspielerrolle (x muss sterben), nämlich das Subjekt:

sie **formal:** Pronominalphrase, Personalpronomen, das auf *die Königin* referiert
funktional: Subjekt

zu HS 3:

bat **formal:** 3. Person Singular Indikativ Präteritum Aktiv des Vollverbs *bitten*
funktional: Prädikat

Das Prädikat hat drei Mitspielerrollen *(x bittet y um z)*, nämlich Subjekt, Akkusativobjekt und Präpositionalobjekt. Innerhalb des HS 3 ist nur das Akkusativobjekt realisiert:

ihn **formal:** Pronominalphrase, Personalpronomen, das auf *den König* referiert
funktional: Akkusativobjekt

Das Subjekt ist ausgefallen und muss sinngemäß aus HS 2 ergänzt werden *(sie)*.

Als Präpositionalobjekt fungiert der NS 3 (mit den NSen 4 und 5).
Dass NS 3 (zusammen mit den NSen 4 und 5) für ein Präpositionalobjekt steht, zeigt der Umformtest: *Sie bat ihn* ***darum*** *(= er möge nach ihrem Tod doch niemand heirathen ... Haare hätte).*

zu NS 3 als Objektsatz (NS 3 + NS4/5 Präpositionalobjekt) zu HS 3:

möge ... heirathen
formal: Die beiden Teile des Verbalkomplexes bilden innerhalb des uneingeleiteten NSes mit V2-Stellung eine geschlossene Satzklammer. Die linke Satzklammer bildet das finite Modalverb (3. Person Singular Konjunktiv I Aktiv); der Konjunktiv markiert die indirekte Rede. Die rechte Satzklammer bildet das infinite Vollverb *heirathen* (in alter Orthografie).
funktional: Prädikat

Das Prädikat hat zwei Mitspielerrollen *(x mag y heirathen)*, nämlich Subjekt und Akkusativobjekt:

er **formal:** Pronominalphrase, Personalpronomen, das auf *den König* referiert
funktional: Subjekt

niemand (+ NS 4 und 5)
formal: Nominalphrase
funktional: Akkusativobjekt (= *niemanden;* zur Form vgl. Kap. 1.4)

Da NS 4 und 5 Attributsätze zu *niemand* sind, gehören sie zum Satzglied *niemand* mit dazu. Dies zeigt wiederum der Umformtest: *er möge nach ihrem Tod doch niemand, der nicht eben so schön wäre wie sie und eben so goldne Haare hätte, heirathen.*

nach ihrem Tod
formal: Präpositionalphrase
funktional: Temporaladverbial *(wann?)*
Keinen Satzgliedstatus hat die Modalpartikel *doch,* deren Funktion darin besteht, den Satz im Sinne des Sprechers abzutönen.

zu NS 4 als Teil des Akkusativobjekts zu NS 3 und Attributsatz zu *niemand:*
wäre **formal:** 3. Person Singular Konjunktiv II Aktiv des Kopulaverbs *sein*
funktional: Prädikat
Als Kopulaverb ist *sein* nicht alleine prädikatsfähig; als Prädikativ fungiert das Adjektiv *schön,* von dem eine Vergleichskonstruktion *wie sie* abhängt.
Die Vergleichskonstruktion kann als Attribut zum Adjektiv *schön* aufgefasst werden und bildet zusammen mit diesem ein Satzglied; sie ist durch die Satzteilkonjunktion *wie* angeschlossen.
Insgesamt ist die Vergleichskonstruktion ins Nachfeld des NS 4 ausgeklammert und steht deshalb nicht unmittelbar hinter *schön,* da *eben so schön wäre* die rechte Satzklammer im Relativsatz bildet.
Pränuklear vor dem Adjektiv steht die Gradpartikel *so,* die die Vergleichskonstruktion vorbereitet. Die Steigerungspartikel *eben* verstärkt die Gradpartikel *so.*
Der Prädikatsverband *schön sein* hat eine Mitspielerrolle *(x ist schön),* nämlich das Subjekt:

der **formal:** Pronominalphrase: Relativpronomen, das auf *niemand* referiert
funktional: Subjekt
Der NS 4 ist insgesamt durch die Negationspartikel *nicht* verneint.

zu NS 5 als Teil des Akkusativobjekts zu NS 3 und Attributsatz zu *niemand:*
hätte **formal:** 3. Person Singular Konjunktiv II Aktiv des Vollverbs *haben*
funktional: Prädikat
Das Prädikat hat zwei Mitspielerrollen *(x hat y),* nämlich Subjekt und Akkusativobjekt:

Das Subjekt ist ausgefallen und muss sinngemäß aus NS 4 ergänzt werden *(der).*
eben so goldene Haare
formal: komplexe Nominalphrase
funktional: Akkusativobjekt
eben so goldene **formal:** Adjektivphrase mit pränuklearer Steigerungs- und Gradpartikel
funktional: pränominales Adjektivattribut zu *Haare*
Auch die Negationspartikel *nicht* ist sinngemäß aus NS 4 zu ergänzen; auch diese ist im NS 5 nicht wiederholt.

zu HS 4:

starb **formal:** 3. Person Singular Indikativ Präteritum Aktiv des Vollverbs *sterben*
funktional: Prädikat

Das Prädikat hat eine Mitspielerrolle *(x stirbt)*, nämlich das Subjekt:

sie **formal:** Pronominalphrase, Personalpronomen, das auf *die Königin* referiert
funktional: Subjekt

zu NS 6 als temporalem Adverbialsatz zu HS 4:

versprochen hatte
formal: Verbalkomplex aus finitem Hilfsverb *hatte* (3. Person Singular Indikativ Präteritum Aktiv) und infinitem Vollverb *versprechen* in der Form des Partizips II. Insgesamt ist die Verbform als 3. Person Singular Indikativ Plusquamperfekt Aktiv zu bestimmen.
funktional: Prädikat

Das Prädikat hat drei Mitspielerrollen *(x verspricht y z)*, nämlich Subjekt, Akkusativobjekt und Dativobjekt:

der König **formal:** Nominalphrase
funktional: Subjekt

das **formal:** Pronominalphrase: Demonstrativpronomen
funktional: Akkusativobjekt

ihr **formal:** Pronominalphrase: Personalpronomen, das auf *die Königin* referiert
funktional: Dativobjekt

Notizen

Notizen

Notizen

Notizen

Notizen

Notizen